はじめに

ソフトな全体主義から対話的民主主義へ

斎藤環

なぜ政治家は馬鹿になるのか

本書のタイトル案は、はじめ「なぜ政治家は馬鹿になるのか」だった。その後対談を重ねるなかで、福山さんからの強い「抵抗」(笑)もあり、現タイトルに落ちついたわけだが、結果的にそれで良かったと考えている。

この対談が企画されたのは約三年半前のことだった。それまで私は精神科医として、基本的には政治には深くコミットしない姿勢を維持していたが、東日本大震災と原発事故をきっかけに、否応なしに政治的発言をせざるを得ない立場になっていた。そんな折、「新しいリベラル」を考えようという趣旨の福山哲郎さんが主催する勉強会に誘われた。二〇一四年のことだ。ここから福山さんとのご縁が生まれ、今回の対談にもつながったのである。

この三年半の間、安倍政権がいかに信じがたい迷走を重ねてきたかは、福山さんの「おわりに」に詳しい。ひとつの政権がこれほど高頻度に出鱈目《でたらめ》をやらかしたことはおそらく前例がなく、その意味でも歴史に残る汚点というべき状況が今なお続いている。冒頭で述べた元々のタイトルは、そんな状況を眺め続けたなかから浮かび上がってきた、ごく自然な疑問だった。あの愚かしさは戦略なのか生得的なものなのか、あるいは「民度」を持ち出すべきなのか。

日本の政治家は基本的にはエリートコースを歩んできた者が少なくない。にもかかわらず、政治家として頭角を現してくると、なぜあれほど愚かしい振る舞いに陥ってしまうのだろうか。実に不可解としか言いようがない。安倍内閣のメンバーはもとより、対談中に出てくる鳩山由紀夫元総理にしても、学歴を見れば超のつくエリート(東京大、スタンフォード大博士課程卒)であり、知能においてトップクラスの人材であることは疑いようもない。しかし、総理としての彼の業績を評価する声は、「リベラル」の側にも今やほとんど存在しない。

本文中では詳しく触れる機会がなかったが、私自身はその原因のひとつが、いわゆる「ドブ板選挙」的なものであると確信している。想田和広監督の映画『選挙』『選挙2』を観ればその構図がよくわかる。二作品の主人公である元川崎市議の山内和彦著『自民党で選挙と議員をやりました』(角川SSC新書、二〇〇七年)にも、ドブ板選挙の構造がかなり詳しく記されている。

氏名を大書したタスキを掛け、白手袋をはめ、駅頭では市民に頭を下げつつ自らの名前を連呼し、選挙カーで街を練り歩き、当選すれば万歳三唱でダルマに眼を入れる。こうした我が国の選挙スタイルが、国際的な視点から見て、いかに特殊なものであるかを、想田監督は身も蓋もなく描き出す。

ひとことで言えば、日本の選挙は、組織力と資金がある方が圧倒的に有利なのだ。断っておくが、これは必ずしも「金権選挙」という意味ではない。いわゆる「地盤・看板・カバン（金）」の三バンが重視される、ということだ。自民党候補者の強さは、地元の後援会の組織力の強さによって支えられている。詳述はしないが、この構造は公職選挙法という縛りに過剰適応するなかで独自進化を遂げてきた、一種の伝統芸のごときものなのである。

ひとたび立候補すれば、候補者の周りには先輩格の議員や選挙運動のプロのような人たちが現れて、上から目線であれこれと指示を出す。どの有力者に挨拶に行け、どこそこの運動会に顔を出せ、などなど。当選のためには個人の美意識やプライドは徹底して抑えこまれ、ひたすら群衆の前で自分の名前を連呼し、握手とビラ配り。この過程が私には、カルトや自己啓発セミナーの洗脳と同じに見えて仕方がないのだ。洗脳と言って悪ければ、一種の「去勢」である。

容易に見て取れるように、日本の選挙制度においては「頭の良さ」にはさしたる価値が置かれない。「政治的な正しさ」についても同様だ。そもそも政策を訴えたり、他の候補と討論したりする機会が圧倒的に限られている。理想を語るよりも汗をかけ、ひとりでも多くの有権者に名前と顔を覚えてもらえ、これが現場のルールなのである。いささか我田引水めくが、こうしたルールの背景にあるものは、私がかねてから提唱している「ヤンキー文化」にほかならない。

そういえば私が安倍内閣の反知性主義ぶりを「ヤンキー政権」と朝日新聞紙上で揶揄《やゆ》したのが二〇一二年（十二月二十七日）だった。その見解はこの六年間で変わるどころかいっそう強化されてしまった。まことに残念なことだ。

多くの政治家が、当初は青雲の志を抱いて立候補を決意したであろうことを私は疑わない。この国を、この社会を少しでも良くしたいという願いは、間違いなくあったはずなのだ。しかし、選挙の洗礼を重ねるごとに、彼（彼女）の願いは削られ抑え込まれ、矮小化《わいしょう》させられていくのではないか。国家の利益から党の利益、地元の利益へ、さらには後援会の利益や意向を最優先にせざるを得なくなるような視野の狭窄化《きょうさく》が、そこで生じているのではないか。そして最終的には「とにかく政治家であり続けること」が自己目的化していくのだろう。ちょうど多くの官僚が、国を良くしたいという当初の理想――それは確実にあったはずだ――から、省内での出世や省益を最優先とするような態度へと〝洗脳〟されていくように。

政治家が愚かになっていく過程はつまるところ、高邁な初心が、慣例や因習、しがらみや内輪意識に敗北していく過程であるという、かなり凡庸な結論に落ちつきそうだ。

意外に思われるかもしれないが、私は歴代総理のなかでは小泉純一郎を比較的高く評価している。それは彼が精神医学で言うところの「分裂気質」であり、群れることを嫌い単独行動が多い人物であったことへの親近感ゆえでもある。しかし顧みれば、彼はまさにそれゆえにこそ、内輪にもしがらみにも取り込まれず、さまざまな慣例を次々と破壊できたのではなかったか。異論もあろうが個人的には、彼と福田康夫元総理（公文書管理法を制定した）の二人が、知性を感じさせる最後の総理、という印象である。

嘘と否認の時代に

さて、本書のタイトルは「フェイクの時代に隠されていること」である。アメリカでトランプ大統領が登場して以降、「フェイク・ニュース」「ポスト真実」「反知性主義」といった言葉がしばしば語られるようになった。本文中でも述べているが、私はアメリカが非常に振れ幅の大きな国であることを踏まえた上で、それでもトランプを選んでしまうという事態がにわかには信じられなかった。

　民主主義の先達にして、対話と議論を重んずる、すなわち言葉の力を大切にする国。おびただしい暴力や社会的排除を抱えながらも、個人の自由と権利と尊厳という理想を決して断念しない国。そうしたイメージが完全に毀《き》損《そん》された、とまでは言わないにせよ、大きなダメージを受けたのは事実だ。ほぼ異論はないものと確信するが、トランプ大統領よりは安倍総理の方が明らかにマシである。有能さよりは有害さという意味において。

　呼吸をするように嘘と出鱈目を垂れ流すトランプほどではないにせよ、最近の日本で起きている事態は、アメリカの事態に追随するかのように混迷の度合いを深めている。森友問題にせよ、加計学園問題にせよ、あるいは近くは財務省官僚のセクハラ問題にせよ、自らに向けられた批判をひたすら「否認」[※1]するばかりで積極的に検証を進めるそぶりすら見せない安倍内閣の姿勢は悪い意味で一貫している。さすがに安倍政権の支持率は低迷しつつあるが、起きている事態の出鱈目ぶりに比して、いまだ支持率が三〇%前後を維持していることにはむしろ驚きを禁じえない。

　トランプ現象の背景にあるのは、深刻な政治不信だ。リベラルや政治的正しさの偽善性はもとより、今や共和党に対してすらも、不信感が向けられている。トランプの政策は共和党のなかでもかなりの異端ぶりで、この点では自民党の異端児だった小泉元総理にも通ずるところがある。それゆえトランプに向けられた期待は、彼の政策に対するものではない。彼が従来の政治秩序を破壊してくれるに違いない、という期待感だ。実際、トランプの壊し屋ぶりは大したもので、経済を破壊し外交を破壊し大統領のイメージを破壊し寛容さと包摂を破壊し……と壊したものを数えれば膨大なリストができあがる。これほどの破壊を重ねても、存外支持率が下がらないという点も安倍内閣と同じだ。

本書が出る頃には北朝鮮の金正恩《キムジョンウン》との対話も終了しているはずだが、決して民主化圧力などかけそうにないトランプとの対話が、(実現していれば) 意外にも上首尾に終わるのではないかという複雑な期待を抱かざるを得ない。

下品で反知性的なイメージの政治家が、ごくたまにマシな政策を展開することで過剰評価されてしまうという皮肉。子猫を抱き上げるヤンキーが、無駄に「良い人」に見えてしまうというあの心理効果だ。大衆は、データや根拠といったエビデンスに基づく真実よりも、人間の顔をした嘘の方を好むという古くからの法則が再確認されることになるのかもしれない。

「全体主義的資本主義」下の幸福

現在の安倍内閣を支持している三〇％前後の層は、おそらくは何があっても支持することをやめない層と考えられる。彼らの多くはもはや「政治的主体」であることを潜在的に降りているのではないだろうか。

安倍内閣は、シンガポールのような開発独裁国家を理想としているように思われてならない。一党独裁で言論の自由も日本よりはるかに制約を受けるシンガポールでは、それにもかかわらず反政府的な活動や意見が広がることがない。その最大の要因は経済的な豊かさである。すでに国民ひとりあたりのGDPが五万七七一三ドルと、三万八四三九ドルの日本を越えている現実が、民主主義への渇望と政府批判の矛先を鈍らせるのだ。もっとも、これとて「パンとサーカス」の昔から言われ続けたことの再確認でしかないのだが。

若い世代の安倍内閣支持率が高いのは、なんといっても新卒学生の就職内定率がバブル期並みに回復した事実があるからだ（アベノミクスの効果かどうかは保留とする）。格差化の不安が指摘される一方で、「好況」の幻想が強調されること。このねじれが何をもたらすか。そう、後述するように、人々は自分の将来に漠たる不安を抱きつつも、現在の「ましな状況」が少しでも持続することを願うしかない。つまり安倍内閣支持層の大半は、その政策を積極的に支持しているというよりは、ただ「現状があまり変わらないこと」を願っているのだ。いわば消極的保守の姿勢である。

これは現状に心から満足しているためではなく、むしろ「変化への不信」ゆえだ。その最大の傍証は、安倍内閣最大にして最後の悲願ともいえる「憲法改正」の気運が一向に高まらない点にもうかがえる。こちらについても憲法の理念が支持されているというよりは、消極的保守の姿勢、すなわち現状維持が支持されているとしか思えない。安倍内閣支持率が政策の支持と一致しているのなら、改憲はとっくに実現していたであろう。

スラヴォイ・ジジェクは次のように言う（『ジジェク、革命を語る』青土社、二〇一四年）。中国やシンガポールで実現されているような「アジア的価値観をともなった資本主義」、すなわち全体主義的資本主義が世界を席巻しつつある。それは効率が高く、活力さえある。中国が金融危機をもっとも無難に乗り切れたのは、民主主義的な手続きを踏まず、強権的な経済介入を行うことができたからだ。この成功をもって、資本主義と民主主義との幸福な結婚は終わりを迎えた、と。

ならば共産主義はどうかといえば、デジタル化・ネットワーク化されたポストモダン社会においては、生産手段の変化にともない、共産主義はもはや機能しなくなる。現代のプロレタリアートの問題は、あらゆるものを手に入れながら、何も所有していないという点にあるのだ、とジジェクは言う。この指摘は二〇一三年になされているが、きわめて予言的である。まさにトランプが目指す先にあるものが、全体主義的資本主義にしか見えないからだ。この点においてトランプ、プーチン、習近平の政治的理想は完全に一致している。

自由と権利の制約を受け入れる代わりに、経済的な豊かさを。あるいは豊かさの幻想を。つまり、人々は景気を浮揚させてくれる政府には逆らえない、ということなのだろうか。それは間違いなくあるが、無論それればかりではない。

一体、人々は今の生活にどれほど満足しているのだろうか。二〇一七年度の内閣府の「国民生活に関する世論調査」によれば、日頃の生活のなかで、「充実感を感じている」とする者の割合が七三・五％（「十分充実感を感じている」一三・二％＋「まあ充実感を感じている」六〇・三％）、「充実感を感じていない」とする者の割合が二四・九％（「あまり充実感を感じていない」一九・七％＋「ほとんど（まったく）充実感を感じていない」五・二％）であった。とりわけ若い世代の充実感は高く、実に八三・〇％の若者（一八歳～二九歳）が「充実感を感じている」と回答している。

奇妙なのはその一方で、「悩みや不安を感じている」と答えた者の割合が全体の六三・一％と、かなり多数を占めていたことだ。高い充実感（これは幸福度と読み替えてもいいだろう）と、高い不安の両立。この奇妙なねじれは、どういうことなのだろうか。

「コミュニケーション」から「対話」へ

私はその理由が「承認」と「コミュニケーション」にある、と考えている。どういうことだろうか。

とりわけ若い世代にとっては、「コミュニケーション」と「（仲間からの）承認」こそが、幸福感の条件として最重要となる。多くの若者（に限らないが）は、たとえ経済的には不遇であっても、「コミュニケーション」と「承認」さえ満たされていれば、そこそこ幸福になれてしまうのだ。これはもちろん、若者に限った話ではない。この条件は世代を超えて、ほとんどの人にあてはまるだろう。人間が変容したわけではない。ネットとＳＮＳの普及が、人間本来の「幸福の条件」を露わにしたとみるべきだろう。

問題は、もし幸福感が「コミュニケーション」や「承認」に依存しているのなら、その基盤はきわめて流動的なものになるほかないということだ。現在の高い幸福感が、将来にわたって続いていく保証はどこにもない。その意味において、高い幸福感と高い不安の両立は、人々が自身の幸福を、一過性で儚《はかな》いものと知っているためでなければなんだろうか。これもまた、「消極的保守」姿勢の強化要因となるだろう。

しかしそれでも、人々は他者からの承認に依存することをやめはすまい。それを象徴するSNS(特にFacebook)の空間では、人々は互いの幸福感のみを交換し合う。もちろん不満や批判の声も飛び交ってはいるが、それはあくまで少数派にとどまるだろう。とりわけFacebookにあっては、自身の幸福感や充実感の開示こそが、他者からの承認の条件になっているといっても過言ではない。

チェニジアのジャスミン革命や、ウォール街のデモ、あるいはSEALDsのデモなどにおいてSNSが有用であったことは承知しているが、それでもあえて言おう。ネット上のつながりは多くの場合、人々に自由と豊かさの幻想を与えることで、全体としての生活満足度を浮揚させる効果がある、と。さしあたり満足した人々は、公文書のずさんな管理にも、政府関係者の相次ぐ虚言にも、女性やマイノリティの問題に対しても無関心になっていく。つまり「儚い幸福感」→「現状へのしがみつき」→「消極的保守」→「〝政治的正しさ〞への無関心」という連鎖がそこにある。この状況が今の「フェイクの時代」をもたらしているのではないか。

その傍証は中国の状況である。知られる通り中国では、ネット接続の自由が著しく制限されている。Googleはおろか、FacebookもTwitterも使えない。ならば若者は現状に不満を抱いているか。答えは否である。「WeChat（微信）」や「QQ」といったサービスが、LINEやTwitterなどの機能をほとんどカバーしているからだ。私の研究室の中国人留学生たちに尋ねてみたところ、彼らはこの現状に完全に満足していた。彼らにとっては言論統制の現実など、何ほどのものでもない。民主化よりも切実なのは、なんといっても「仲間とのつながり」なのだ。これもまた「アジア型独裁政権」下における、人民の幸福のひとつのありようと考えるのはうがち過ぎだろうか。

今や「パンとサーカス」ならぬ「パンとつながり（承認）」の時代なのだ。つまり、アジア型独裁を目指すものは、ネットインフラの整備・維持と経済政策に最大限の努力を傾注すればいいことになる。ならば社会的排除やマイノリティの問題はどうするか。簡単なことだ。もっとも弱い立場のマイノリティ（たとえば障害者）のみは手厚く支援し、その他の弱者には「気合いと絆で自助努力せよ」と伝えて放置すればよい。

ここ数年間の政策で、比較的評価できると私が考えているのは、障害者総合支援法の下での「就労移行支援」事業所の充実ぶりだ。この法案自体は民主党政権下で成立しているが、安倍政権はその内容をさらに改善している。そこを素直にほめられないのは、障害者に対する法案の充実ぶりに比べて、それ以外の弱者である女性、LGBT、あるいは非正規労働者や生活保護受給者といった弱者への包摂はまったく進んでいないように見えるからだ。これが、私が懸念するような、「ソフトな独裁」の徴候でなければいいのだが。

政治的意思というよりは多分に偶然などにも助けられながら、現政権が七割以上の人々に幸福感をもたらしている現実を軽視すべきではない。安倍内閣への過激な批判や中傷が叩かれてしまうのはこのためでもある。この七割近い人々が私の言う「消極的保守層」であるとするならば、社会の変革へと人々を動員するのは容易なことではない。「エビデンスが」「包摂が」と主張しても、「またリベラル（笑）が〝正しいこと〟を言っている」と冷笑されるだけだろう。〝正しさ〟が人を動員しなくなった時代に、一体私たちには何ができるだろうか。

対談中でも何度か言及しているが、私はそれこそが「コミュニケーション」ならぬ「対話」ではないかと考えている。人々を分断する議論や説得ではなく、互いに経験を交換する対話を試みること。対話を続け、広げ、深めること。

さきに引用したジジェクは、「愛」と「象徴的暴力」によって、「きみは仲間だ」と呼び掛ける「包摂的な闘争」をせよ、と述べていた。現システムにおいて不可能と思われていることをせよ、と。私にはそれこそが「対話」なのだ、と思われてならない。ネットが可能にする「つながり」や「コミュニケーション」の円滑さに抗《あらが》うように、身体を持ち寄り声を響かせて対話をすること。唯一の真理ではなく、ポリフォニックな主観のざわめきを共有すること。そのためにこそ、安心と安全をもたらす対話空間を、「政治」が保証する必要があるということ。

今はまだ、抽象的な提案に留まらざるを得ないが、この対談を通じて、私にはそうした希望が漠然と見えてきた思いがある。素人の政策談義に根気よく付き合ってくださった福山哲郎さん、この貴重な機会を与えてくれた太田出版の穂原俊二さんに改めて感謝しつつ、いささか長すぎる「はじめに」を終えることにしたい。

目次

第四章　なぜ貧困と差別が固定化してしまうのか

おわりに　安保法制強行採決以降、日本で起こっていたこと　福山哲郎

ブックデザイン　水戸部功
カリカチュア　小田嶋隆
本文図版　ホリウチミホ（ニクスインク）

フェイクの時代に隠されていること

第一章
ヤンキー（＝空気）が日本を支えている

半年で急落した政権支持率

福山　斎藤さんとは二〇一五年から一六年にかけて何度か話し合いをさせていただきましたが、あの頃は安倍政権の支持率が高くてリベラルが見えない、総保守で、保守を語らなければ話を聞いてもらえないというような空気がありました。なおかつヤンキー的な安倍政権に対する許容がいろいろな形で、ＪＣ[※2]的なものや地域の土着性のなかにあった。安倍さんが本当に政治家としての理念とか知的な要素を持っているかについては懐疑的でも、そこを許してしまうという風土のなかで、安倍政権が高支持率を維持していました。

　それでもＳＥＡＬＤｓ[※3]みたいな若者とか立憲主義を大切にしたいという、反知性主義とは対極的な人たちがＳＮＳを使って動き出してはいたんですけれども、それが大きなうねりになる手前のところで、やはり安倍政権は強い、どうすりゃいいんだという感じになっていたんですね。

　そういう状況のなかで、原発の問題もいつの間にか風化し、憲法の話も、法治主義というか、法的なものに対してキチッとしようという意識さえおかしくなっていった。官僚組織も、かつては政治の暴走に対してある程度の歯止めをかけてきたから日本はここまで来れていたのが、ガラガラと崩れ出してしまった。「なんなんだ、これは」と思うしかないような状況でした。

あまりにもひどい政治家の暴言も続いていましたよね。それでも当時の政治家の暴言は、今に比べればまだ全然マシだった、まだ可愛かったんですけれど（笑）。

斎藤　当時から自民党は「もっともはしたない政党」になっていたと思います。恥も外聞もない。自民党議員のどうしようもない暴言が次から次へと出て、ちょっと信じられないような失言ラッシュ。※4 ところが、どうも国民があのマヌケさに安心している部分があったと思うんですよね。どこか親しみやすさを求めるポピュリズム。その点では自民党は最強だというお話をあの頃にしましたよね。

福山　ところが二〇一七年の通常国会を通じて、支持率があっという間に、半年で六割から半減以下までになりました。森友学園や加計学園という政治の私物化と、国会の答弁で、文書は「捨てた」「ありません」、過去の発言は「言っていません」「記憶にございません」でなんとか押し切ろうとすることの無理に、さすがに国民もメディアも気づいてきたのですね。

そこに並行して、韓国では朴槿恵《パククネ》大統領※5も身内を大切にして弾劾《だんがい》され、アメリカではトランプ大統領も身内と娘婿と友人ばかりを大事にしていて、今後弾劾される可能性もあります。

斎藤　よく似た構図ですね。

福山　日・米・韓で似た構図が、この半年で並行して出てきました。一方で、アベノミクスの限界も見えてきて、社会の分断はずっと進んでいます。政治も国民の生活も変わらないどころか、悪化しているかもしれない。

斎藤　悪化していると思いますね、本当に。

福山　今日は、その変化を含めて、今の状況を斎藤さんはどうお考えかご説明というか、診察をしていただきたいんです（笑）。

東日本大震災のとき、ひきこもりだった人が自由を感じたということを斎藤さんはご著書[※6]に書かれていますが、それはどういう社会の状況から来ることなのか、現代社会のキーワードは一般的には「分断」「閉塞感」「不安」等々といわれますが、それが今の政治状況にどうつながっているのか。そのあたりをいろいろお聞きしたいと思っています。

斎藤　二〇〇九年に自民党から民主党に政権交代したとき、「これで田中角栄以来のヤンキー政治の伝統が途絶える」と快哉を叫んだ者としては、「まだ希望を捨てていない」ということも伝えたいですね。

福山　しかし、今やフェイクの時代です。フェイクにどう立ち向かうのか。フェイク・ニュースと反知性主義[※7]を前提とした力の支配に対して、社会がどう耐性を持つことが必要なのか。今はそういうことを問わないといけない状況だと思います。

見かけ上のヤンキー政治を謳歌していた安倍一強政治は曲がり角を迎えていますが、今の政治や国会の状況、たとえば「言ってない」「記憶がない」「文書がない」みたいなことが横行していることを、斎藤さんはどう見られているでしょうか。

斎藤　私が「ヤンキー政治」という括り方をした理由は、いろんな現象のつながりを見やすくするためでした。エビデンスに基づかない発言とかフェイク・ニュース的なもの、それから身内を大事にするとか、そういった問題点をバラバラにひとつひとつ取り上げて、これはまずいぞと批判するのは簡単なんですけど、精神性として、つまり生き方のひとつとして同根なんだということがわかってもらえると、もう少し体感的にわかりやすくなるんじゃないかなと考えたんです。

だから、ヤンキーだヤンキーだというのは排除的であまりよろしくないという人もいるんですけれども、そういう切り方をしないと安倍政権のやばさとかまずさとか、逆に安定性の理由とか、そういったことが見えてこないんじゃないかと思うんです。私がヤンキーの問題を指摘し続けている理由のひとつは、おそらくこの問題に完全に無縁な日本人はいないと思うからなんです。私自身、表向きはヤンキーを嫌いつつも、自分のなかに同根のセンスを発見して驚かされることはいくらもありますから。

あともう一点、過剰な安倍叩きのまずさについても実は懸念しています。かなり極端な人格攻撃もありますよね。やりすぎで逆に安倍支持を増やしてしまう可能性だってある。「アンチ安倍って、こんなにとんでもないやつらなんだ」というふうに。ネット上やデモでヒトラーになぞらえたり、これは本当かわかりませんけれど、生首みたいなものを晒しものにしたりとか、相当えげつないことをやっているわけですよ。それはやっぱりやりすぎです。反原発のときもそうでしたが、「正しくないものはすべて斬る」とやっちゃうと、内部分裂が起こってしまう。ついていけない人がその反動で、「なんか、安倍さん、可哀想」みたいになってくるんですね。

全否定的な批判についていける人って意外と少ないと思います。それからヤンキー支持層というのはけっこう分厚いんですが、ヤンキーは指摘の仕方によっては内省的になる場合もあるんですけど、左右を問わず、全否定されて反省する人はいません。

本当に難しいとは思うんですけど、権力を批判する側も「いかにえげつない形ではなく批判、否定していくか」という課題があると思います。これはフェイク・ニュースともつながってくる話なんですけれども。

おっとなれあいはごめんだぜ
オレはいつでもセメントだからな!!

そういう点では、自民党はきわめて巧妙に支持層を築いてきたなという印象があります。「ヤンキー文化」って、メリットもすごく大きいんですよ。ここを見ないで、批判だけしても始まらないんです。

それは第一に、生存戦略として、いろんな意味で社会の安定性を高めているということがあります。大多数の人々がサバイバルするためのエートス（心性・気質）として、きわめて強力な文化なんです。

ひとつは治安の問題があります。日本の不良文化って、意外に極端化しにくい構造を持っているんです。もちろん「半グレ」[※8]とかもいますけども。ただイタリアのマフィアみたいなものすごく極端なものにはなりにくいところがあります。

あと、極端な排外主義にもなりにくい。この辺はある種ヤンキー・カルチャーに根ざした優しさみたいなものがあるんですよね。もちろんヘイトに走る人もいますけども、意外なほど包摂的です。ヤンキー・カルチャーといわゆる在日文化というのは、けっこうつながっているところもあるんですよ。そういった点で、彼らは案外ヘイト一辺倒ではないんです。

つまるところヤンキー文化には、精神医学で言うハーム・リダクション（危害削減）的な効果があります。これは「猛毒を避けるために弱い毒を使う」という方法です。

たとえば依存症で言えば、ヘロイン中毒は下手をすると死にいたりますから、ヘロインより中毒性の弱いメサドンという合成鎮痛薬を依存症患者に与えます。ヘロインほどではないけれど、そこそこ効くので我慢しやすくなるといいます。それでヘロイン依存から脱することができる。つまり「弱い毒で強い毒を置き換える」という発想が、今の依存症の治療では主流になりつつあるんですね。

昔は、たとえばアルコール依存の臨床には「断酒」しかなかったわけです。酒を完全に断つという考えしかなかった。だけど、アメリカやオーストラリアなどの依存症治療の最先端の国々では、断酒だけではついていけない人がいっぱい出てくるので、「節酒」という、それまでのアルコール依存では考えられなかった発想が復活してきています。これがけっこう依存症者を救っているんです。断酒、断薬といった潔癖主義は、少なくとも精神科医療においてはもはや絶対ではなくなりつつある。「ダメ、絶対」というのはダメだという話になってきているんです。日本ではなかなかそれを認めてくれませんけどね。水際で「ダメ、絶対」的に薬を全部排してきて、それで日本の依存症者は世界的に見てもすごく少ない数字に抑えられているという成果はいちおうありますから、法的には「ダメ、絶対」がまだまだ強い。ただ依存症治療の流れで言うと、それはもう古い考え方になりつつある。

なぜそれがダメかというと、「ダメ、絶対」についていけなかった人は、罪悪感が高じて自暴自棄になって、ますます依存症に嵌《は》まってしまったりなど、逆効果になるからです。そういう人々を排除してしまわないためにも、ハーム・リダクション的なやり方をこれから考えていく必要があります。

脇道が長くなってしまいましたけれど、ヤンキー・カルチャーというのは、まさにハーム・リダクションなんですよ。犯罪とか、不良文化みたいなものをうーんと薄めてですね、「ちょいワル」ぐらいに薄めて、それで青少年を善導する力がけっこうあるんです。その典型は「よさこいソーラン」[※9]です。これは元々、非行対策として一部の中学校で始まったものです。今は全国の中学校ですごく流行っていますけども。本物の伝統芸みたいなものは子どもたちにはつまんないんですよ、やっぱりね。ロック調にアレンジしたよさこい節を踊らせることで、けっこうやんちゃな子たちを輝かせるという効果がある。教室ではいまいちパッとしないけれどもソーランでは活躍できるみたいな場面設定が可能になる。そういう場面を与えることで、彼らのエネルギーをそっちに誘導するという効果を期待して導入したら、そのせいかわかりませんけども、今や日本の青少年の犯罪率は、史上まれに見るほど低い水準に抑えられていますよね。

ヤンキー・カルチャーは、不良的なものを飲み込んでいるけれども、一方で「家族を大事にする」とか、「筋を通す」とか、倫理的な側面も含まれているので、排除の論理だけで向き合うべきではないんです。

福山　あと、先輩・後輩の縦社会が絶対とか。

斎藤　まさにそうなんです。そういう縦社会文化を導入しやすくする文脈があるんですよ。そこを経てきた人って、就労したあとは協調性があってすごく使える人になるというか、積極的にリーダーシップをとったりすることも少なくない。もちろん、縦社会という前提があってのことですけどね。そういうある種の人格特性を涵養《かんよう》するというか、そういうエートスでもあるんで、なかなかこれを簡単には捨てられないんですよ、我々は。今も地域ですごく機能しているので。

福山　まったく同感です。この間もある例を聞いたんです。今、地方に行くと農業は外国人の労働者の方がいないと成り立たない状況になっている。そういうところで地元に残って頑張っている人たちは、元JCの方とか元ヤンキーの方とかが多いんですが、その人たちが今、頑張って地域をつくろうとしている。外国人労働者を入れる議論では、彼らが包摂の中心になって受け入れようとしている。生活空間を守るとか、いかに生活を安定的に豊かにするかということの中心的な役割を担っているという話を聞きました。
　そこが日本の地域のある種の強さ、言葉を選ばずに言えば「懐の深さ」であって。そういう地域のリーダーをやっている元ヤンキーとか、元暴走族の人たちほど、実は頼りになっている。親分肌で皆の信望が篤い人がけっこう多い。そういう人たちがいて地方が成り立っている。そういうことってありますよね。

斎藤　すごくあると思います。JCの存在は本当に大きい。もちろん問題もたくさんあります。「女体盛り」問題[※10]とかもありましたよね（笑）。そういうものがあるので手放しで肯定する気にはなれないんですが、やっぱりそのなかで育まれた人のうちにはすごい人材もいっぱいいるわけですよ。会えばいいやつで、わかり合えるし、人間的魅力もあったりするんで、決して否定はできない。そこが難しいところです。以上をまとめるとこうなります。日本において青少年の反社会性は、芽生えた瞬間にヤンキー文化に回収され、一定の様式化を経て、絆と仲間と「伝統」を大切にする保守（JCや祭りの結社、地方議員なども含まれる）として成熟させる回路があるわけです。これ、他国に例を見ないような、ものすごく巧妙な治安システムなんですよ。

福山　家族を大事にしますしね。

斎藤　そうなんです。で、この層が自民党支持者に多いというのが、いろいろと難しいところなんですよ。日本政府がトランプ政権ほどえげつなくならないのは、支持層である彼らのバランス感覚のおかげだと私は思っています。バージニア州でのヘイトをめぐる騒動[※11]みたいなことは、日本ではまずあり得ない。それは地域で圧倒的多数を占めるヤンキー層の懐の広さ、深さ、排外主義的でないところ。これがあるので、そういうことが非常に起こりにくいと思っているんです。だから、治安上の功績ってすごい大きいんですよね。

福山　大きいですよね。まったくそれは私も同感です。逆に都会で、ひきこもりとか、オタク層のなかの一部のネトウヨやヘイトに走るような人たちの方が、地域社会とは切れて孤立していて、そのなかでの自らの鬱積感からヘイトにいくような回路があると思います。都会のなかの孤独が排外主義的なものに駆り立てる要因のひとつになっているように感じますね。

斎藤　一点補足すると、その孤立感というのは、地方にもけっこうキツいものがあるんです。ヤンキー文化やJCになじめない若者って、どんな地方にも一定数いるわけですよ。そういう人々のなかにはやっぱり、それぞれの個室にひきこもって、ヘイト的な思想に共感してしまう人も一定数います。都会だと匿名的な存在になりやすいところもあるんですけど、地方でキツいのは、近隣住民が知っているわけですよ。「あそこのうちのお子さんは働きもしないで……」みたいなことで。
福山　「あそこの長男はひきこもったままだ」みたいな感じですね。
斎藤　ヤンキー・カルチャーの悪い面なんですけれど、人々に関心が高すぎる（笑）。無視できないっていうお節介文化。これが絆を深める面もあれば、排除的に作用してしまう面もある。両面あるのは事実なんですよ。
福山　それが安倍政権のベースを支えたというのはわかりますが、一方で、こういうこともあります。今、藻谷浩介[※12]先生は安倍政権のアベノミクスに対して批判的な講演をよくされていて、地域の疲弊についても、今のシステムではダメだということを実証的に、数字的に検証しているんですけれど、その藻谷先生の講演が地域のＪＣから引っ張りだこで圧倒的な拍手をもって迎えられているんですよね。その二面性を持っているところが、日本の社会の強さなのかもしれません。
斎藤　本当にそう思います。これだけシステムが老朽化してダメになっても持ちこたえているのは、やっぱり個人個人がヤンキー的エートス（そればかりではないにしても）を共有することで、自然に結束して自発性を発揮できるからだと思います。しかし、これがヤンキー的政権のまずいところで、真っ当な社会設計をしようと思わなくても、けっこう現場の人々が自助努力で頑張ってくれるので、政府はそれに依存できちゃうんです。「絆」って言葉を私が嫌いなのは、政府が復興を推進すると言いつつも、結局は「地元の絆を大事にして頑張ってよ」みたいに、ちゃっかり任せっきりにしてしまう「言い訳」になるからです。かつての日本では、高齢者介護とか障害者支援とかも、全部家族任せにしてきた経緯がありますが、そうなると政府は福祉にコストをかけずに済むわけで、「絆」頼みは危険な面もある。家族主義って、一見うるわしいようでいて、実は「システムがダメでも家族が持ちこたえればなんとかなる」という依存体質を強化した面もあると思っています。

福山　そうですね。私も実は「絆」って言葉があまり好きになれません。良くないんですけど（笑）。「絆」っていう言葉に抵抗があるとは、政治家はほとんど誰も言わないんですけど、実は政治家が「絆」と言うことほど気持ち悪いことはないと私は思っています。なぜなら「絆」って、誰かから言われてできるものではないですから。絆というのは、絆のある人たちが認識しないでもあるから絆なのであって、「絆を持とう」と言われて、「さあ、よいしょ、手をつなぎましょう」みたいなものではないと思うんです。そういう話にはすごく抵抗があります。震災のときに「絆」という言葉を、私は表ではあえて否定はしなかったんですけど。そんなことをしたらたぶん炎上するので……。

斎藤　間違いなく落選しますよね（笑）。

福山　でも絆は、人から言われたり、政治家から言われたりしてつくるようなものではないと、私はずっと思っていて。

斎藤　まったく同感です。「愛」とか「絆」とか、これらはできてから事後的に気づくものであって、言われてやるものでもないし、やろうと思ってやるものでもないと思うんですよ。

福山　そうですよね。だから「祭り文化」というのも、祭りを一緒に経験して、神輿《みこし》を担いだりして、祭りで地域を巻き込むことによって、自然に絆ができる。「絆」をつくることを目的にするものではないと、私は思っています。

斎藤　「絆」を目的にするというのは、非常に下心的な、邪《よこしま》な考え方ですよね。

福山　そこまで言っていただくと、すごく安心します（笑）。

斎藤　いやぁ〜、祭りは祭り自体をちゃんとやればいいんであって（笑）。そういう余計なことを目的にしちゃダメですよ、やっぱりね。今や地域の祭りを支えているのもヤンキー・カルチャーですから。

福山　私も地域で御神輿だ、お祭りだっていうと行くんですけど、頑張っている人たちの献身的な、地域に対する思い入れとかはすごいんですよ。京都はまだ意外と運動会とか盆踊りとか御神輿とかが残っているんですね。

斎藤　そうでしょうね、やっぱり京都はね。

福山　地蔵盆[※13]とかも残っています。今は、新しく建った高層マンションの新住民の人をいかに盆踊りとか運動会に呼んでくるかというのが課題になるんですけど、時間が経つとそういう若い家族も盆踊りや運動会に来ていただけるようになるんですよ。そこで新しいコミュニティができてくる。そういうのを見ると、そこで努力されている方々にはやはり頭が下がりますね。

　でも、そのヤンキー文化で安倍政権の支持率が高かったのが、あっという間に崩れた。今、安倍さんの支持率は自民党の支持率とほぼ同じ数字になっているんです。上積みがほとんどなくなったということです。一番低かった内閣改造前は二〇％台に落ちました。だから、ベースとして安倍政権を支えていたんだけれども、森友学園や加計学園、自衛隊の日報問題[※14]などが出てきたら、一気に落ちた。原因のひとつには政治家の発言もあったんですけど。このことは、斎藤さんはどのようにご覧になりますか？

斎藤　よく言われていますが、「傲《おご》り」というのは無視できないところです。トランプみたいなとんでもない人がアメリカで好き勝手やっているのが悪しき前例みたいになっているところもあるかもしれませんが、日本の組織の悪い体質が一気に噴出したという感もありますね。
特に私が一番気になるのは、「記憶にない」は常套句《じょうとうく》ですからともかくとして、文書を残さないことが本当に信じられません。これは福田康夫元総理が、公文書管理法の制定を主導[※15]したわけじゃないですか。罰則がないから、結局空文化しちゃったところもあると思うんですけど。自民党が作った法律なんだから、「そのくらい守れよ」と言いたい（笑）。都合の悪い文書は全部捨てたことになっちゃっていますよね。あり得ない。いまだに日本の古い機密文書がアメリカの図書館で見つかったりしますけど、ひどい話ですよ。

福山　日本で出してこない文書が、全部アメリカから出てきます。

斎藤　恥でしょう、これは。今はスキャンすれば保存できるんだから、保管場所のスペースも問題にならないし、廃棄する理由がさっぱりわからないですよ。「場所とりだ」という理由はないわけですから。

忖度《そんたく》の暴走

福山　森友学園や加計学園、防衛省の日報、共謀罪という一連の問題については、私は二〇一七年の通常国会から予算委員会の野党側の筆頭理事というのをやっていて、予算委員会を回す立場だったので、まさにその渦中にいたわけです。自分で言うべきことではないんですけど、「忖度」という熟語を国会で初めて提供したのは私なんです。

斎藤　それはすごい（笑）。流行語大賞でしたよね。

福山　残念ながら私にはもらえませんでしたが（笑）。官僚がいろんな状況を忖度したり、政治家の意向を忖度するのは、ある意味では当たり前なんです。それで官僚組織と政治はうまく機能してきたわけですよね。しかし、時には忖度しないで、「それはやってはいけません」って制止をする役割も、官僚組織にはあったわけです。

今回、たとえば森友学園のときに私が「忖度」という言葉を使ったのは、安倍昭恵さんが何回も幼稚園に行って、その幼稚園で講演をして「新しく小学校を作る場合はなんらかのお手伝いをしたい」「主人の安倍晋三も応援をしています」というような発言をしていて、安倍総理が講演に行く予定もかつてはあった。しかも驚くべきことに安倍昭恵さんには秘書官までついていた。歴代の総理では夫人に秘書官がついていた例はないんです。これまでは外交案件の場合のみ、通訳も兼ねて外務省が臨時的に事務官をつけていました。そういうことが情報として近畿財務局と国交省の航空局に入っているのは当然です。加えて政治家、特に鴻池祥肇《よしただ》[※16]先生の秘書とかが動いて、籠池泰典さんと事前に打ち合わせをしている。状況的に見ると、総理夫人が来て講演して「お手伝いする」と言っていて、籠池夫妻もいろんな政治家を呼んで講演させて、安倍総理まで応援をしている。そこが「小学校を作りたい」と言ってきている。「あなたの小学校は信用できませんから許可を出しません」とか「何年何月までにやりたいと言ってもそれはできません」と役所が言ったら、それは日本的に言うと「総理に恥をかかせるのか」「安倍昭恵さんに恥をかかせるのか」と言われちゃう。それは黙ってても近畿財務局は「忖度」してなんとかしようとするでしょう。だから、安倍総理が指示を出しているか出していないかという問題ではないんだ、そういう環境をつくったこと自体が問題なんだと、私が国会で質問したら、安倍総理はムキになって、「忖度なんか、そんな事例はどこにあるんですか」「私は関わったことは一度もない」と答弁で言い切られるわけです。

で、証拠が出てきて、籠池さんの発言が出てきて、証人喚問になった。すると今度は「あの人（籠池さん）は嘘を言っている」と言い、そして財務省は「やり取りの文書は全部廃棄しました」と言ってしまうわけですね。私はいまだに文書は廃棄していないと思っています（二〇一八年、文書の存在が明るみになった）。

斎藤　しているわけがないでしょう、絶対に（笑）。官僚が捨てるわけがないじゃないですか。

福山　一番びっくりしたのは、大阪府は小学校を作るかどうかの審議会を開いて財務局とやり取りをしているわけですけれど、大阪府までが財務省とやり取りした文書を「廃棄した」と言っているわけです。地方の自治体が、財務省の役人とのやり取りの記録を廃棄するなんて絶対にありません。自分らに都合の悪いところだけ廃棄したということでしょう。当然説得力はなくなる。

当初、加計学園問題では、安倍総理は、野党側の質問に対して、「加計学園に私が関わって関与したみたいなことを言っているけど、そんなことを言って、相手の学校に迷惑をかけることになって、責任をとれるんですか」と言って、逆に野党の議員を国会で恫喝したわけです。

斎藤　器が小さすぎて話にならないな。

福山　それで「働きかけて決めているのであれば、責任とる」と言っちゃったわけですよ。そしたら、また文書が出てくる。文書が出てきたら、今度はそれを「怪文書」だと言い張るわけですよね。

この問題の本質は、「一強他弱」で力を持っている官邸の総理の答弁に、官僚が無理やり合わせて「文書はありません」とか「記憶にない」とか言わざるを得なくなるということです。文書を「怪文書」だと言うしかなくなるわけです。つまり、国会の答弁に合わせて、全部のプロセスを無理やりねじ曲げようとしていることが、この問題の本質です。こんなことは今までなかったんです。

一番笑ったのは、稲田朋美防衛大臣[※17]（当時）が「籠池さん側の顧問弁護士をやったことがない」って二回も国会で答弁し、言った途端、籠池さん側から顧問弁護士の契約書が出てくるわけですよ。そして「顧問弁護士として相談にあずかったことはない」と答弁したら、すぐに今度は本人が裁判所に出廷していた証拠が出てくる。

斎藤 そうでした（笑）。

福山 この大臣の国会の答弁は、虚偽答弁というよりも、バレなかったらそのままやり過ごせという答弁なわけですよね。で、物証が出てきたら、「いや、記憶にありません」って言うわけですよ。これはいくらなんでも国民は納得しようがないですよね。

斎藤 それをちゃんと質問によって露わにしたことも、けっこう今の安倍政権の凋落に大いに寄与したんじゃないですか。さすがにみっともなさすぎますからね。

福山 でも、ちょっと驚きでしたね。

斎藤 驚きです。特に稲田さんの扱いが本当にびっくりで。ああ見えて安倍さんって、実は「九条」に依存しているんじゃないかと思いましたね。だって、失礼ながらああ

日本を
否だ日報を
取り戻す!!

いうお世辞にも危機管理能力が高いとは言えないお方を防衛省の大臣にずっと置いていたってことは、はなっから戦争の可能性を想定していないからですよ（笑）。万が一にも戦争をする気があったら、あんな危なっかしい人を据え置きしておく理由はまったく見あたらないですよね。

福山　そこは私もわからないです。あれだけ安全保障環境が変化してると言って集団的自衛権の解釈を変えることまでやった人が、稲田さんを防衛大臣に置き、自分はいつまで経っても私邸にいて公邸には住まないんですからね。つまり災害があろうが、なんらかの安全保障上の問題があろうが、一定の時間がかかるところにしか住まないわけですよ。

民主党政権の時代に北朝鮮と韓国で衝突があったときには、官邸まで歩いて一分の公邸に総理がいたということを、自民党は「公邸にいた。無責任だ」「官邸に入らないのはひどい」と、大変な批判を国会でしたわけです。ところが今、安倍総理は私邸にいるのに、皆そのことについてはダンマリを決め込んでいるわけです。

斎藤　ああ、確かにそうですねぇ～。

福山　議事録の話もそうです。我々が東日本大震災のときに、震災対策本部などの閣僚の議論を、官僚がメモをしているから、議事録を残すよりもまず震災復興だ、被災地支援だといってやっていたら、「議事録を残していないのはダメだ」と言って、メディアも含めて大変な批判に遭ったんです（笑）。

我々はあのときに、バックベンチでメモをとっていた官僚のメモを全部集約して、議事録を全部もう一回つくり直したんです。ところが今回は、そのメモすら破棄しちゃっているって話で、「文書がない」って言ってるわけです。

これは完全に日本の行政組織を歪めています。官僚組織から言えば、文書を破棄したことも全部、官僚が勝手にやったことになっていて、官僚のモチベーションの落ち方も相当激しい。だから前川喜平[※18]さんのような直近の次官が声を上げる。

斎藤　さすがに黙っていられなくなったってことでしょうけどね（笑）。

福山　象徴的なのは、「文書があったものをなかったとは言えない」「あの文書は、全部私が報告を受けた文書だ」と、表に出て話をされたことです。

前川さんみたいに理路整然と話をされる、誰が見ても前川さんの方が正論を言っているだろうって感じられるような方が、ああいう形で勇気を持って表に出ていただいたことは、安倍政権の信頼低下に大きな貢献をしたんじゃないかと思います。

斎藤　そうですね。

福山　前川さんと同じく非常に大きかったのは、防衛省の日報問題です。防衛省内から、日報があったことを防衛大臣に報告していたんだということがリークされました。防衛省内からリークがあるということは、防衛省内で「こんな大臣じゃ自分らが持たない」と、危機管理と組織防衛の論理が働いたということです。これを良かったと言っちゃうと、今度はシビリアン・コントロール[※19]上まずいじゃないかという議論につながるんですよ。だから防衛省という実力組織をコントロール、マネージメントする民主国家としては、二重にまずい問題が起こっている。

斎藤　本当にまずいと思いますね。

福山　前川さんの存在も、防衛省からのリークも、あれだけ安倍政権に肩入れをしていたメディアがさすがにこれはダメだというふうに変わる契機にいちおうなったわけですが。これを日本の民主主義が二枚腰になったと評価するか、それとも、ここまでいかないとわからないのかという話になるのか、これは微妙なんですけど。

斎藤　後者じゃないですかね（笑）。そんな気がしますけどね。

変な話、一連の経緯から私は、よく安倍さんがヒトラーみたいだとかいろいろ言われますけども、そこまで大した「思想」もそれを貫徹するほどの意志も人望もないことがはっきりわかりました。さっきも言ったように、戦争のこともリアルには考えていない、達成したい確たる目標があるわけでもない、改憲という「悲願」にしても、非常に緩いもんだということがよくわかりました（笑）。器は小さいかもしれないが、権力欲まみれの「巨悪」には見えない。たぶん総理の通算在職日数を戦後最長にして、あとは誰も手をつけられなかった憲法に一太刀でも浴びせられたらもって瞑《めい》すべし、というくらいの気持ちなんじゃないでしょうか。その意味ではちょっとだけ安心した面もあるんです。ですけど逆に、そんなことでこれだけひっかき回されたのかと思うと、非常に忸怩《じくじ》たる思いはあります。

福山　そうですよね。「この五年間[※20]はなんだったんだ」ですよね。

「一対多」でいじめの「空気」を操作

斎藤　この人がずっとこの立場にいられるというのも、またなんなんだろうと、非常に不思議なんですけども。やっぱり「軽い神輿の方が担ぎやすい」と古くから言われていることの実証なのかな。悪であるとしても非常に凡庸な、矮小《わいしょう》な悪でしょう。

福山　斎藤さんが以前に『Voice』[※21]（二〇一五年十二月号）で紹介されてた「ホモクリット」でしょうか。

斎藤　まさにそうです。ホモクリットっていうのは、「普通の人」という意味です。

私の文章は、アメリカの精神科医ナシア・ガミーの『一流の狂気』※22という本を紹介したもので、その本自体はちょっとリベラルに寄りすぎていて、分析手法にもいろいろ問題があるんですが、政治家の精神医学的分析自体が珍しいので、けっこう評判になりました。

ガミーは、政治家には普通の人とそうじゃない人がいて、平時においては、健康な政治家が良い政治を行うけれども、危機や非常時においては、狂気の政治家が国家を救うと論じています。イギリスはチャーチルの前にチェンバレンという首相がいるんですけど、彼は本当に凡庸な人で、平時にはそれで良かった。でも第二次大戦になったら無能ぶりを露呈した。それに対してチャーチルってすごく病的な人で、どうも躁《そう》鬱《うつ》病を病んでいたらしいんですね。しかし戦時下は、彼が首相をやっていたから持ちこたえられたと。「だから非常時には異常性を発揮できる政治家の方が適応的なのだ」と、ガミーは言うんです。アメリカでも、危機的な状況のときはニクソンではダメで、ケネディが合っていた。ケネディもアディソン病や軽躁状態などの問題を抱えていた人らしいんですけど（ガミーは彼のカルテを閲覧できた数少ない精神科医のひとりとのこと）、それでキューバ危機を乗り切ったと。ニクソンは全然普通の男で、結局ウォーターゲートの処理ができなくて、在任中に初めて退任する大統領になったわけです。

福山　論理構成は少し難しくて、凡庸の見分け方はどうなるのか、微妙なラインですよね。

斎藤　人柄の評価が先にあるか、振る舞いを先に考えるかで、ちょっと恣意《しい》的に取捨選択しているものですから、結果論で言っているところがずいぶんあるんですよね。その辺がちょっと弱いんです。露骨に民主党びいきですしね。アメリカでは、この本はだいぶ叩かれてもいるんですよ。ただ、ケネディにこんな角度から斬り込んだ本は従来なかった。ロジックとしては面白いところもあるし、いろいろと応用が利く感じではあるんですね。特に政治家に狂気が必要というのをはっきりと指摘した本というのは今までなかった。「狂気がプラスに働く」というのは、けっこう大事な視点なので、そこは見るべきものがあるなという感じです。

この対比を見ていると、安倍さんというのは、まさにホモクリットの典型ですね。ホモクリットが失敗するときって、調子づいて傲慢《ごうまん》になったときなんですが、本当に典型的な変化が起こっています。二回目だから少しは慎重にいくかと思ったら、すっかり傲慢になり果ててしまって、まるで人の話を聞かない。それなのに、誰もそこを批判しなかったっていうか、できなかった。この辺が不思議といえば不思議ですし、わかるといえばわかる気もする。つまり、もうあの人はああいうキャラだということで、みんな諦めちゃっている印象があったんですよね。

そういうところは、『失敗の本質』[※23]で指摘し尽くされたと思われていた「日本型の組織」のダメな点が、むしろ逆に誇張されて出てきているような感が否めないですね。

福山 まったくそうです。山本七平先生の『「空気」の研究』[※24]に、「あのときはそんなことが言える空気じゃなかったって言って、誰も責任を取らない仕組みだった」ってありますけど、第二次世界大戦の失敗の構造が今もそのままになってる。

斎藤 「忖度」だって、広い意味で言えば「空気」の支配みたいなもんですからね。本当に変わっていないんです。ヤンキー・カルチャーに限らず日本文化全般に言えることですけれど、表面は変わりやすいんですよ。表面はどんどん変わる代わりに、深層は温存しちゃう。ずぅ〜っと続いている。日本語ってものがそういう構造を持っているとよく言われますよね。外来語をどんどん取り込んでカタカナ語に置き換えて日本語にしちゃうんですけれど、日本語そのものはほとんど変わらない。日本の文化にも同じような性質があって、表面的には軽薄で流動的、可塑《かそ》的に見える部分もあるんですけど、意外と深層は保守的で、本当に変わらない部分はずっと変わらないまま。

組織文化が典型で、それこそ旧日本陸軍内務班の体質みたいなものが今もブラック企業なんかにそのまま残っていますよね。インパール作戦とかデス・マーチ[※25]とかいう比喩がいまだに使われてますもんね。こういうところは本当に変わりません。

福山　組織のなかで「これはおかしい」と指摘する者は「空気が読めないやつ」、KYと呼ばれる。KYというのも、そういう話ですよね。

斎藤　まさにそういうことで、空気が読めないやつを排除するっていう構図がありますよね。

福山　それは斎藤さんのご専門で言うと、いじめの構造とかにも……。

斎藤　まったく一緒です。現代のいじめって「一対一」の関係じゃなくて、必ず「一対多」の関係になってしまう。集団でひとりをいじめるみたいな構図になってしまいやすいから、こじれるんです。そういう空気ができあがってしまうと、「あいつの味方をするとやばい」みたいになってしまって、どんどん被害者の孤立化と無力化が進んでしまう。最後は被害者も沈黙してしまい、いじめの存在そのものが透明化してしまうということが言われていますけど。

福山　私は籠池さんの小学校に参議院の予算委員会として与野党ともに視察に行くように、ある種仕掛けをしたんです。野党だけで行くと、籠池さんを野党がかばっているかのように見える状況をつくるので絶対に良くないと思ったんですね。それは当時、籠池さんがどういう人物かわからなかったからです。でも、間違いなく安倍昭恵さんと安倍総理のなんらかの関与と財務省がコミットしていることは間違いない。だから与野党で小学校に視察に行くことによって、「一対多」とか、どっちかに加担しているという状況を避けたいと思ったんです。そしたら突然、籠池さんから、「安倍昭恵さんから百万円もらった」というとんでもない発言が出てきて、世の中がまたひっくり返ったわけです。

そうしたら官邸側は、「百万円をもらった」という発言に対して、「総理を侮辱したから、証人喚問する」と。まさに斎藤さんがおっしゃった通りですね。「一対多」の構造をつくって、籠池さんひとりが悪者になる構造をつくりにかかったわけです。

籠池さんの証人喚問のとき、NHKがびっくりしたんですけど、二桁の視聴率があったんです。「国会中継でこんなことは、ありませんでした」と。

斎藤　あの人、見ていて面白いですからね(笑)。それこそキャラが立っていますから。

福山　証人喚問で国会議員相手にあれだけ堂々とやり取りするって、私にとっても驚きでした。自民党は、籠池さんひとりを悪者にしようとしたけど、悪者にできないまま、ずるずると行った。国会では先ほど言ったような、「文書がない」「言っていない」「記憶にない」の繰り返しですから、何回やっても、「籠池さんも悪いけど、安倍さん側も説明できていないよね」って空気がずっと続いたんですね。でも「一対多」の構造にしようとしたのは間違いないです。

前川さんに対して『読売新聞』が出会い系喫茶の記事を出したのも、まさに印象操作をして、「こんな人間の言うことだから信用できないだろう」という空気をつくろうとした。籠池さんにしても前川さんにしても、その空気をつくろうとした側がまったく根拠のない説明とか、説得力のない説明を繰り返すことによって、それに失敗した。だから、安倍政権の信頼も支持も失った。それが成功していたら、いじめの構造に陥る可能性って、いくらでもあったんじゃないかって思うんですよね。

斎藤　そういう構造があって、でもそういう空気とか構造をつくらせないようにするのが公文書であったり記録であったりすると思うんですけどもね。

福山　それが民主主義の一種の装置ですよね。社会が健全であり続けるため、最後のところで崩れないための装置として、情報公開制度とか文書を残すとか、国会答弁の虚偽は排除するとかっていう仕組みがあるんだと思っているんですけれど。

両論併記すれば公平なのか

斎藤　いわゆるファクト・チェック[※26]をアメリカのメディアはやっていますけれども、

日本のメディアはその点ではあんまり機能していないですね。『読売新聞』にいたっては、安倍さんに「自分の考えは『読売新聞』で熟読してくれ」って言われちゃうくらいの体たらくですから。これはメディアの敗北ですよね、明らかに。

福山　メディアは意図的にAという説とBという説と両方を並べることによって、自分らは公平な姿勢を担保しているように見せて、自らのポジションをとることを避けていると思うんです。

そのことは原発事故のときに強く感じました。あのときは三月の終わりから、偏った専門家に頼ると危ないと思ったので、低線量被ばく専門のお医者さんに官邸に十人ほどぐらい常駐していただいて、官邸からずいぶん発信をしたんです。ただですね、少数説の、非常に扇動的な議論と、九割の人がそうだと言っているまともな議論があっても、メディアは「公平」という建前のもとに、これとこれを一対一で扱うわけです。そうすると、見ている方からは五分五分の議論に見えちゃって、危ないということを扇動的に言っている人の話の方を信じたがる。これは精神科の先生におうかがいしたいんですけれど。

斎藤　私が知り得た範囲ですが、いわゆる低線量被ばくの問題は、エビデンスを大切にする医師のなかにはその健康被害を認める人はほぼいないんです。ちょっとクセのある医師のなかには、その悪影響を声高に主張する人もいますけれども（笑）。私は疫学が専門なんで、信頼できる論文を読む限りでは、疫学的にその危険性が実証された研究は今までないんですよね。つまり医学的には、低線量被ばくが健康被害をもたらすという根拠は存在しない、という結論は出ている。「被害がない」というのではなく、現代医学の水準では、被害の確率が低すぎて実証できない、つまり「わからない」。これは端的に事実なんですが、こういう事実を指摘してもなお、「御用学者」と叩かれるわけです（笑）。いわゆるLNT仮説[※27]というのがあって、これは「ゼロではない限り放射線は量に比例した健康被害をもたらす」というものです。繰り返しますが、この仮説は実証されていません。それでも、非常に偏った立場の論文を持ってきて、それが根拠だと主張されるんですが、雑誌の信頼性の指標となる「IF（インパクト・ファクター）[※28]」が非常に低い雑誌だったり、専門誌ですらない雑誌のただのエッセイだったりするわけです。そういうトンデモ雑誌のデータを持ってきて、「お前ら、これを隠しているだろう」みたいに言われるんですけど、医学にも信頼できるデータとできないデータはありますから。被ばくゼロを目指すことになると、除染の基準が異常に厳しくなってしまい、非常にコストがかかります。そもそも地球上に放射線がゼロの場所がほとんどない。

そこで福山さんにうかがいたいんですが、「医学上の知見からみて低線量被ばくでの影響は高い見積もりで発がん率〇・〇五％ぐらいですよ」という、いわゆる天気予報型の情報開示というのはできなかったんですか。

福山　それはすぐにしていたんです。しかしマスコミの両論併記の「公平性」のもとでは分が悪いんですね。

斎藤　予言者は、悲観論者の方に圧倒的に人気が出るというのが、今回の原発事故の「教訓」です（笑）。楽観的な予想をする人は全然人気がないですよね。「お前ら、これからとんでもない目に遭うぞ」と触れ回る予言者の方が断然人気が上がるんですよ。そういう集団心理に便乗したエセ科学者や自称ジャーナリストが跳梁跋扈《ちょうりょうばっこ》したことも記憶に新しいです。

福山　両論併記で五分五分になったときに、我々が医療関係者に確認をしてほぼ九割の学説にそったことを発信しても、「隠している」「こっち側に話を聞かないで自分らに都合のいい方ばっかり聞いている」というふうに、バーッと世論が動くんですね。「気候変動問題」でもそうなんです。私は政治家としては変わり者で、この問題にもう二十年くらい取り組んでいます。地球温暖化は本当に進んでいるのかどうか、その原因は二酸化炭素の増加なのか、科学的に論じると、比率でいうと九〇対一〇ぐらいなんですけれど、反対に「温暖化していない」という人がいて、そういう人が声を上げると面白がられるんです。そうすると、いつの間にか、その少数意見に共鳴装置ができちゃって、科学的には圧倒的にこっちが多数派なのに、いつの間にか世論形成のなかでは五分五分みたいになっているということが、社会で起きています。極端で変わったことを言う人って、メディアが取り上げちゃいますから。

斎藤　そうですね、面白がりますもんね。「逆張り」というか判官贔屓《ほうがんびいき》というか。

福山　それが変に権力側とかステークホルダー側や利益団体側と結びついて、テレビがスポンサーをつけて番組をやるような構造ができているので、いつの間にか八対二とか九対一の議論が、状況によっては五分五分にまで変わっちゃうんですね。五分五分の議論を見せられると、有権者は判断しにくい。公平な、中立な報道をしろといえば、中立の意味合いを間違えて、反対と賛成の論をベタに並べてみせることが中立だと、メディアは逃げている傾向があるんです。

斎藤　両論併記と言っておけばいい、みたいな感じですね。両論併記というのは、私は悪しき習慣といいますか、全然フェアじゃないと思います。

ただし、事実として「原子力村が反対論者の学者を排除してきた歴史」はあるわけですよね。それを知っている人から見ると、「ここでも御用学者が幅を利かせていて、真理を知っている人間は抑圧されている」という、同じ物語に落とし込まれちゃうんですよね。

福山　まったくそうですね。

斎藤　私から見ると明らかにそれは違うんですよ。医者がそっちに加担するメリットもないし、お金ももらえませんからね（笑）。ただ安全が確認できたなら、その事実を発信して、人々を安心させたい一心だったりする。それなのに、原子力村の一員とみなされて叩かれる。福島に転居・転勤までして現地で誠実に診療している医者が、「今のところ放射線による直接の健康被害は一例も診ていない」と情報を発信すると、「やっぱりあいつは御用学者だから」「東大系だから」みたいにすぐ中傷されてしまう。

福山　その辺の問題も、フェイクの時代にはますます重要ですよね。

斎藤　そう思います。特に原発事故に関しては、いまだに事実がきちんと知られていない状況がありますしね。それでやっぱりファクトより「空気」が支配的になっている。

「コストが安い」の無神経さ

福山　東日本大震災時に官房副長官でした。事故直後の福島に行って、全村避難をお願いしたり、ご苦労されている知事や市町村長、被災地の仮設の避難所に行って「ご面倒をおかけして申し訳ありません」と謝罪したりしました。そういう立場からすると、私には、コストだとか電力の需給だとかを理由に原発を将来も含めて動かすなんてことは、とても言えないです。原発が一基も動いていないときも、電力は足りていたわけですしね。あの事故のときは、本当に「偶然の結果」として、4号プールの放射性物質の飛散は止められたわけです。

斎藤　偶然でしたね。

福山　1号、2号、3号が水素爆発だけで止まったのだって、もちろん注水作業はしていましたが、結果としていえば、日本には最後の最後で「運があった」としか思えないですね。

斎藤　本当に間一髪でしたものね。

福山　それを偶然の産物だと、私ら政治家は言っちゃいけない。でも、私自身が「日本は運が良かった」と認めている限りは、原発を人間が制御できるみたいな話は、まったく傲慢な発想だと思います。

斎藤　同感です。炉心溶融《メルトダウン》まで行きながら、被害がチェルノブイリ以下におさまったのは、ただの幸運でしかない。最悪のシナリオとしては、たとえば4号炉に保管されていた使用済み核燃料が露出して、大量の放射性物質が撒き散らされ、東日本壊滅まで想定されていたわけですから。

福山　ところが石原伸晃さんが環境大臣だったときに、中間貯蔵施設建設をめぐる住民説明会に一度も出席しないとか、「どうせお金でしょ」とか言ったりとか、そういう言葉が出ることが、私からみると考えられません。

斎藤　そうですよね、まったくね。

福山　そのときに政権にいなかったからなのか、そもそもそういう想像力が欠如している人間が自民党には揃っているのか。

斎藤　う～ん、後者としか思えないんですが、それも本当に不思議なところで、なぜそういう精神構造になっていくのか……。

福山　電力会社や経済界との関係があるのはもちろんわかりますよ。でも保守は、我が国の山野や風土や田畑、地域や伝統を守るはずなのに……。

斎藤　日本の保守の奇妙なところですね。原発にしても憲法にしても、保守の方が危険でラジカルな主張をしたがる。

福山　効率だ、コストだと言って、一瞬にして国土を破壊するような原発を、なぜ許容するのか。どうしてそんな無神経な言葉が出てくるのか、私にはさっぱり理解できない。

斎藤　たぶんきちんと検証をする気がないのでは。ですからこれは僥倖《ぎょうこう》にすぎなかったという理解も、これ以上に被災地が広がらなかったことはラッキーでしかなかったという認識もないのだろうと思います。それこそ土壇場で神風が吹いて助かった、ぐらいの漠然とした認識で、だからこれからも大丈夫だろうという思い込みがあるのかもしれません。ちゃんと現地に行かないというのは、まさに否認だと思いますね。白井聡さんが『永続敗戦論』[※29]で展開しているような、敗戦の事実を否認し続けてきたということにもつながってきます。

福山　原発もある意味、敗戦なわけですけど、そのことを認めたくない人たちが今の政権にいるということですね。それはやはり、敗戦を終戦と言い換えるメンタリティに近いのかもしれません。

斎藤　近いと思いますね。そうでなかったら、いまだに被害が出続けているのに「原発はコストが安い」なんて言えるはずがないですからね。なぜ、この時点でコストが安いと言えるのか。すごく不可解なんですよね。

福山　おっしゃる通りです。私はそのメンタリティがまるでわかりません。なんでこの人たちは平気な顔をしてコストが安いんだと言えるんだと。

斎藤　しかも、そもそも事故が起こらなくても原発のコストが安くなんかないということが証明されていますしね（大島堅一『原発のコスト――エネルギー転換への視点』[※30]岩波新書、二〇一一年）。きちんと検証しようとしないのは、何も考えていないせいでしょう。単に考えたくないだけなのか、考える力がないからなのか（笑）。

福山　ましてや火山や地震活動がこれだけ活発化しているなかで「原発は大丈夫だ」と言い切れる、その傲慢さに驚きますね。使用済み核燃料がある限り、原発を動かしていようがなかろうが、地震があったらリスクはあるわけですよ。残念ながら、明日には全部なくすなんてできないわけですから。そこは、将来だけれどやめるんだという前提に立ったプロセスを提示しながら、物事を進めるしかない。ここにもファクトより「空気」という問題がありますよね。

親分は
スガるに足らぬ
お人柄

「空気」を変えるKY

福山　日本社会の底流にはこうした「空気」とかKYとかいじめの構造みたいなものがあって、そういうものが最近の国会では非常に顕著に表に出ていたと思います。

斎藤　なんか居直ったかのような態度で、「恥も外聞もない」という形容がぴったりだと思います。なんでこれができてしまっているのかと不思議なくらいですよね。答弁にしても「こんなので許されるのか」というみっともなさを感じます。

福山　前川さんも、それから菅官房長官に突っ込みを入れる東京新聞の望月衣塑子《いそこ》記者[※31]も、社会でいうとKYで、予定調和を乱す人間なんですよね。でも、そういう存在が可視化されることによって、多くの国民が「そういうことを言っていいんだ、思っていることを言っていいんだ」とか、「自分らの感じていたことが間違っていないんだ」ということを、皆が連鎖反応的に気づいたんじゃないでしょうか。安倍政権は怪しいとか批判的な態度をとると、「〝なんだ、お前は野党なのか〟と言われるんじゃないか」という思いがあったけれども、「いや、表に出してもいいんだ」と、前川さんの存在や、望月記者の存在によって、意思表示をするハードルが下がった。その結果が、安倍政権の支持率の低下につながったんじゃないかと思っています。

斎藤　「空気」のいいところというと変ですけれど、「空気」って人を黙らせる力を持っている半面、たったひとつの発言で、ガラッと変わったりすることがあるんですよ。一気に変わるっていうところがある。「空気」のいいところはそれじゃないかと思っていて（笑）。望月記者とか前川さんはかなり「空気」を変えたＫＹですね。ＫＹの人が「空気」を変えるというのは、小泉純一郎元総理なんかそういうところがあったと思うんですけど。逆にその人が新しい「空気」をつくってしまうことがわりとできる。それが功を奏したんじゃないでしょうかね。だから立憲民主党にはそういう役割を、「空気」をひっかき回す役割を果たしてもらいたいな。

福山　私なんかでも相当に、あれだけ質疑に立つとですね、「お前は、反対ばっかりしているじゃないか」「他にやることがあるだろう」「もっと国民生活や安全保障の問題があるのに、どうして国会でそんな無駄な時間を過ごしているんだ」という批判がすごい数来るんですよ。

斎藤　どこから来るんですか。

福山　電話、ＦＡＸ、メールで事務所に来るんですけど、籠池さんのことをやっていて、籠池さんと安倍さんが蜜月だった時期には、おそらく日本会議系※32からと思われる抗議がブワ〜ッと来ました。

ある時点で、籠池さんは安倍さんに梯子《はしご》を外されたことがわかって反安倍に変わります。そうすると、「籠池さん頑張れ」と思っている人と、「安倍さん頑張れ」と思っている人たちと、分かれるわけですよ。そうするとアンビバレントな批判が両方から来るわけです（笑）。「籠池さん頑張れ。梯子を外した安倍さんはけしからん」と思っている人たちと、「安倍さんは総理だからしょうがない。補助金でごまかしをした籠池さんは悪いやつだ」と思っている人たち、このどちらからも私はけしからん人間に見えるので、一時期はすごかったです。

あと一般論として、「批判ばっかりして。他にやることないのか」っていう抗議。野党の役割ということは全然考えずに批判をされる。

さらには、安倍さんに六割近い支持率がありましたから、「オレらは安倍さんでいいと思っている」「お前らは失敗したのに、何言ってるんだ」「文句言うなら、お前らがちゃんとやればいいのに」「お前らが失敗したから安倍さんになっている、お前らが文句言う筋合いじゃねえだろう」っていうようなものですね。簡単に言うと、「私はこのアイドルが好きだ」って言っているのに、こっち側から「このアイドル、ここが悪いよ」って言われて、「オレが好きなアイドルの悪口を言わないでよ」って言っているような感覚。こういういろいろが混在して、批判が来るんですよ。もちろん、批判だけじゃないです。「頑張れ」という応援もたくさん来たんですけれど。

だんだんそれが変わってきたんです。メディアの取り上げ方も変わりました。あるテレビ局のプロデューサーによると、籠池さんが出ると、「籠池さんは被害者で可哀想だから守れ」っていう感じの応援のメッセージがテレビ局にも寄せられるようになったそうです。森友や加計や共謀罪の問題などで安倍政権に批判的なことを報道すると、抗議する声より、もっとちゃんとそのことを伝えるべきだ、批判的な議論についてまともに伝えろ、という声がわぁ〜と広がってきて、それをちょっとでも抑えると、「お前ら、やっぱり安倍さんをかばっているんじゃないか」という声が来るようになったといいます。そうしてメディア側の伝えるハードルが徐々に高くなってきた。事の本質を伝えないと、有権者にだんだんフラストレーションが溜まるような状況に、この半年で徐々に変わっていったようですね。

だから、KYが空気感を変えるみたいなことが、本当にこの半年に起こったんだと私自身も感じます。

一方で、支持率六割って、こんなに脆いものなのかとも思います。当時はよく「民進党は支持率が上がらないじゃないか」と言われていました。とはいえ、私は逆に、安倍政権の支持率が下がって、それがそのまま野党の支持率に反映していたら余計気持ち悪いと思うんです。

斎藤　ちょっと心配なのは、支持率が低下した部分というのは、ちょうど二〇〇九年に民主党が政権をとった直前みたいな感じで、「自民党はいい気になっているのでお灸をすえなきゃならんかな」というようなムードがあったと思うんです。その反省に立って内閣を改造したら、支持率がちょっと上がったじゃないですか。あの辺はけっこうまだ安心できないところがあるんですね。本当に自民党の問題がわかって支持から離れたとは限らないかもしれないという。

福山　ですよね。でも、内閣改造後、思ったほど支持率は戻らなかった。日本の社会って不思議で、大臣がいろいろ問題を起こしても、大臣が辞任しちゃうと、みなそれで済ましちゃう社会なので。

斎藤　「禊《みそ》ぎ」とか言ってね。まさに水に流す。

福山　だから逆に、思った以上にお灸が効いているなぁ〜と。当時の野党の支持率が上がらないのは当然で、安倍政権がダメだからといってすぐに野党に支持は来ない。私は、支持なし層という大きな池に国民が溜まっていることが、次の選挙をどうするかの分かれ目になると思っています。すぐに野党に来るような支持層は、たぶんすぐにまた消えてなくなる。内閣支持率が六割あるようなときには安倍政権について何を言ったって聞く耳を持ってもらえなかった。

ですから、ようやくここからがスタートだと思っているんです。問題は、安倍政権もダメだった、民主党もかつて政権で失敗した。そうして結局、政治不信だけが高まって、政治の機能がどんどん落ちていく。なおかつ官僚組織に対する信頼も落ちる。安倍政権によって、すごく大切だった、唯一の違憲性を判断する、独立し信頼されていた内閣法制局の信頼が崩された。文書管理の信頼も。官僚組織は忖度と自分の人事がかかるとこれほど弱いものだということも白日の下に晒された。政治にも、官僚組織にも、本当に不信感が高まっている。国民が政治とか社会システムに不信感を持っている。そういう状況に、かなりの危機感を持っています。

斎藤 そうですね、ただそういう不信感が、「現状を変えよう」という動きにつながらない。不信感と同時に強い不安もあるからだと思います。現状が良くないとしても、何を選択すべきかわからないときは、人は「とりあえず現状維持」を望みます。その意味では保守的な政権の方が安定して見えるんですね。つまり少々鈍重で、ダメなところもある政権でも、とりあえず六年か七年の間、大過なくやってこれたんだからいいじゃないかと。異論もありますが経済が上向いて、失業率が下がっているんだからまあいいだろうと。そういう層をどう振り向かせるかということですね。しかしそれにしても私は、「民主党政権はダメだった」という評価があまりにも定着しすぎているのではないかと思うんです。

福山　定着してますね（笑）。

斎藤　東日本大震災という難事を乗り切ったという点で評価する声がもっとあっていいと思うんですよ。「後処理は全然ダメダメダメだったし、もうあんな思いは二度としたくないから、自民がダメでも民主党支持には回らない」みたいな声ってよく聞くわけですけれど。でも原発対策にも自殺対策にも、実はいろいろ功績がある。それがちゃんと表に出ていないので、全部が「負の歴史」みたいな感じになってしまって、それが前提とされちゃっていますよね。これって、なんとか汚名返上できないもんなんでしょうか。

福山　政治って難しくて。当事者が言っても、弁解と言い訳にしか聞こえないので……。

斎藤　でも、それはファクト・チェックじゃないですけど、記録やデータとして検証できるわけでしょう。

福山　記録は結果として出るんですけど、その検証の作業はメディアはなかなかやってくれなくて……。ただ二〇一六年に映画で『シン・ゴジラ』（総監督・脚本／庵野秀明）と『太陽の蓋』（監督／佐藤太）っていうのがありましたよね。ゴジラという存在を明らかに原発事故に重ねて描いている『シン・ゴジラ』があれだけ大ヒットした。『太陽の蓋』は、原発事故の五日間を描いた映画ですが、普通の映画館だけでなく、自主上映会がもう百カ所以上で行われているんです。今でも続いています。「やはり、そんな状況だったんだ」というのが徐々に浸透しているんですね。

安倍政権は、口では「福島の復興だ」と言いながら、まるであの事故をなかったかのようにして再稼働を進めようとしています。そのことに対する潜在的な疑問は、国民の底流には残っています。

斎藤　残っていると思いますよ。だから原発をやめるという政策は、けっこう支持を高める有効なカードだと思うんです。

原発事故と「空気」

福山　台湾が原発を将来はやめると決めました。[※33] 韓国も文在寅《ムンジェイン》大統領[※34]は「将来やめる」と選挙公約にして、今、検討に入っています。ドイツはすでにやめることを決めましたし、スイス、イタリア、ベルギーも脱原発を決めました。[※35] 今、世界は、再生可能エネルギーの設備の方が原発の設備より発電量としては上回るようになっています。これから燃料電池、再生可能エネルギーの技術革新がさらに進んで、その発電量は幾何級数的に伸びていきます。そういう現実を見ようとしないで、あたかもあの原発事故がなかったかのようにエネルギー政策を進めていることに対して、原発事故を官邸で見た人間としては、問題提起していかないわけにいきません。

斎藤　そうですよね。原発は強力な争点になると思います。当時の民主党がどうしたかということの記録は、福山さんも本（『原発危機 官邸からの証言』ちくま新書、二〇一二年）に書かれていますけれども、公式な記録としてしっかり残して、それをアピールできれば、かなり強力なポイントになるんじゃないかと、ずっと思っているんですけれどもね。

菅直人さんの評価もしっかりやるべきだと思うんですよ。原発事故の直後に現場に乗り込んだことで、ずいぶん叩かれましたよね。あれは本当にまずかったのかどうかとか、きちんと検証すべきです。

確かに吉田調書[※36]にもあるように、総理大臣が乗り込んだことで、現場の混乱を招いたかもしれない。でも「もしあのとき安倍政権だったら何が起きていたか」と考えると、もっとやばかっただろうということは確実に言えると思う。考えるだけで恐ろしい。確実に対策を遅らせただろうということは想像に難くない。少なくとも、あのあとで浜岡原発[※37]も止めるという発想は絶対に出てこなかったでしょう。フェアな立場から言うと、そこはやっぱり評価しないといけないと思いますけどね。しかし自民党を支持したことで、結果的に再稼働を選択してしまったようなもんです。国民の意思として。

それでも原発にはもう先はないとしか言いようがない。だって新規の建設はそもそも不可能ですよね。どこの自治体も絶対に引き受けませんから。あとは粛々と廃炉するだけです。私の試算だと、東京オリンピックまでに一八基を廃炉にしないといけない。四十年という限界を守るんだったら。それだけでも大変な費用ですよね。五十年から百年はかかると言われているわけですから。だから世界に冠たる「廃炉先進国」になるしかないじゃないですか（笑）。技術をそっちの方で発展させていく。

福山　我々のときに固定価格買取制度[※38]をつくって、太陽光、風力、地熱といった再生可能エネルギーの導入を促進する法律をつくりました。安倍政権で買取価格が下げられましたが、それでも継続していて、実はこの五年で原発一八基から一九基分に相当する設備がもう再生可能エネルギーでできているんですよ。一八、九基分というのは並の数字じゃないですよね。つまりそれぐらい、再生可能エネルギーのポテンシャルはあったんです。あったものに蓋をしていたということです。再生可能エネルギーはダメだと言ってた人たちの理屈はもう通らない。

ところが、今も造りたいといっているところがたくさんあります。しかし、これ以上造ってしまうと今度は原発を動かさなくてもいいじゃないかということになるので、再生可能エネルギーを日本中に広げて系統で流すことに、蓋をしようという動きが出てきています。それはすごくもったいないことですし、そういうファクトをちゃんと伝えた上で、本当に原発が要るのかを国民に選択してもらわなければいけません。廃炉にしても使用済み核燃料があるわけです。これからも原発を動かすとすれば、使用済み核燃料は増え続けることになる。そのことを本当に受け入れるのかという議論もまともにしなければなりません。

斎藤　「もんじゅ」を廃炉にした時点で、核燃料サイクルは諦めたと言うしかないじゃないですか。

福山　原子炉である「もんじゅ」はやめても、次の段階である実証炉の開発を検討するという、ひっくり返るような話をしているわけですよ。

斎藤　「どこに造るのか？」って話です（笑）。絶対に引き受ける自治体はないですよ。おびただしい事故を隠蔽《いんぺい》してきた日本原子力研究開発機構[※39]を、今さら誰が信用しますか？

福山　自民党は、原発はベースロード電源（安定的に低コストで供給できる電源）、再稼働ありき、です。加計や森友の問題と本質的に同じ。ファクトを伝えないで、ただ「空気」で押し切る。

斎藤　悪い意味で「今、ここを乗り切ったらいいや」みたいな感じで、どんどん解決を先送りしている。原発って、そういうのが一番向かない問題です。百年単位で計画を立てなければどうしようもない。気合いだけではどうしようもない。それがまったく配慮できない状況をなんで皆が許容しているのか、よくわからないんですけれど。

福山　二〇三〇年なら二〇三〇年までに廃炉だとまず決めるべきなんです。決めたあとで、立地自治体に対して交付金なり雇用対策なり、経済対策をどうするかを決めて、「その分お金がかかりますけれども、国民の皆さん許してください」と言わないことには、前に進まない。止めるのか止めないのか、四〇年以上動かすのか動かさないのか、使用済み核燃料を出し続けるのか、出し続けないのか、何もわからないままずるずる～っといくのが、一番罪なことだと思います。

斎藤　そうなんですけど、考えていないですよね、おそらく。

福山　避けますね、そこは。

斎藤　「誰かがなんとか」みたいな感じになっているんじゃないですかね。

福山　誰も、なんともできないですからね（笑）。

斎藤　すでにある放射性廃棄物をどこに集約するかだって、全然決着ができていないわけですよね。これは本当に難航すると思う。

極論ですけれど、私は原発を安全管理できる国は、全体主義国家しかないと思っています（笑）。もしものときには至上命令で人員を強制投入できるような指揮体系ががっちりできていないと。

福山　そうなんです。民主国家で原発の事故に対応するというのは難しいんですよね。

斎藤　無理じゃないでしょうか。やっぱり個人の命が大事ですからね（笑）。

福山　それはごくごく正当なことだと思うんですね。個人の命を大切にするので、原発事故に対応できないというのは。論理性としてはいいんです。でも、現実に原発を持っている限り、何かあれば個人の命を守っても、その結果被害が広がれば国土や国民全体が危険に曝されるわけですから。

斎藤　今の時点では、原発というテクノロジー自体がもう「非倫理的なものを孕んでいる」としか言いようがないわけです。よく「否定するなら代替案を」と言いますけれども、そもそも存在自体に倫理性が欠けているんだから（笑）。そこで代替案をと言うのはすり替えでしかない。

福山　そうなんですよね。ドイツは二〇二七年までに原発を止める決定をしたとき、哲学者とか倫理関係の有識者を委員会に入れて議論をしましたよね。原発が非倫理的だと言った瞬間に、反応としてどういう反応が出るか。私が想定できるのは、「今原発で一生懸命働いている人もいるし、『1F《いちエフ》』※40で危険を顧みず作業をしている人もいるのに、ましてや、今まで原発で電気を供給していた人もいるのに、その人たちに向かって『非倫理的』とは、そんな失礼なことをなんで言うんだ」みたいな反応が、たぶん最初の反応ですよ。

斎藤　はいはい（笑）。それはそうでしょうね、おそらく。

福山　これが、意外と影響力が大きくなったりするんですよね。

斎藤　たぶん人に照準する方が共感度は高いですよ。

福山　そうなんですよね、共感しちゃうんですよね。でも、それよりも未来への問題とか、事故があったときのリスクとかを考えないと。経産省は、原発の発電コストが安いと喧伝《けんでん》しておいて、本来徴収すべきだった費用を「過去分」として、託送《たくそう》料金に上乗せして、広く負担させる仕組みを導入した。しかも、国会議論の必要がない施行規則の改正で対応したんです。また、廃炉費用についても、資源エネルギー庁の資料で八兆円とされましたが、その資料には、「『有識者ヒアリング結果報告』から引用。経済産業省として評価したものではないことに留意」と注意書きがある。さらに、その「有識者ヒアリング結果報告」（二〇一六年十二月九日）には、「（原子力損害賠償・廃炉等支援）機構の責任において評価したものではない」と書いてある。要は、役所として評価はしていませんよと。結局、政府は責任を持って廃炉費用を示していないんです。他方で、再生可能エネルギーの拡大に伴って増加が懸念されている賦課金《ふかきん》について、固定価格買取制度が継続していても二〇三〇年にピークとなると環境省が試算しています。技術革新で継続的に低下し、将来的に既存電源のコストを下回ることも考えれば、再生可能エネルギーにかかるコストは低減していきます。原発の議論をするには、「今働いている人が可哀想だから原発は維持すべきだ」というのは、あまりにも感傷的な議論なんですよね。まあ、こういうことを言うと叩かれるのかもしれませんが。

斎藤　おっしゃっていることは、まさに反知性主義の問題です。人に照準しすぎてばっかりいると、どうしてもそうなっちゃいます。やはりちょっとレイヤーを上げて、抽象度の高い議論をしないと語れない問題ってあるわけですよね。私は、「非倫理的なテクノロジーだから」と言っても、そこで働いている人の否定には全然ならないと思うんですけれども。

福山　ならないです。働いている人を責めているどころか、逆に今、福島で作業をされている方々には感謝と敬意でいっぱいです。だからこそ、将来の雇用やもうこれ以上危険な作業に従事する人を出さないように、原発を再稼働させないと決めることが大事なんです。

当時、仙谷官房長官が自衛隊のことを「暴力装置[※41]」と言ったら、自民党は解任決議まで出しました。

斎藤　あれもおかしな話でね……。

福山　私は信じられなかったですね。軍備を持つ自衛隊が暴力装置だなんて、当たり前のことで、そのことを前提に物事のシステムが組まれているわけじゃないですか。

斎藤　自明の前提であるにもかかわらず、「暴力は良くない」みたいな価値判断と思ったんでしょうね。

福山　それで、「自衛隊員に失礼だ」みたいな話が出て、それで官房長官を解任するという解任決議案まで出して可決された。それが当時の野党の自民党なんですよ。

斎藤　議員までなった人々をバカとは思いたくないし、学歴とか見る限りは、やっぱり知能が高い方々だとは思うんですけれど、なんでそういう愚かしい振る舞いをやっちゃうんでしょうね。そこを聞きたいですけど（笑）。

福山　自民党というコミュニティは、そういうことに対して「ちょっと変じゃないの」と政治家同士では言わないコミュニティなのかもしれないです。言えない「空気」なのかもしれないです。

斎藤　またしても「空気」の問題ですか。

福山　私は「普通の人」から政治家になっていますから。有権者と一緒になって、普通の人と同じように文句を言い、普通に批判をし、普通に怒られるんですけど。二世、三世の方々は、そういう空間にいる機会が少ないのかもしれない。

斎藤　なるほど、やっぱり二世、三世が多いことも問題なんでしょうね。政治家の世界だけを見てきた人たちだから。まさに内向きのセンスばかりが発達していて、本来の意味での公共心がないってことかもしれないですね。政治家に公共心がなかったらまずいんですけどね、非常に。

ちなみに今、原子力に関わる決定機関は「原子力規制委員会[※42]」ですか？

福山　規制委員会です。

斎藤　それが唯一のもの。

福山　そうです。

斎藤　事故のシミュレーションみたいな、マニュアルといってもいいですけども、今、そういったものは作られているのでしょうか。

福山　避難計画がないんです。元々シビア・アクシデントに対する対応のルールというのが五層までありまして、四層までが科学技術的な、格納容器に関する、原子炉に関する防護措置です。これはＩＡＥＡ[※43]の防護措置のルールです。そして五層目が避難計画なんです。ひどい話なんですが、日本は三・一一まで五層のうちの三層までしかなかった。つまり四層目の、技術的な部分のシビア・アクシデントに対する防護措置については、安全神話で事故がないという前提だから、なかったんです。まずこれが驚きなんですね。三層までしかなかった。

やっと私らのときに規制委員会をつくって、規制委員会は技術的なものだけですから四層まではできたんです。で、五層目の避難計画ですが、アメリカではＦＥＭＡ[※44]とアメリカ原子力規制委員会（ＮＲＣ）が協力して避難計画を承認して、ようやく五層を埋めて原子力を稼働できるんです。ところが今、日本には五層目がないんです。

斎藤　ないんですか、いまだに？　これはびっくりです。衝撃的事実です。

福山　ないんです。いまだに立地自治体任せです。

斎藤　反省していないじゃないですか！

福山　いまだにないのに、安全だと言い続けるわけです、安倍さんは。

斎藤　あんまり安倍さんを中傷すまいと思ってたんですが、これはさすがに容認し難いですね。

福山　国会で私は質問しました。「原子力規制委員会は四層までの技術的な評価をしたと言っているだけであって、避難計画については承認してないはずだ。これで再稼働に向けて安全だと言えるのか」。そう言ったら、田中俊一[※45]委員長は私のことをよくご存じですから、ちゃんと答弁で「いや、規制委員会は、安全だということを証明しているわけではありません」って、国会の場ではっきり言われたんです。「避難計画に関しては規制委員会は責任を持てるのか」と言ったら、「避難計画については、規制委員会の所管ではありません」って、はっきり言うわけです。「ということは、安全じゃないじゃないか。何が世界一安全なんだ」と言うと、安倍総理はもう「世界一安全だ」と強弁しまくるわけです。田中委員長に「世界一安全なのか」って聞いたら、これも「世界一安全かどうかはわからない」って、田中委員長は安倍総理が横にいてもちゃんと正直に答えるんですけど、国会でそういう答弁があろうが、お構いなしなんです。さすがに最近は「安全」というフレーズは使わなくなり、「世界でもっとも厳しい水準」とぼかしています。

斎藤　なぜそういう態度がとれるのか、本当に謎ですよね（笑）。
福山　謎なんですよ。いまだに避難している人がいっぱいいるんですよ。
斎藤　そうですよね、いやもう本当にダメだ、日本人に原発管理は無理ですね。技術力がどうのという以前に、国民性として向いていない。私がもう一点聞きたかったのは、原発事故対策という貴重な経験をなさったわけじゃないですか。一連の経緯のなかで、反省点もあれば、これをやって良かったってこともあるでしょう。そういう記録に基いた、政府の対応のフローチャートみたいなものってあるんですか？
福山　もちろんありますし、規制委員会や緊急対策本部について新たに決められたこともありますが、シビア・アクシデントのときにどのように対応するのか等々については、事故の前のシナリオとはあまり変わってないです。
斎藤　今回の反省はあまり反映されてないってことでしょうか。
福山　いちおう反映はされているんですけど、しょせん組織としては同じなので。
斎藤　たとえばアメリカの協力をとりつけるときに連絡会議をつくるとか、縦割り※46を横につなぐ工夫をいろいろされたわけじゃないですか。だから組織自体は変わってなくても、そのときはこういうのをつくってやった方がスムーズにいきますよとか、そういう反省点が反映されてないんですか？

福山　会議をつくるというようなルール化はされてないです。原子力災害対策本部をつくって、というのは今までと同じです。そこから先、たとえばアメリカとの調整連絡会議なんていうのは、本当にアドホック（限定目的）につくったものなので、あれが制度化されているとはとうてい思えない。

斎藤　でもそれが役に立ったわけでしょ、けっこう。

福山　すっごく役に立った。

斎藤　なんで制度化しないんですか（笑）。それがわからない、私には。

福山　たぶんそれは「事故を前提としているんだろう」と、また言われるからですね。

斎藤　事故対策なんだから、前提にするに決まってるじゃないですか（笑）。事故を想定したら縁起が悪い、みたいな話ですかね。

福山　いやいや（笑）。だから、そこは「新・安全神話」復活のプロセスなんです。

斎藤　全然懲りてないじゃないですか（笑）、恐ろしいなあ。恐ろしすぎる。今は震災後じゃなくて「災間」だと認識すべきですよね。震災と震災の間。次に来る想定をしないってこと自体が、本当に信じ難い。こんな貴重な経験が活かされれば、次に起きたときにもっとスピーディに動けるじゃないですか。

福山　いやいや。たぶんもっと動かないですよ。なぜかっていうと……。

斎藤　自民党だから（笑）。民主党のやったことは参考にしない、と（笑）。

福山　はい、そうです。

斎藤　そうだろうなあ。それでも非常時には藁をもすがるというか、先人の教訓があったら飛びつくしかないでしょう。党派性を超えて、あの教訓は活かされるべきだし、単なる失敗で片付けるのはあまりに惜しい。そのためにも評価すべきは評価しなきゃと思う。私は菅さんが乗り込んで良かったと確信しています。たとえば東電との疎通性もね。連絡が来ないと思ったらすぐ乗り込んでいくぐらいの。そうすれば、「テレビ電話の回線をこっちに回せ」とか言えるわけじゃないですか。

福山　でも、政治家と東京電力との間で今の状況について意思疎通しているなんてニュースはほとんどないでしょ。皆無でしょ。

斎藤　どっちも反省してないわけだね。

福山　ええ、どっちも。東電はたぶんなめていると思うんです。

斎藤　だって誰も処分をくらってないじゃないですか。これだけのことやらかして、なんの処分もなく逮捕者も出ていない。保安院の逃げ出した職員も処分されてないし、東電の責任者も処分されてない。二〇一六年二月になってようやく幹部三人が検察審査会で強制起訴されましたけど。

福山　東電の責任者の処分は、民間ですから、なかなかそれは。法律的な違反をしたわけではないので。
斎藤　なるほど。保安院は、罰則の規定がなかったということですか。
福山　そうですね、クビにはならなかったです。クビにはできないですね。
斎藤　できないですか。
福山　なんらかの瑕疵《かし》があるわけではないので。ましてやそこで「自分の命を守るために逃げました」と言われたら、「自分の命を守るために逃げるのがなんでダメなんだ」って言われます。
斎藤　えっ、逃げてもいいんですか？
福山　いや、良くないけど。でもそうした規定はありません。
斎藤　そりゃ「逃げるべきではない」とか明文化できないでしょうけども（笑）。でも、逃げたら仕事にならないじゃないですか。
福山　一般的な職務専念義務との関係はあり得ますが。
斎藤　はあ〜、なるほど。
福山　だからそこが難しいところですよね。よく「東電をなんで潰さなかったんだ」っていう議論で怒られたんですけど、そこは簡単でしたね。東電を潰したら誰も賠償する主体がいなくなるからです。

斎藤　うん、そりゃそうですよね。

福山　賠償する主体がなくなるからですよ。感情的な恨みで東電を潰したら、賠償と廃炉の作業をする人がいなくなる。

斎藤　いや、本当にそう思います。感情論で潰しちゃったらあとが続かないですよね。それはまったくその通りだと思います。

福山　だけど、そういう冷静な議論もなかなか成り立たなくて、「福山とか枝野とかは東電に籠絡《ろうらく》されて潰さなかったんだろう」ってよく言われたんです。でも、それは真逆です。むしろ東電にとっては、変な話ですが、潰して別法人をつくって知らん顔してやった方が逃げられたと思います。そういった歴史的な評価というか、なぜ潰さなかったみたいなことについても、非常によくわからない議論が続いてます。本当に難しい問題です。

斎藤　やっぱり民主党の功績をフェアに再評価して記録しておく作業が必要なんですよ。それをしないと、いろんなことが曖昧なままに放置されてしまう。だからこそ、させない「空気」があるのかもしれませんけどね。

福山　今、鳩山由紀夫さんのことをいいと言う人はいないんですけど、逆説的に申し上げるとですね、たとえば戦後、アメリカに対して沖縄の基地を本気で国外、県外に持っていってくれと言った人、なおかつ「地位協定を改定してくれ」と本気で言った人が、今までの日本の総理でいたのかと。あれだけアメリカにはっきり言った人はいない。日本の右翼は、なんで拍手をしなかったのか。

斎藤 そうですよね、そこはね（笑）。でも印象としては「トラスト・ミー[※47]」で失笑を買った人、ということになっている。

福山 よってたかって「鳩山はダメだ」と言った。でも鳩山さんだからこそ、ああいうメンタリティがあるからこそ、アメリカに言えたんだと思う。自分らは政権をとった。沖縄の皆さんの心情を考えたときに、地位協定ぐらいは改定してくれ、辺野古《へのこ》ぐらいはなんとかしてくれと、本当に沖縄の皆さんの心情を考えた上で発したのが、鳩山さんの本音だと思うんです。政治的な手柄が欲しいとか、そういう話ではなくて。これが鳩山由紀夫の鳩山由紀夫たるゆえんで、選挙だとか、圧力団体だとか、関係ない。素直に沖縄のことを考えれば、日米安保は大事だけれど、「それくらいやってよ」と言ってしまった。

地球温暖化の話でもそうなんです。総理になる直前、首班指名[※48]の少し前に、私は呼ばれて、「国連に行って演説しなければならない。福山さんが気候変動のことを一生懸命やっていることはわかっている。役所に書かせると何を書くかわからないので、福山さん一回書いてくれ」と指示を受けて、二〇二〇年までに二酸化炭素の排出量を二五％削減するという演説の原稿を書いたわけです。鳩山さんはそれを見て「あとは根回ししてくれ」と言って、日本の経済界や経団連が絶対に「そんなバカな」と言うような話を、堂々と平気で演説したわけです。世界のために、地球温暖化防止のために必要だと思えば、平気であそこで演説ができる。もちろん、私は勝手にその原稿を鳩山さんに渡したんじゃなくて、外務副大臣だったので、各省庁に根回しをした上で演説してもらっていたので、各省庁からの反論はあのときは出ませんでした。よくよく考えると「すべての国が参加する法的枠組みをつくる」というのは、二〇一五年十二月のＣＯＰ21[※49]でパリ合意を採択しましたが、あれは鳩山演説からスタートしているんですよね。そういう点で、鳩山さんは面白い人ではあります。

斎藤　そうですね、面白いですね（笑）。

福山　ここ数年、世界各地での洪水や干ばつの大きな被害が出ていることは明らかです。与党も野党も関係なく、温暖化対策は焦眉《しょうび》の課題です。残念ながら、トランプ政権がパリ協定離脱を表明[※50]し、安倍政権も消極的と言わざるを得ません。

辺野古に基地を持っていきたいと思っているアメリカや自民党政権の人たちは、鳩山さんの言ったことには、「自分らが言えなかったことを言ったから許せない」というのと、「実際の政治がわかっていないから許せないというのと両方あると思うんです。菅直人さんの浜岡原発停止を許せないというのも、「自分らが言えないから許せない」というのと、電力関係と関わりが深いから「現実的な政治がわかっていないから許せない」という話とがあると思うんです。でも、そのオルタナティブを言うために政権交代があったのではないかという気持ちが、どこか私らのなかにはあります。人間個人としての鳩山由紀夫さんには不可思議な行動もいっぱいあるんですけれども（笑）、当時の文脈で見たときにどう考えるべきなのか。もちろんオバマさんに「トラスト・ミー」と言ったあとで迷走したなんていうのは、私は論外だとは思いますけれども。

当時は、政権交代をしたことで多少全能感みたいなものに支配されていましたね。やはり高揚感があったので。そういったところが全体としての反省点だとは思います。

菅政権になって、実務派の仙谷由人《よしと》さんが官房長官になってからは、いろんなことが動いたんです。初めて南西諸島防衛を想定して具体的に「防衛大綱※51」をつくったとか、アメリカと共同でやったイランに対する初めての制裁、円高時の為替介入、批判もあるけれどもハーグ条約の批准《ひじゅん》、実はいろんなことが動いているんですね。そういったことは、今の自民党政権下では全部なかったことにされていますけれども。「子ども手当」「高校の無償化」の他に、障害者総合支援法をはじめ、政府内に障害当事者を入れて障害者権利条約（障害者の権利に関する条約）の批准に向けて下地をつくったこと。それから例の無駄遣いの話だっていろいろ批判されますけど、初年度に約九兆円の無駄を省いた。現実にお金を捻出したなんて、それまでだったらあり得ないことをやったんです。我々はよく、自治労の支持があることから公務員との関係を言われますけれども、震災のあとで公務員の給与を七・八％削減しました。そんなことは自民党政権では戦後五十年で一度もなかったことです。そういったことも今、全部なかったことにされているという感じですね。

斎藤　そうですね、その辺の評価はまとめて否認されているという感じですね。歴史の蓄積を無視して、今ここに没頭するというヤンキー的な態度で（笑）。

福山　それも反知性主義かもしれませんね。

斎藤　そうなんですよ。失敗したと批判するなら、きちんと失敗の検証をすればいいんであって、そのためのデータも文書もあるはずですから。白か黒かで判定して、ひとまとめに否認して終わらせちゃうのは、非常に幼稚な防衛本能というか。検証すべきは検証し、評価すべきは評価するという作業が必要じゃないんでしょうか。

第二章
退屈なファクトより面白いフェイクが世界を覆う

今や世界を「空気」が支配している

福山　今の自民党みたいに事実や理屈よりも「空気」で押し切るということに対して、アンチテーゼというか、社会の仕組みとしてそれに対する耐性、強靭性をどうつくればいいのか。それもこのネット社会のなかで。と考えると、本当に難しいなと思います。

斎藤　難しいですよ。アメリカ、イギリスって、批判はあれど近代国家の規範だったわけじゃないですか。政治体制のあり方にも、日本が学ぶべき点は多々あると思われていた。政治の場面ではしっかり事実に基づいた議論が交わされ、二大政党制のもとで弁証法が機能しているし、記録の保存も完璧にしている。それが一方でトランプ、一方でブレグジット（Brexit）※52ですから。ああいう国でもこうなっちゃうのかと思うと厳しいものがありますよね。私は正直、現状で比較するなら、生まれて初めて「これなら日本の方がマシ」という気分になりました。情けない優越感ですが。

福山　ブレグジットも、ＥＵ離脱のメリットみたいな話が最初にネットでブワ～ッと広がって、「まさかＥＵ離脱なんか誰も支持しないだろう」って思っていた人たちがあとになってアッと思って、ファクトに基づいて反論しても間に合わなかったってよく言われていますよね。

斎藤　あれは典型的な「空気」ですよね。皆、結果が出て唖然とした。「こんなハズじゃなかった」みたいに。

福山　トランプ現象もそうですよね。ネット上でトランプさんの発言を「面白い、こんなに言いたいことを言える人がいるんだ」とか、「オレが今まで言えなかったことを、これだけ言ってくれているんだ」と、溜飲《りゅういん》が下がるみたいに感じた人たちが支持した。排外主義的なこととか、メキシコとの国境に壁を造るんだとか、びっくりするようなことを言っているんですよね。

斎藤　あんなことばっかり言っているのに、逆にそれが功を奏しちゃったってことですよね。

福山　「こんな人をアメリカ社会は選ばないだろう」と思っていたら、分断社会の別の系列、エスタブリッシュメントの側にいたヒラリー・クリントンさんが嫌われて、排除されるわけですよね。

斎藤　あちらの選挙制度の問題がだいぶ絡んでいるといいますよね。憲法で定められた選挙人制度のおかげで、得票数が多い方が負けるような妙な事態が起こる。アル・ゴア[※53]もそれでブッシュに負けたんでしたね。今回も単純な支持率だけだったら、クリントンはたぶん勝っていた。

福山　投票総数もクリントンの方が多かったですからね。それでもクリントンは負けるわけですから、本当に「空気」の問題というか……。

斎藤　ひとつ思ったのは、「偽善よりも露悪がマシ」っていう空気があるんじゃないかということでした。偽善が一番ダメなんですよ、おそらく。クリントンは偽善なんですよ。「弱者の味方ヅラして、ウォール・ストリートで莫大な講演料をせしめてるじゃないか」みたいな二面性が指摘されたところがあって。それがけっこうクリントン嫌いの空気につながったと思うんです。

トランプって、悪い意味で言行一致ですよね。二面性があまりない（笑）。このキャラは面白いですよね。「いい人」とは誰も思っていないけど。面白がられて、叩かれにくい。露悪の方が支持されて、政治的に正しい主張をしていても、ちょっとした偽善を見透かされるとアウトみたいな構図って、けっこう日本の今の状況に近い。

福山　それはやっぱり反知性主義につながるわけですか？

斎藤　そうですよね、だって「情緒」の方が優先されているわけですから。

福山　フェイクとか情緒とかが優先するということですよね。

斎藤　そう思います。

天才は大統領と紙一重

お互いを叩き合うリベラル

福山　理屈とファクトで攻めようと思っても、世の中に流布されるスピードが全然違うじゃないですか。

斎藤　それがフェイク・ニュースとかポスト・トゥルース[※54]とか言われている問題にけっこう絡んでいると思っています。

ファクトはすごい大事なんですけど、結局ファクトやエビデンスというのは多くの人にとっては「退屈」なんですよね、悪いことに。「それは、理屈ではあんたらが正しいかもしれないけど、つまんないじゃない」みたいになりやすい。なんか「重箱の隅を突っついてる」みたいな扱いを受けてしまって、結局人気が集まらない、嫌われてしまうということになる。そんなんだったら、「人の顔をした嘘つきの方が面白い」ということがあるんですよね、やっぱり情緒としては。情緒の方が強いですからね。

これがファクト主義になると、分断につながりやすい。

福山　ファクトとかエビデンスって、日本のリベラルの弱さの根底ですよね。すぐにファクトだとか理屈だとか言って、お互いが団結できない。手を組まないで、リベラル内での対立になる。原発で言えば、「今すぐ脱原発」なのか「時間をかける脱原発」

なのか。目的は一緒なのに、ファクト、エビデンスにこだわってしまう。情緒ではなくて理屈で言うから人々を糾合できない。
安保法制の頃にも、反安保の人たちから態度や表現がポジじゃないことに対して、いろんな批判を受けました。それで会に呼ばれたときに「どう見ても味方なのに私を批判してどうするんだ」と言ったことがあるんです。

斎藤　それなんだよ、結局ね。また「浅間山荘[※55]」になっちゃう、みたいなね。

福山　そうなんですよ。日本のリベラルの悪いところです。

斎藤　必ずなる。小さい違いで大喧嘩になっちゃうんですよね。

福山　身内の抗争が始まるんですよ。「でも、敵は向こうでしょ」と、以前にネットでシンポジウムを実況中継している最中に言ったんです。「敵は安倍政権なんだから、福山を叩いてどうするの」と。

斎藤　私もまったく同じことを、ひきこもり支援のなかで経験してきているんです。支援したい人にはタカ派もいればハト派もいて、互いに叩きあっているんです。くだらない党派性や潰し合いがある。私は相互批判はできるだけしない。タカ派のなかには拉致《らち》監禁するのがいるので、これは非合法なので叩きますけれども。少なくとも医療的な支援に関わる立場としては、多少は考え方が違ってもみんな味方、大同団結、というスタンスを維持しようと思っているんです。すると逆に、私が叩かれるわけですよ。ひきこもりを医療の問題にしたい一派がいてですね、私は必ずしもそうじゃない立場なので、「斎藤のせいで治療対策が遅れる」みたいになっちゃうんですよね。

福山　お医者さんの立場で言えば裏切り者ですよね。

斎藤　医者からすれば裏切りなんですけれど、結局、ひきこもりを一番助けているのは就労支援のＮＰＯですから。医療化しちゃったら、そういう団体の活動は制約を受けるし、かえって困るんじゃない？　と言いたいんですけれども。縄張りというか利権争いみたいになっちゃうんですよね。大した利権もないんですが（笑）。同じことがたぶんいろんなところで起こっているんですけれど。

福山　いろんなところで起こっているんですよね。

斎藤　反原発こそそうですよね。ゼロ・トレランス派[※56]からＬＮＴ仮説批判派、少ない放射能は身体にいいというホルミシス仮説派[※57]までいろいろとありますけれども。こうなると本来の敵の方に目がいかない。日本の格差社会とも構図がよく似ていて、富裕層は一切批判されない。低所得者同士で足を引っ張り合う事態に陥ってしまう。ほっといても潰し合ってくれるので、推進派は喜んでいると思いますよ。

日本に限ったことではありませんが、いわゆる「リベラル」の連帯って「理屈」や

「言葉」でつながってしまうので、ちょっとした解釈の違いで分裂してしまうんです。保守の連帯は理屈よりも「情緒」でつながるので強いんですよ。だから自民党はヌエなんです。昔の自民はリベラル寄りからウルトラ極右まで幅がありましたが、なんかまとまっていたのは、そういう文言《もんごん》にこだわらないという強みがあるから。民主党も幅がありますけど、自民党ほど融合していない印象があります。あっちが「ヌエ」なら、こっちは「サラダボウル」といいますか。情緒的に融合せずに共存している。

福山　なるほど、情念でつながっているんですね。

斎藤　そういう連帯があると、多少の主義主張の違いは飲み込んでしまって、それこそ太い絆でまとまれる。一方、ファクトにこだわると分断しやすい。だから「どうせなら皆が面白がれる嘘の方がいいんじゃない」みたいな、かなり自暴自棄な選択になってしまいやすいところがあると思いますね。

ファクト主義には、正しさだけを追求していれば事足れり、みたいな自己満足に陥りやすいという問題があります。正しさを人々がどう受け止めるかということに対する配慮が足りないんですよ。福田赳夫《たけお》さんが言ったといわれている「正しいことを言うときは気をつけなさい。正しさは常に人を傷つけるから」という言葉があります。これは、古き良き保守の発言だと思っているんです。

福山　そうですね。

斎藤　ファクト主義者には、正しいことを言っていれば皆がついてくるに違いないという幻想がある。これは完全に幻想なんですよ。「正しさは逆に人を遠ざける」という場面が多々あるということが、今回のことではっきりしたわけです。

福山　なるほど。歴史は正しいことを言っている人が常に勝つわけではない、「正しいことを言っている人が敗北する歴史」ですよね。

斎藤　そうなんですよね。だから正しさを伝えるときの配慮をどうするかってことが大事だと思います。正しさで傷つく層がいて、その人がどんな気持ちになるかということを考えて言わないといけない。誰かに「正しさ」を伝えるには、時として誰かをだますのと同等かそれ以上のスキルが求められる（笑）。「正しいことが強いに決まってんじゃん」みたいな幻想はいい加減に捨てないと、リベラルは負け続ける時代になってしまう懸念がありますね。

福山　かつて民主党は、女性に人気がなくて、理屈ばかりこねてる優等生の集まりだとよく言われていたんですけど、まさにそういうところが問題だったんですよね。「よっしゃ、よっしゃ」と太っ腹を叩いて「オレに任しとけ」と言っているイメージのあった、かつての自民党との対極的なイメージで語られていたんです。正しいことをファクトで言えば国民はわかってくれるんじゃないかという傲慢さみたいなものは、やっぱり人を遠ざけるんでしょうね。

斎藤　もっと悪いことに、「わからない方が悪い」と言いかねない雰囲気があって、それはすごくまずいんですよ（笑）。「わからないという人の事情」っていうのをこちらがわかる必要があります。情緒主義だと反知性主義になるし、理屈が勝ちすぎるとまとまらなくなる。なかなか大変なことではありますけども。そういった配慮が見える出し方をすることによって、むしろ人々は正しさに対するまさに「耐性」がついてくるのかなと思うんですけど。

福山　いや、本質的ですね。だから、野党の我々が言うのではなく、前川さんとか東京新聞の望月記者が言うことによって、正しいことがどちらなのかについての「空気」が変わったというのは……彼らは配慮していたかどうかはわかりませんけど、そういう役割であったということですね。

斎藤　あと、立場の問題があって。彼らは政治家ではないし、一方は現場にいた人で、一方はメディアの人。メディアには検証の役割がありますよね。基本的には「メディアは正しいことを言っていればいい」で、私はいいと思うんですよ。人々が自発的にそれを読んで、情報を利用すればいいわけですから。

しかし政治家は主張する存在であってほしいし、主張する際には正しさだけでは足りないということだと思うんですよね。前川さんのは「証言」ですから、正しいことを言ってもらわなければ困りますからね。ただそれをどう活用するかというときに、「前川さんが唯一、絶対の真実を握っているんだから、それしか真実はない」みたいに持っていきすぎると、やっぱり反発がきたりしますよね。

福山　ですよね。社会を動かす上で、ファクトとエビデンスをどう活用するか、どう使うかというのは、政治の手法としては非常に重要な要素ですよね。

オープン・ダイアローグと政治

斎藤　このあたりの機微は政治のみならず、実は治療でも重要なんですよ。

先日、「オープン・ダイアローグ」の講演会が東大の安田講堂であって、千人くらい聴衆が集まったんです。医療や福祉の現場で、今非常に関心が高まっています。

オープン・ダイアローグというのは、ものすごく単純化して言えば、対立する意見同士が同じ場所に集まって、罵倒や中傷じゃなければいちおう何を喋ってもいいという形で、いろいろな意見を出し合っていって、結論を導くというより、いろんな多様な意見がポリフォニックな感じで響き合う空間をつくっていって、そこから自ずと結論が導き出されるのを待ちましょう、みたいなことです。これは治療としても、非常に有効なんです。政治的議論にはちょっと悠長すぎるかもしれませんが。

これはフィンランドで開発されたケアの手法なんですが、精神疾患に対しては非常に有効なんですよね。というのは、今までカウンセリングというのは一対一でやっていたものなんですけれども、一対一だとどうしても「人の話を傾聴しましょう」とか言っても、やっぱり権力闘争になってしまって、ややこしい問題が起こるんです。

福山　もしくは上下関係とか情報量の差で優劣関係ができますよね。

斎藤　その通りです。医者がやっぱり偉くなっちゃうんですよ。情報を持っている医者の方が偉くて、患者はそれに従うみたいな関係にどうしてもなっちゃうので。医者という専門性は維持しつつ、どうしたら平等に近い感じに持っていけるかということで工夫された方法でもあるんです。面白いのは、医者ですから、やっぱり診断を下して、この薬を飲んだ方がいいとか、いろいろ言いたくなるわけですよね。でもそれを言っちゃうと権力関係になる。そこで直接言わない方法を工夫したわけです。これを「リフレクティング」といって、患者さんの目の前で複数の専門家同士が話し合うんですよ。「この人はこういう病気じゃないかと私は思うんだけどどうかな」とか「いやちょっとそれは違う可能性もあるんじゃないか」とかですね。「こういう治療法で行ったらどうかと思う」とか「いや私は別の考えだ」とかいろいろ言い合って、そのやり取りを患者さんに見てもらうんですよ。それで患者さんに最終的に「今のやり取りを聞いてどう思いましたか?」って聞くんです。

この手法を、何かを批判したりとかにも使えないかと思うんです。正面から批判すると話を聞いてもらえないので、ただの批判だけじゃない感じで目の前で対話してみせる。目前で自分のことを話されたら、無視できないですよ、人ってね。目の前で自分の噂話をされてるようなものですから、とうてい無視できない、聞いてしまう。納得するかどうかは別として。話し合いですから、そこにはできるだけ結論ありきじゃなくて、いろんな可能性について、「まあこういうまずい面もあるけど、こういうとこは頑張っているんじゃない」とかプラスな面も評価しながらだと、けっこう聞いてもらえる可能性が高まる。そういう形の治療法なんです。たぶんこれから日本でもどんどん広がっていくと思います。

オープン・ダイアローグには、いろいろな思想が背景にあるんですけれど、一番大事なことのひとつが、「正しいことを言ってはいけない」ということなんです。

福山 なるほど(笑)。

斎藤　「医学的にはこれがエビデンスなんだから、患者がそれを受け入れるべき」ってことは、絶対に言わないというのが、ひとつのルールみたいなものなんですね。だからそんなに診断にもこだわらないし、治療方針も医師主導では立てない。

この手法、政治に応用できる範囲は限られているかもしれませんけど、少なくとも「正しいことを言わない」というのは、けっこう大事なんじゃないかと思います。

私はそこから学んだことがあります。患者さんって、医者が「この治療はエビデンスがありますから、これがいいですよ」と勧めると、素直な人は受け入れてくれます。しかし、特に精神科はそうなんですけど、絶対的な根拠ってあまりない場合もあるんです。そこをエビデンス主義で押し切ろうとすると、クライアントさんがどんどん無力感に陥っちゃうんですよね。「自分は、一切そういう正しいことを言う権利はない」みたいな感じで、だんだんと力が奪われるような感じになっていって、こちらがいろいろアドバイスしても聞いてもらえないという状況が起こりやすいんですよ。

オープン・ダイアローグのこれもひとつのルールなんですけれど、「説得してはいけない」っていうのがあるんですよね（笑）。

福山　正しいことは言ってはいけない、診断もしない、説得してはいけないって……今までとまったく逆みたいですよね。

斎藤　真逆なんです。説得も対象を無力化してしまう可能性があるので、相手がどんなふうに感じているかを常にモニターしながらこちらの思いを伝える。何をするかというと、お互いの主観を交換するんですよね。あなたがどんな世界に住んでいるのかということを詳しく聞いて、「私はこんなふうに感じました」ということを言うのはかまわない、対等ですから。

説得というのは、どうしても上下関係が入っていますから。これが入ってくると、クライアントさんとしては「選ばされた感じ」とか「押しつけられた感じ」を受け取ってしまうので、そこに抵抗が生じたり、無力感に陥ったりしやすい。

この対話のあり方は、部分的には政治の場面でも使えないかなってことを考えているんですよ。原発問題にしても、私はこういう主観世界のなかにいて、こういうわけで原発が必要だと思っているっていうことを、まずはしっかり聞いて。で、私はこういう思いで原発は欲しくないと思っていると、とりあえず主観を交換してみるということで、何かが変わることってあると思うんです。

正しさを中心軸にして争いすぎると、結局はモノローグにしかならないということですね。「独り言の擦れ違い」になっちゃうんで、議論は平行線から深まらない。原発がエビデンス上でいいかどうかはいちおう情報として共有した上で、それにまつわるいろいろな思いがあったりするわけですよね。原発を地域に導入したら町がこれだけ豊かになって人が入ってきて、すごく生活が楽になったとかですね。そういう主観は決して無視できないと思います。それをファクトや正しさで切り捨てるから、反原発の人々がなかなかまとまらないわけですよね。

福山　そうなんですよね。

斎藤　さっきおっしゃったように、「即廃炉」「ゆっくり廃炉」というだけでも、「ゆっくり廃炉」の人は御用学者呼ばわりされたりとか、そういった不毛な議論になりますので（笑）。

福山　オープン・ダイアローグの姿勢というのは、人との付き合いとかにしても何にしても、本質的な話ですよね。

斎藤　はい、非常に本質的な話です。なので、これは「治療」とは言っていないんですよ、向こうの人たちは。「単なる人のつながりですよ」と言っています。医者と患者という関係では見ていない。区分はするけども、「〝私は正しくて、あなたは異常〟という見方はしません」ということです。私には私の立場上の主観があり、クライアントにはクライアントの世界があって、それは別にどっちが上とか下とかではないですよと。面白いのは、そうするとまさに両論併記になると思うじゃないですか。それがならないんですよ。

福山　合意形成になるということですか？

斎藤　合意形成というか……患者さんの決断が促される。治療という点で言うと治るんですよね、不思議な話なんですけど。私もやるまでは半信半疑だったんですが。

たとえば妄想のある人が、自分の妄想を詳しく話してくれます。「幻聴があります」とか「いない人の声が聞こえて困っているんです」とか。我々が今することは何かというと、「どんな声が、どこから、どんなふうに聞こえてくるんですか」と、徹底して詳しく聞くわけですよ。これはかつてタブーだったんです。それをやると症状が悪化するからということで。

福山　そうなんですか！

斎藤　昔はタブーだったんです。今は逆に「徹底して聞きましょう」と。そこはもう自分にも幻聴が聞こえるくらい詳しく聞きましょうという感じで、体験を共有するんですよね。

端折《はしょ》って言うと、それを続けていると、本当に消えちゃうんですよ。これは、私も初めは半信半疑だったんですが、実際にやってみて、自分でそれを経験してびっくりしました。これをやっていくとなんかこう……こういう言い方が正しいかわかりませんが、ある種の「正常化」が起こってくるんですよ。こちらが「これが正常」という基準は一切押しつけていないんですけど、勝手に消えてしまうという現象が起こるんですよね。この歳で初めての経験で、日々驚きの連続なんですけど。簡単に言うと「用済みになる」という感じですかね、要らなくなっちゃう。

福山　要らなくなっちゃうか、はあ〜。

斎藤　ある種の辛い現実に対する対処法なんです、幻聴とか妄想というのは。だから安心できると要らなくなってくるみたいなところがあるんですね。そういう感じで改善が起こってくるんです。我々も驚きながらやっていますけれど。これはすごい真っ当なことをしているなと感じます。「あなたは精神を病んでいて、その症状は幻聴だから気にしないでください」とは一切言っていないわけですよ。にもかかわらず消えてしまうということで、クライアントさんも強制された感じを一切持たないし、すごく真っ当な治療を受けたという印象を持っていただける。ある意味、精神科医のあるべき姿みたいに、私は今、感じているんですけれど。

でも、これって精神科医に限らず、教育とか福祉とかに応用できると思うんですよ。

福山　正しいと思うことを押しつけないとなると、相手側からすれば「自分で決めた」という納得性」がそこに出てきますよね。

斎藤　そうです。それが一番大事なんですよ。こちらはアイデアは言うんです。この人はこうした方がいいと思うとか、専門家ですからいちおう言うんですけれど、これもちょっと特殊なんですけれど、本人に向かっては言わない。「あなたはこうした方がいい」とかは言わないんです。専門家が二人以上というのが原則で、絶対に一対一では話をしない。専門家はチームでやるんですね。二人以上のチームで組んで、チーム同士で対話をするんです。つまり、福山さんの目の前で福山さんの噂をするんですよ、二人でね。それをやると、やっぱり聞いちゃいますよね（笑）。

福山　聞きます。

斎藤　どうしてもね（笑）。耳を傾けてしまう。アイデアは言うんです。「もっと福山さんはこうあるべきだ」とか「言い回しをもう少しこういうふうにしてみるという手もあるんじゃないか」とか、いろいろ言うんですけど、決して直接には押しつけない。アイデアの出し合いをするわけです。

福山　悪口を言うわけでもない？

斎藤　マナーとして悪口は言いません。本人が見ていますから（笑）。ただ、改善した方がいいかもしれないこととか、方針としてこっちがいいんじゃないかとか、そういうことは出し合います。ただし、絶対に本人向きには出さない。治療者同士が言い合うんですね。

これは比喩的に言うと、お盆の上にいろんなアイデアを載っけて、もしあなたに合うものがあったらここからお取りくださいと差し出すような感じですね。それだと、そのなかから選んでいるんだけど、「自分で選んだ」って感じがするらしいんです。

福山　納得感があるんですね。

斎藤　すごい納得感があるんです。これは治療方針を決めるときにはとにかく使える方法で、これで選んでもらえた治療は脱落しにくいというか、途中でやめにくくなるんです、自発的だから。お仕着せの治療って、結局途中で治療をやめちゃいやすいんです。こっちもすごく楽になるし、クライアントも楽になる方法なんですよね。

福山　脱落も減るのか……。

斎藤　オープン・ダイアローグは、普及はまだこれからですが、注目度は高いんです。先日の講演会の動員数をみても。

福山　それは専門家？

斎藤　専門家と、患者さんと家族です。しかし臨床現場での合意はまだまだで、やっぱり医者の側に懐疑があるんです。「そんなので本当に治る？」というのが強い。一回でも経験すると意見は変わると思うんですけど。やっぱり薬と入院を捨てられないというのがあるんですね。でも、導入が始まったのが二〇一五年なんで、二年間でここまで来たというのは、けっこうスピードは速いと思います。

福山　私らは原発事故のあと、政権としては初めて討論型世論調査をやったんです。恣意的ではなく希望者を抽選で選んで、一定の人数を集めて。それでその方々に、原発に賛成派も反対派も了解した情報と資料を提供して共有してもらった上で、集まった人たちに討論してもらうということをやったんですね。賛成派が来てるのか反対派が来てるのかわからないわけです。

日本によくある対立したふたつのコミュニティで、Aというコミュニティは反対派の人々で「反対だ〜！」って言って、Bというコミュニティでは「賛成だ〜！」と言っているような、それぞれ賛成派と反対派の人だけ集まってお互いがお互いのことを確認し合っているようなところでは、絶対に対話は生まれない。

それで、これをバラして同じ空間に集めて、共通の情報を渡すことによって新たな発見があるだとか、そこを共有した上で公的なもの、パブリックな要素を入れたときに、どっちを選択しますかと。これは私的な利害関係だけではない、パブリックな要素も含めた選択をしてもらうチャレンジだったんです。そのときに圧倒的に脱原発という選択を国民はしました。

これは、オープン・ダイアローグそのものではありませんが、少しそれに近いところがあったような気がします。

そういうオープン・ダイアローグみたいな、民主主義の新しい意思決定のあり方を模索していかないと、共有できるプラットフォームができずに、完全に両極に意見が分かれているような場面が多くなります。斎藤さんが今言われたようなコミュニケーションの場を意図的につくらないと、どんどん分断が進んでいくんじゃないかと思いますね。

斎藤　民主党のそのアイデアはすごく良かったと思うんですけど、自民党はそういうコミュニケーションをする気があるんでしょうかね。

福山　ないですね。

斎藤　全然ないんじゃないですか（笑）。

福山　ないです。自民党にもないでしょうし、官僚組織にもない。「オープンに情報を出して皆で議論しましょう」っていう話になると、官僚の権限が狭まっちゃうんですよね。ある種の情報を自分の恣意的なものに料理して政策の意思決定者に伝えることによって、自分らの利益に合うような方向性に政策を仕向けるという習性が官僚組織にはありますよね。情報を独占していること自身が価値なわけです。

斎藤　実はオープン・ダイアローグは、フィンランドでも発祥の地であるトルニオ以外にはなかなか広まらないんです。広まらない最大の理由は、精神科医が反対しているからなんですよね。似ていますね、その辺の構造はね。自分が一番偉いという状況がなくなっちゃうんですよ、これをやると。一番高い職位で一番高い給料をもらって、病院組織というヒエラルキーの頂点にいる状況が脅かされてしまう。だから精神科医が抵抗勢力になるんです。今のお話の場合では官僚ですよね。情報を独占していて、「オレに任せとけばうまくいくんだから」って。それこそ「知らしむべからず、依らしむべし」という方向の考え方が残っている。官僚と自民党が結託して話を聞かないシステムができあがっちゃっているし、国民の大多数も、どうせ対話なんて無理なんだから、お任せの方が面倒がなくていい、くらいの意識になりつつあるように思います。

福山　ただ私も政権を担わせていただいたので、あえて申し上げれば、情報公開できないこともあるんです、分野によっては。それから、すべてをオープンにして、すべてを平場で議論した結論が国益に、国民を守ることにつながらないこともあると思うんです。その判別は本当に難しいと思います。マスで集約した意見が正しいかというと、そうとは限らないことがあります。短期的にはそれが間違うこともあるかもしれません。だからそのバランスをどうとるかが政治の側の判断、そして国民には「このことはオレらに判断を任せてほしい。しかしそれ以外のことについては情報を共有して決めていきたい」という、次のレベルのコミュニケーションが必要な気がするんです。
情報が出せないものというのは、たとえば最近の話題でいえばテロ組織の活動状況なんていうのは出せないですよね。情報を持ったとしても政府からは出せない。出してはいけない。外交機密みたいなものも、ギリギリのところで出せない。だからそれは当然あってしかるべきで、国家が全部の情報をオープンにしてしまえば、それは国益を守れないことも、安全保障上問題なこともあるんです。
では、そういう話と、国民と共有した方がいい話とを、ちゃんと峻別できる政権なのか政治家なのか政党なのかという判断も、オープン・ダイアローグを積み重ねることによって、ここまでは出していいとかここは出してはいけないみたいなことの集合知ができあがってくれれば、と思います。

斎藤　全部隠蔽するという形に慣れてしまうと、集合知どころじゃないですよね。

福山　そうなんです。そういう集合知ができれば国民の間に一定のコンセンサスができると思うんですけど。そうじゃなければ、あいつは隠してる、オレは隠してないっていう不信感のコミュニケーションになるじゃないですか。

斎藤　肚《はら》の探り合いになっちゃうんですよね。それから危険なのはＳＮＳです。あれはコミュニケーションツールに見えるんですけど、違うんですよね。独り言のツールなんですよ、基本的には。

福山　分断ツールですよね。

SNSで本当に対話が可能なのか

斎藤　安倍総理だって「Twitter や Facebook のアカウントを持っているわけですけれども、取り巻きに囲まれて、「皆が僕を承認してくれている」っていう気分になりやすい。一方通行で、批判は届かない仕組みになっている。諫言《かんげん》してくる相手はブロックしちゃえるので。あれは本当に対話にならないですよね。

「いいね！」にしてもリツイートにしても、本当は承認じゃなくて「そんなバカなこと言いやがって」っていうリツイートもあると思うんですけど、される側からしたら全部承認なんですよね。千もリツイートされたら、千人もの人に自分は支持されていると。本当は違うんだけれど、そう思い込みやすいという承認ツールなんですよね。

特にFacebookは、けっこう政治家を頑《かたく》なにするんじゃないですかね。「僕の言っていることは正しい」みたいな感じに。何か発言すると追従者がいっぱい「いいね！」

ボタンを押してくれたり、おべっか的な意見を書き込んだりするわけじゃないですか。

福山　Twitterは匿名の悪意のあるフォロワーによって荒れる傾向が強いですが、Facebookはファンの人が多い。数はTwitterほどではありませんが、Facebookのコミュニティで発信する方がはるかに気持ちが良くて楽なんです。

斎藤　そりゃそうですよ（笑）。

福山　Facebook上って、ほとんど応援していただいている方たちのコミュニティだから、そこで発言して「そうだ！」って来たら、他の多様な意見とか反対意見が来たとしても、そこで「そうか、それもあるね」って言った瞬間に、元々応援しているコミュニティから「お前、なんだよ。オレらを裏切るのか」って言われる。それで多様性を許容する意見とかは言えなくなるわけですよ。

斎藤　それがけっこう大きな問題な気がしますね。

福山　どんどん多様性から逆行した、このコミュニティ以外の声、自分を応援してくれる以外の声は、排除する方向に行かざるを得なくなるんですよね。このメンタリティは危ない。

斎藤　危ないです。Twitterとかは、ある種の透明性が担保になっている部分もあったと思うんですよ。下手なことを言うと直接突っ込まれちゃうわけじゃないですか。

だから、いちおう公明正大にやっていますよというアピールとしてやるんだけど、でも実際は橋下徹さんみたいに、答えにくいところを突っ込まれると、黙っちゃって対話にならなかったりする。一定の支持層ができちゃうと、逆にその意見に支配されてしまうというか、それと違うことを受け入れ難くなってしまうという面がある。「承認」って恐ろしいもので、必死でそれにしがみつこうとする人が多いわけですから。それを考えると、変なことを言って承認を引き揚げられるよりは、とりあえずこのコミュニティの皆の意見を尊重してやっていこうとしてもおかしくないです。厄介なのは、その支持者を見て、皆が自分を支持していると思えてきてしまうところですね。

福山 不思議なんですけど、Facebook も Twitter も身近にコミュニケーションが成立していて、「あぁ、自分を承認してくれている」と思ってしまっています。自分の直接の後援会は関係性は濃くてもそんなにしょっちゅうコミュニケーションするわけではありません。もちろんＳＮＳの世界の方がよっぽど関係性が薄いのに、逆に安心してしまう。

斎藤 錯覚しちゃうんですよね、ネット空間の距離感って本当にわからなくて。

福山 ただ、広がりを持たすためには、すごいツールなんですね。その広がりが限界値に達したときに、その次の広がりがどこまで広がるかというのと、そのなかで自己

【ハシモトを見る】
論敵の弱みにつけこむことで
優位に立とうとする態度

完結した世界になるっていうのは、まだ私は見分けがつかないです。

斎藤　なんでもそうですけど、力を与えるツールであると同時に、力を押さえ込んでしまうものという諸刃の剣のような性質がありますよね。だから本当に動員力はすごいんですけど、逆に動員される人の意見に縛られてしまうことになりやすい。これは半ばは必然なので、その辺をどう上手に使い分けるか。これは今後ＳＮＳを利用した政治活動を考える上で大事なテーマかなと思います。

福山　それだけにオープン・ダイアローグは非常に重要なツールだと思いますね。これからたぶん、ＳＮＳによって、直接自分の意見を言いたいという欲求は間違いなく広がりますよね。デモに来ることによる意見表出というのは、一体感はあるけれども、やっぱり間接的です。時代の流れとしてはやっぱり直接民主主義的に住民投票だ、国民投票だ、みたいに、自分たちにも意見を言わせてほしいという要求が間違いなく高まってくると思うんです。高まれば高まるほど、共有したプラットフォームがないと、一方的な情報だけで物事を動かすようなことが起こるので、それは社会としては危なくなります。そのプラットフォームをつくる工夫を、いろんな技術が進歩しているなかで政治家がどう開発していくか、私はこれはひとつの大きな課題だと思いますね。

斎藤　オープン・ダイアローグとの出会いで明らかになったことのひとつは、「直接会うことがすごく大きな意味を持つ」ということなんですよね。バーチャル上のやり取りだけだとまとまらないものが、会うことでなんとなくまとまることがあり得るということを、けっこう明らかにしているところがあります。そのプラットフォームのなかで、直接の対応をどううまく運用していくのが望ましいか。

たとえばSEALDsの若者たちは、SNSでつながって集まって、デモの現場でも会っていたわけですよね。そういうことがけっこう大事になってくると思うんです。ただ、デモはやっぱりひとつのパフォーマンスなので、ある程度意見が統一されてないと集団行動にならないじゃないですか。ユニゾン空間というか、同じ意見を皆で言うことでいっそう力を増す行為だと思うんですけど、もうちょっとポリフォニックなもの、いろんな多様な意見がせめぎ合っている状況を、これはこれでまた別に確保した方がいいんじゃないかな。

福山　おっしゃる通りで、たとえば国会や委員会での質疑を見たり、SNS上で私のイメージを受け止めている人で、なおかつ多様な意見の人がデモに来ているわけですね。その人たちの前で何かを喋るというのは、実は大きなプレッシャーなんです。だって来ている一万人の人がどんなイメージで私を見ているのかわからないなかで話すんですから。ひょっとしたら「なんだ福山って、こんなものか」とか「もっとはっきり言ってもらえると思ったけど、やっぱり政治家だからいい加減で抽象的にしか言わねえな」とか、そりゃいろんな感想があるはずなんです。でも、それもひとつの新たなコミュニケーションなんですね。

斎藤　全然違和感が出てこないコミュニケーションって危険ですからね。オープン・ダイアローグの醍醐味は、「共感と違和感を交換する」ところにあるので、それがいい結果につながっている。共感だけでは治療はうまくいかないという実感もベースにある。だから政治への直接的な応用はなかなか難しいかもしれませんけれども、部分的にせよいろいろと取り込めるアイデアはあるんじゃないかと思います。もっとも相手もオープンじゃないと意味がないっていうのが大きな問題です。特に自民党って、すごくオープンになりにくい政党だと思うんですよ。そこが壁になりますよね、おそらく。「オープンに」と言っても、結局は儀礼的な公式見解しか言ってくれないようだと、これでは話が展開していきませんので。

福山　そうですよね。これはオープン・ダイアローグとは言えないかもしれないけど、面白い経験をしたことがあります。以前にある京都の女子高校に呼ばれたことがあるんです。古い京都の私学で平安女学院※58という高校です。一八歳選挙権について話すようにって、自民党と民主党と共産党と公明党の京都の国会議員に、高三の女子高生一〇四人全員を集めるから来てくださいっていう案内が来たんです。それぞれの意見を表明してくださいと。それでまあ欠席するわけにはいかないので、行ったんです。

そしたら控え室がバラバラで、与党の自民党と公明党の人とは一緒にならなかった。それで案内されると、一〇四人の女子高生がずらっと座って、その前にそれぞれの国会議員が座らされて、なんの質問をされるかについては「まあこんなことですかね」みたいな抽象的なことは紙に書いてあったんですけど、ほとんど順番も何も打ち合わせもなく始まったんです。

まず副校長が最初に「それぞれの政党のマニフェストの重点政策を言ってください」って質問して、それぞれにバッと振られるわけです。その次に「じゃあ安保法案について」ってバッと振られる。「じゃあエネルギー」「じゃあ消費税」って振られる。突然来るわけです。それで、それぞれの政党が限られた時間で発言すると、そのテーマごとに女子高生が手を挙げて質問するんですね。まったく制約なしです。共産党の人に向かって、ある女子高生が、「私が賛成か反対かは別にして、安保法案について安倍さんは日本を守るためだと言っている。私たちを守るためだと言っているのに、なんで共産党は戦争法案と決めつけるんですか?」みたいな質問をするわけです。それで公明党には「最初に公明党さんは自分らを平和の党と、人間主義の党ですとおっしゃいましたが、なぜ安保法案は賛成だったんですか?」という質問をする。

斎藤　いいところを突いてきますね、けっこう（笑）。

福山　それで私には、元気な女の子が、「私はこの二カ月間、安保法案についてずっと読売新聞と朝日新聞を読み比べました。読み比べて何が正しいか正しくないかわからなくなりました」と言うんです。

斎藤　おお〜（笑）。

福山　それで「今日、福山さんが来られるので楽しみでした」と。なぜなら「朝日新聞で一番登場したのは福山さんなのに、読売新聞では全然登場しませんでした」。

斎藤　そうなんですか（笑）。さもありなん。

福山　「それで、ご本人としてはどう思いますか?」って質問されたんですね。いや面白いなあと思って、「まずあなたの、そのリテラシーと感性が素晴らしい」と言ったんです。さっき斎藤さんが「限られた建前の話しかしないからなあ、自民党は」っておっしゃいましたけど、面白かったのは、たまたまかもしれませんが、自民党の方は建前の話が多かったように思いますが、そうしたら質問すら飛ばないんですよ。

斎藤　わかります、面白くないですもんね。

福山　つまり、自動的にコミュニケーションは成り立っているわけですよね。それがなんと二時間半もあったんですよ。女子高生も真剣、こちらも徐々に緊張感が高まる感じです。

斎藤　面白いですね。つまり自民党はあまり出番がなかったってことですね。

福山　出番は少なかったんですけど、そこでいろんな政治の実相を彼女らは見られるわけですよね。

斎藤　素晴らしい試みですよ。

福山　で、このチャレンジングな試みをやった高校はすごいと思った。やっぱりそういう生の声とか現場の声とかを実際に聞いて、それぞれが政治を判断するっていうのが一番重要なわけですから。これがオープン・ダイアローグかどうかは別にして、少なくとも彼女らにとってはオープンだったんですね。こういう試みが、この手法だけがすべてじゃないですけど、いろんなところで情報が相互に行き来するような空間をつくることによって、それぞれの人の考え方とかメンタリティが徐々にタフになってくるんじゃないかと思うんですね。

斎藤　面白いですね。全国の高校でやってほしいぐらいです。一八歳選挙権※59やらかしちゃったんですから、もっとそういう機会を増やすべきでしょう。とてもいい話なので拡散して、いろいろな学校がそういう企画を作ると面白いんじゃないですかね。

福山　そこはね、怖がっちゃダメだと思うんですよね。

斎藤　でも自民の人は怖いでしょうね。

福山　あと学校も怖いんですよ。親とか保護者がね。

斎藤　その学校は、教師も開けた人だったということですね。

福山　理事長さんが開けてたんですね。

斎藤　やっぱりトップがそうだと。本当に全国の大学や高校でやるといいと思います。単なる講演会よりずっと有意義でしょう。当事者である高校生たちの前で、同じ質問に答えさせる形式で、いろんな意見が出てくるというのは、オープン・ダイアローグにも通ずるところがあると思います。公開して制約なしでやった方がいいですね。

福山　自らに有利な結論に導くために、誘導するような偏った情報を流した方が政策決定者は楽だというのは、自明じゃないですか。でもそれをすると民主主義の強さというか、社会全体の強さが、結局は脆弱化《ぜいじゃく》していくんじゃないかなと思うんですよね。

斎藤　民主主義の本質はもちろん多数決だけじゃないわけで、ひとつの柱として個人主義があると思うし、もうひとつはマイノリティの意見をどう上手に取り込んでいけるかだと思うんです。今の自民の方法だとそれが全然なく、数の力しかない。あと官僚の考えですかね。その辺が彼ら、彼女らから変わっていってほしい。

第三章
フェイクの時代の裏で起こっていたこと

依存症者の否認

福山　お酒の依存症の話なんですけど、うちの親父は完全にアルコール依存症でした。私は子どもの頃から母に対する親父の暴力を見て育ちました。時には子どもの私にも手を上げました。典型的なＤＶ家庭でした。私はずっと断酒会[※60]の顧問をやっていて。超党派のアルコール問題議員連盟[※61]でも事務局長を務めており、アルコール健康障害対策基本法[※61]を議員立法で十年がかりでつくったんです。議連の会長は中谷元元防衛大臣です。

それで、私はいつも断酒会の講演に行くと、「順番に隠すものが四つあった」という話をするんです。

最初は「お酒」を隠した。

お酒がなかったらそのうち自分で買いに行くので、次に「財布」を隠した。

財布を隠したら、今度はお金がなくてもどこかで勝手に借金をしたり、勝手にツケで酒を飲んできたりするような状況になった。

三つ目は、手を上げた場合に危険なので「刃物」を隠した。

そして最終的には、「本人」を社会から隠すようになった。つまり、四つ隠した。

私は子どもの頃からこういう状況だった。そうして、仕事ができなくなっているのでお金をなくし、家族は親戚、友達との関係をなくし、結果として、父は健康と命をなくしました。そして「私は頑張れというのは嫌いです。酒をやめろというのも嫌いです。『酒をやめてくれ、酒をやめなければダメだ』と私ら家族が言い続けても、親父は酒をやめられませんでした。家族もたぶん加害者であり、被害者だったと、今は思います」という話をします。二、三百人くらい来ている会場なんですけど、みんな涙を流して「そんな人が国会議員になって（涙声）」って（笑）。喜んで泣いてくれるんですけれど。

斎藤　わかりますけど、そこじゃないですよね（笑）。

福山　泣いてくれて、「わしら、頑張る」って言ってくれるんです。でも、次に行くと、「やっぱりあかんわ」みたいな話なんですけど。でもさっきおっしゃったように、「やめろ、やめろ」って言っていたらやめないですよね。

斎藤　そうなんですよ。説得や禁止だと、当事者が罪悪感と無力感に追いやられてしまうんですよね。断酒会の力はやっぱりコミュニティの力で意志を補強するっていうもので、一番の目的は自分ひとりじゃどうにもならんということに気づくことだと言われていますよね。AA[※62]で言えば、「ハイヤーパワー[※63]」ですし、断酒会にはそういう概念はありませんが、いずれも集団の力がけっこう大事なカギを握っていますよね。そういう団体や組織が、多くの人を救ってきたと思うんですけれど、それでもやっぱり脱落していく人々がいるんですよね。

福山　残念ながら脱落していく人が圧倒的に多いです。

斎藤　はい。そこを考えると、もっと依存症治療には多様性があってもいいのではないかということで、最近では欧米では主流になりつつあるハーム・リダクションという考え方を導入しつつあります。これは、合法・違法にかかわらず、精神作用性のあるモノ（アルコールやたばこを含む）について、必ずしも使用を完全にやめられなくても、使用により生じる健康上、あるいは経済上の悪影響を減少させることを目指すプログラムのことです。端的に言えば、断酒できなくても、死ぬよりはマシという姿勢で支援を続けるわけです。これまでドラッグなら「ダメ、ゼッタイ。」だし、アルコールでは断酒しか選択肢はなかったんですが、なんと「節酒もあり」となった。

私は社会全般に対してこの発想は応用できると考えていて、先にも触れましたが（三〇頁）、ヤンキー文化も一種のハーム・リダクションだと思っています。極端な犯罪を予防する意味では「ちょいワル」ぐらいを許容した方が、社会は安定するんじゃないかということですね。その意味で、ヤンキー文化の巧まざるハーム・リダクション的意義はすごい大きいだろうと思います。体罰ぐらいの暴力を、私は絶対に否定しますけど、許容することで、極端な暴徒化をせずに済んでいるのかもしれない。余談ですが、欧米圏では「暴力」はゼロ・トレランス（非寛容）、つまり絶対悪として社会的には否定されます。一方、ドラッグに関してはハーム・リダクションが受け入れられつつある。日本はその真逆なんです。ドラッグについては「ダメ、ゼッタイ。」「人間やめますか」のゼロ・トレランス、一方暴力については、「有効な体罰もある」「虐待にも事情がある」と許容するハーム・リダクション的な態度です。でも、少なくとも依存症については、もうゼロ・トレランスでは立ち行かない。

福山　ですよね。依存症で典型的なのは、家族が「酒をやめてくれ」と言って責め立てることで、本人はどんどん追い込まれて、家族のなかで孤立化して、社会からも孤立化して、酒にしか逃げ場がなくなって、逆に酒の量が増えてしまう。

斎藤　孤立と自暴自棄が、飲酒を助長しちゃいますからね。

福山　口癖のように「オレはやめようと思えばやめられるんだ」と。

斎藤　そうなんです、典型的な「否認」ですよね。

福山　なおかつ病院に入院させると、非常に「いい患者」を演じる（笑）。もうやめられるという状況を自分で完全に演じ切って、出てきた瞬間に飲み出す。

斎藤　すぐに飲みますよね（笑）。

福山　その繰り返しをしている限りは終わらないですね。ループになっちゃっていて。

斎藤　かつては、そういうことを経て、いわゆる「底尽き」[※64]をして戻ってくるのを待つ、みたいな考え方が主流だったんですけど、「底尽き」は相当に危ないことで、そこにいたる過程で死んじゃう人もいるわけです。周囲からも見放され、人としての尊厳もかなり損なわれる。そもそも「底尽き」主義って、どこかにまだ「依存症は自業自得」って発想の尻尾が残ってますよね。幸いこういう考え方は、依存症臨床では過去のものになりつつあります。今はもうちょっと上手に動機づけをしながら治療的に介入する前提で、どこから介入するかみたいな話になりつつあります。スリップ（再飲酒）しても簡単には見放さない。

それでもいまだ残る、古い治療文化のなかではやっぱり「底尽き」は欠かせないみたいな話がまだありますよね。

福山　アルコール健康障害対策基本法のなかでは、地域の病院との連携を深めようと考えました。アルコール依存者に対して理解していただける病院を増やして、「病気として治療できる」という状況をつくることによって、世の中にも「あそこはアル中の家や」とか「あそこはアル中患者がいるぞ」みたいな排除じゃなくて、「病気だから治るんだ」という意識を地域にも家族にも持ってもらうようにしようとしたんです。ちょっと気持ちに余裕を持たせるとか、「やめろ、やめろ」と責め立てるんじゃなくて、少し幅を持ってその人に接するような状況が必要なんじゃないか、そういう状況をつくりたいと、法律をつくったんです。

斎藤 すごく大事なことだと思います。いかに「排除しないか」っていうことを基準にしてもらわないといけないんです。

相模原障害者施設殺傷事件※65と最悪の法改正案

斎藤 排除の話なんで、ここで申し上げますけど、実は二〇一七年前半に私が政治に関わる機会が一度だけありました。それは相模原の障害者収容施設「津久井やまゆり園」で起こった大量殺人事件のあと、自民党主導で進められていた精神保健福祉法の改正案の問題です。幸い、会期を過ぎてしまったという理由ながらもペンディングになったみたいで、ちょっと安心したんですけど。あれくらい根拠も何もない改正案はありません。あの事件そのものが、改正しなければならない理由にあたらないわけですよ。そもそも精神鑑定に結論も出ていない段階で、事件の真相すら未解明なうちに、かなり強引かつ拙速に改正をゴリ押ししようとした。

最悪の問題は、あの改正案が世界の潮流に完全に逆行していることです。全世界のなかで唯一、日本だけが精神障害者の収容主義、つまり精神科病院に入れて治療するのが一番正しいという考えが残っている国なんですよね。少なくともいわゆる先進国のなかでは日本だけです。一九八〇年代から、ほぼすべての先進国で精神科病床が一〇分の一ぐらいに削減されてきているんですけど、日本だけがほぼ同じ水準で推移しています。韓国も少し増えたりしているんですけども、元々日本よりずっと少ない。日本には三二万床という、全世界の二〇%の病床が集中しているんです。このとてつもないスキャンダラスな状況が全然改まらないどころか、あのような改正案が通れば、さらにこれが強化されてしまいます。

福山　あの法律は、管理を強めて、施設のなかに入れておこうという、これまでの「施設から地域へ」という流れに完全に逆行する法律ですものね。

斎藤　実質的には措置入院患者の退院をしにくくするという法律ですし、もっとまずいのは、退院後も「支援という名の支配」を続けようとしている。要は監視です。患者の個人情報を共有して、「この人が引っ越したら次の自治体に治療情報を伝達しましょう」みたいな項目まである。これは本人の安全のためと言いつつも、明らかに治

[表1] 精神病床数*

(諸外国との比較)

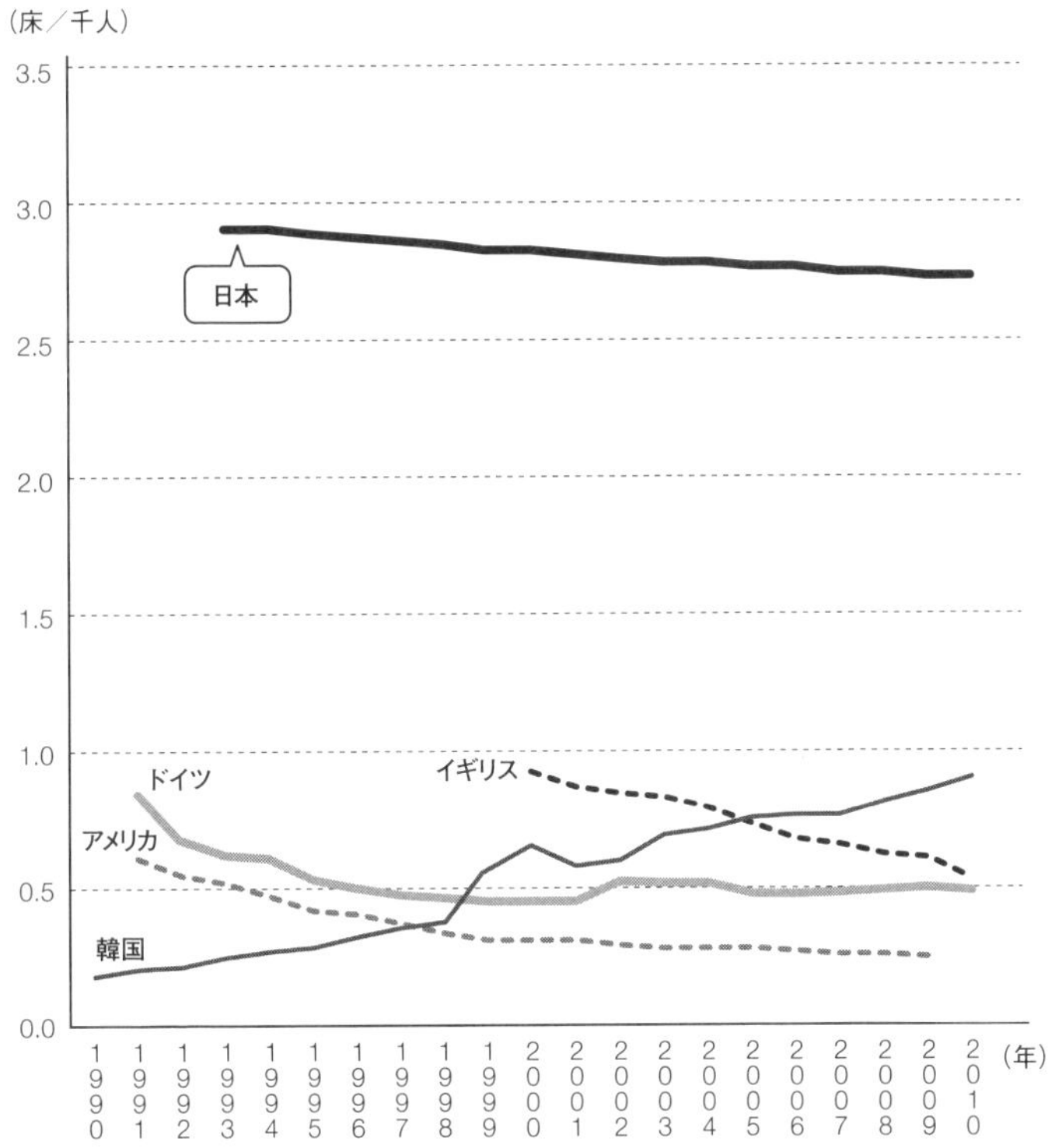

*各国により定義が異なる
「OECD Health Data 2012」をもとに編集部が作成

安維持が目的なんですよね。

日本の精神科医療は、ライシャワー事件[※66]っていうのが一九六四年にありましたけど、あのとき以来ずっと治安維持の役割を担わされてきたという負の歴史があるんです。ライシャワー事件というのは、駐日アメリカ大使を精神障害の少年が刺しちゃった。おりしも東京オリンピック開催をひかえて、国際問題化を懸念した政府が、あわてて対応策を練った。精神衛生法を改正して、精神障害者の監視と管理を強化しようとしたわけです。この後の一〇年間で、精神科病床数はおよそ二倍になります。巧妙だったのは、通院医療費を公費で負担する制度で、これは治療を受けやすくすると言えば聞こえはいいんですが、要するに患者の所在を把握して管理しようとしたわけですね。

治安強化目的が強かった精神衛生法は、その後何度か改正されて、社会復帰や福祉の視点を重視する現行の精神保健福祉法[※67]にいたったわけですが、今回の「改正」案は、ここまでの流れに完全に逆行するものです。

元々「やまゆり園事件」っていうのは、収容主義がもたらした事件という一面があります。六〇年代に厚生省（当時）が障害者コロニー政策[※68]っていう、「障害を持った人は僻地の大規模施設にどんどん入れましょう」という政策を推し進めたんですよね。ほぼ同じ時期に、精神科病床も一気に増えます。これは精神科特例というのをつくって、患者数に対する看護師、医師の割合が通常病棟よりもはるかに少なくていいという基準を設けた。さらに精神科病院に補助金をどんどん出して病院が激増します。結果的に日本では、世界でも他に例がないことですけれど、民間の精神科病院が九割以上を占めるという異常事態になってしまいました。

これがもし国公立だったら、政府が方針転換すれば一気にベッド数を減らせるんですけれど、民間病院は減らせない。日本精神科病院協会（日精協）という強力なロビー団体があるためもあります。厚労省は「なんとか地域移行したい」「病床を減らしたい」と間違いなく考えてはいるんですが、医療政策上の精神科の優先度が低い上に、このロビー団体の抵抗が非常に強くて、思うように地域移行が進みません。新規の病棟の建設を認可しないのが精いっぱいの規制です。他にも診療報酬制度の改定などで、病床を減らしやすい方向に誘導しようと努力しているんですが、全然減らない。三〇万台がずっと続いていますね。これは本当にスキャンダラスな数字です。

なんでスキャンダルかというと、精神科の患者さんは、全世界的な傾向としても症状がどんどん軽くなっているんですよ。昔みたいにとんでもない幻覚や妄想を持った患者さんは本当に少なくなって、軽症の人が増えちゃった。ということは、入院が必要なレベルの人は減っているんですよ。だから、ベッドは残っていますけど、入院患者は激減しているんです。

福山　じゃあ、ベッドは空いているんですか。

斎藤　空床化は進んでいるんですが、その速度はきわめて鈍いです。これは、空床を別の目的に転換したからです。これも厚労省の方針で空いたベッドを認知症治療に使っていいとやっちゃったんですよ。「新オレンジプラン」[※69]とか言って。これで病床を転換して、グループホームにする。名ばかりですよ。同じ敷地内にあって、鉄格子が残ってるところもある（笑）。そんなグループホームに誰も行きたくないし、入れたい家族もいないと思うんですけど。そういうところに認知症患者をどんどん入院させて、空いた病床を埋めようとしている。

　もうひとつの気になる動きは依存症病棟です。依存症って、一般の精神科医は嫌うんで、なかなか行き場がなかったんですよね。専門病棟も多くない。ところが一部の大病院では、「ここにすごい草刈場がある」と言わんばかりに、大規模な依存症病棟への転換をもくろんでる。病床を温存するためにはなりふりかまっていられない状況が、今はあるものですから。

福山　病院の経営に関わりますからね。

斎藤　経営に関わりますし、スタッフを食べさせなければならない。しかし、私の勤務先の病院にも、もとは開放病棟ですが入院病棟があったんですけど、全部外来クリニックに転換して病床を廃止したんですよ。そしたら逆に黒字になっちゃったんです。そのせいか厚労省はうちのクリニックをけっこう視察に来たりして、ひとつのモデルケースにしたいようなんですが、なかなかそれが他の病院では進められないんですよね。なぜかというと、今までは病棟に隔離して投薬しながら生活を管理しておけば良かったのが、外来ではそうはいかなくなります。投薬だけではなく精神療法として、ちゃんと患者の話を聞かなければいけないし、家族対応をしたりとケースワークが必要になる。これが苦手な精神科医が意外なほど多いんですよね。うちのクリニックは、伝統的に精神療法志向だったのでうまく軟着陸できましたが。だから外来転換の実例は本当に限られています。これは構造的な問題としか言いようがないです。

この恥さらしな状況を変える一助として「オープン・ダイアローグがいい」と言っているんですけれど、外来で患者の話を聞くことすらできない人々が、果たして対応できるだろうかという懸念がすごくあります。

福山　それは精神科医療の元々の医学部での教育方針とか考え方を徐々に変えていかないと、構造的に変わらないということですか。

斎藤　そうですね。いまだに教科書で扱っているのは統合失調症と鬱病、認知症が中心です。そういう伝統的な疾患だけが精神科の扱うべき領域であって、私が専門であるひきこもりとか不登校、あるいは依存症とか、虐待、ＤＶの問題っていうのはずっとマージナルな領域に押しやられてきたんです。実は、それこそ精神科医の対応すべき問題なんですけどね。でも、アカデミズムが、そもそもこの問題を排除してきたんです。

臨床系の精神医学は伝統的な王道の疾患を扱って、私たちは社会精神医学[※70]っていう領域なんですけど、依存症とかひきこもりとかは全部こっちに回ってくるんです。試験問題をつくるときも、その担当を任されたりするんですけれど。これはおかしな状況で、本当はすべて精神医療がカバーすべき領域なんですよね。たとえば虐待にしても、加害者のメンタルの問題がかなり大きいので、単に取り締まるだけでは減らないんですよ。うちの研究室は、全国の大学でも非常に珍しいことに、ひきこもりや依存症に医学的視点からアプローチするのが専門なので、全国から学生がやってきます。他の大学ではそういう講座がほとんどないので。

弱者が弱者を差別する

福山　依存症と虐待っていうのは、新しい問題なんですか？　昔からあったんですか？

斎藤　アル中は昔からいっぱいいましたし（笑）。虐待なんて戦前の日本はめちゃめちゃひどかったのは有名な話です。「しつけ」とか「折檻《せっかん》」という呼び名で隠蔽されていただけで。

福山　ということは、そういうものは元々あったけど、医療のなかで扱われていなかったということなんですか。

斎藤　セクハラとかDVと似ていて、そういう概念があるってことが知られてきて、初めて目に見えるようになってきたんですよね。

福山　つまり可視化されたということなんですか？

斎藤　そうなんです。それまで折檻とか体罰とか、普通にやっていたんだけど、これは虐待なんだよと欧米から教わって、やっと気づく。しょうがないとずっと我慢してきた被害者が、声を上げ始める。セクハラもそうですよね。今まではボディタッチとか気軽なコミュニケーションの一環みたいにやっていたんですが、それは許されることじゃないんだと言われてやっと気づく。DVもそうですね。女性のなかにも、「夫に殴られるぐらいじゃないと愛情を感じられない」とか言う人が、いまだにいるぐらいですから。今まで文化というか慣習として許容されてきたわけですが、実はいずれも「暴力」の問題なんです。私は暴力については宮地尚子さん[※71]の定義、「親密的領域において相手の個的領域を奪うこと」に従っていますが、この意味で虐待もセクハラもDVも、すべて暴力です。近代市民社会において、暴力はいかなる場面でも決して容認されないという「常識」が、九〇年代以降に「輸入」されて、こうしたことが初めて、一気に可視化されたということです。

　そこからやっと臨床にも入ってきたわけですよ。ひきこもりもそれに近いところがあるかもしれません。言葉ができて、問題が見えてくるということで。

福山　そうですね。なるほど。

　ところであの法改正（一三七頁）は、「やまゆり園」の問題があって思いついたというものではないと私は思っているんです。

斎藤　まったく関係ないです。

福山　参議院から審議が始まったんですが、私らは党として反対という立場を決定しました。それでも無理やり採決をしようとしてきたので、早期に抜本的な見直しができるような修正をさせました。斎藤さんのおっしゃった収容主義みたいな問題と、あの殺人者は許せないですけど、あの殺人者自身が精神疾患の患者で、障害を持った人が障害を持った人を……。

斎藤　そうなんです、二重三重、入れ子になっているんですよ。

福山　そうですよね。障害を持った人が他の障害を持った人を、下に見てというか。分断されている社会のなかの、障害者同士のなかでの、非常に複雑な状況で起こっていますよね。

斎藤　本当に入れ子だと思います。前に書いたんですけれど、あれは犯人も排除された弱者なんですよ。つまり、排除された弱者が、排除の思想を持って、弱者が排除された場所に行って、犯した犯罪なんですよ。私はいかなる意味でも被告を免責したいとは思いませんが、彼単独であの事件が起きたとも思いません。仮にあの施設がなかったら、あの事件は起きなかった。大規模収容施設がなかったら、一晩で大量殺人はできませんから。これも本当に構造的な問題で、収容施設がなくて障害者が自宅で暮らしていたら、大量殺人は不可能だった。

もっと言えば、これは私しか言っていませんけど、被告は、普通はそうならない状況のなかで措置入院になっているわけですね。措置入院になったことによって、彼はかなり自暴自棄になった可能性がある。「オレは、本当は社会的に弱者を下に見る優越者の立場だったのに、自分が弱者になってしまった」と。

強制的入院から犯罪に走ったケースといえば、思い出すケースがあります。二〇〇〇年に起きた「西鉄バス・ジャック事件[※72]」です。ひきこもっていた高校生が、家庭内暴力を理由に強制的に入院させられて、その怒りから、最初に外出許可をもらってすぐ「2ちゃんねる」で予告してバス・ジャック事件を起こし、殺人まで犯してしまった。あれも日本に入院病棟がこんなに多くなければ起こらなかった事件だと私は確信しています。日本の入院制度には、患者さんを傷つける場面がすごく多い。ケアよりも処罰のための入院や身体拘束がけっこう安易になされるので、その経験がトラウマになりやすいんです。バス・ジャック少年にしても、その屈辱的な経験から自暴自棄的になって、それが彼の行動を後押しした可能性がすごく高いと思います。

「やまゆり園」の事件も、措置入院の患者を野放しにしたみたいな話になっていますけど、そうじゃなくてむしろ、あんな簡単に入院させちゃダメだと言いたいんですよね。安易に入院させすぎたということです。だって、脅迫状を持って自民党本部に入り込もうとしたというのは、せいぜい軽犯罪でしょう。普通そのレベルでは措置入院にはなりません。以前から予告を繰り返していたとかが重なって、結局警察が介入し

[表2] **身体拘束を受けた患者数と隔離患者数の変化**

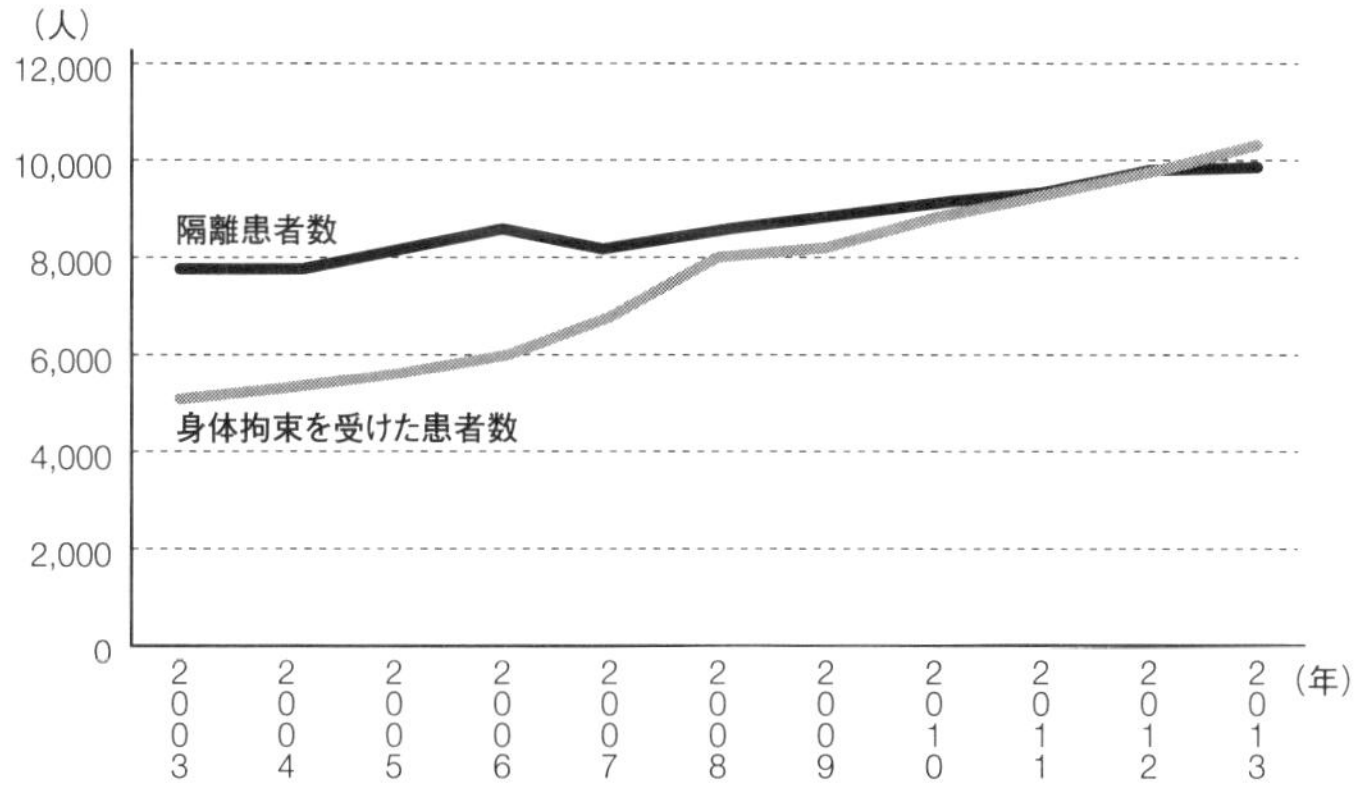

出典：yomi Dr. HP「身体拘束急増のなぜ」(2016年4月14日記事)

て入院になった。私だったら鑑定で入院の必要なしと判断するようなケースです。

彼の入院を引き受けた病院の指定医は、実は不正に資格を取得していたというオチがついていて、指定医資格[※73]の問題にまでなっちゃいました。理由さえあれば成人の行動を制限できる職業って、日本では警察官と精神科の指定医ぐらいしかいないんですよね。こういう権限の濫用は本当に怖いです。診断名さえつけてしまえば、人の行動の自由を奪ってしまえるんですから。

それと重なった問題としてもうひとつ、最近、ニュージーランドの青年が神奈川の大和病院というところで長期間身体拘束されて深部静脈血栓症（いわゆる「エコノミークラス症候群」）で亡くなった[※74]んです。拘束されている最中に。これは国際的スキャンダルと言えるレベルなんですが、マスコミは意外なほど反応が弱かったですね。

　日本では身体拘束がこの一〇年間で二倍に増加して一万件を超えています。実際、日本の精神科病院ぐらい安易に患者の身体を拘束する病院は珍しいんです。収容主義と同じくらいの問題になっています。単なるガラパゴス化というだけでは済まされない、精神科医療の後進性は目を覆わんばかりの惨状です。

福山　身内の恥ばっかり言うことになりますが、うちの父親は、病院に入れられたあと、必ず荒れるんですね。病棟に入っているときはいいんですけど。別に精神科だと言っているわけではないんですけど、アルコール依存症対策って精神科のある病院に入れることがあるので、そこに入れたときの退院してからの荒れ方はひどかったですね。さっきも申し上げたように「非常にいい子」を演じて、病院にいるときは酒のことは何も言わないし、「飲まなくても大丈夫です」みたいなことを、先生に平気で言っているんですけど。たぶん、心のなかは燃えたぎっていて、「オレがなんでこんなところに入らなければいけないんだ」と、一刻も早く出ることにすごく執着している。それで出たあとの荒れ方はひどかった。

斎藤　やっぱりプライドの高い方が多いですから、強制的に処遇されればすごく惨めな気持ちになるでしょうし、荒れるのはむしろ当然の反応だと思います。傍目《はため》から見れば、周囲にも迷惑をかけたり、だいぶひどい状況だから無理にでも入れるのは当たり前という印象かもしれませんが、本人からすれば理不尽さ、惨めさのきわみで、納得できない。

福山　まさに、おっしゃる通りですね。

斎藤　そういう処遇ができてしまう構造があるので、この問題はなかなか終わらないんですよね。ドクターの全部がおかしいとは言いませんし、心ある医者もいっぱいいるんですけど、やっぱり困っているときにそうできると思っていれば、ついやってしまうのが人の性《さが》なんで。ある病院では、看護師長が一念発起して身体拘束をやめたんですが、まずやったことは拘束具を捨てることだったそうです。「やりたくてもできない環境づくり」が第一歩なのかもしれません。

私も、こんなことを言いながらも、外来だけでは診きれない人は入院をお願いせざるを得ない場合が多々ありますから。きれいごとばっかり言っているわけにはいかないんですけど……。

福山　正直言って家族は、入院させてもらったら、本当に安心するんです。

斎藤　そうなんです。そういう側面は確実にある。

福山　犯罪者を収容所に入れるのと同じですよね、気分として言えば。

斎藤　同じなんです。きれいごとで済まないのは、家族の負担がほんとに半端じゃないということがあるからです。ただまあ、家族が単なる被害者かというと、ちょっと酷なことを言うようですけど、やっぱり家族にも、結果的にそこまで追いつめてしまったというべき部分があったりとか、これは単純な話ではないということがあります。

福山　家族は加害者でもあり被害者でもありますよね。

斎藤　どっちもそういう両側面を持っていて、善悪で割り切れないところがある。そういう家族がどこにすがるかと言えば、非常に質の低い暴力的な支援業者だったりするわけです。最近こうした業者が支援業界に多数参入してきて問題になっています。

　これはひきこもりの人に対するケースですが、ある業者は両親の依頼を受けて、当事者の部屋に土足で上がり込み、長時間の説得、罵倒、怒鳴り上げ、ドアを蹴り破るなどの暴力的な手法で当事者を部屋から連れ出し、共同生活の寮に連れて行き作業をさせるような手法をとっています。ありていに言えば拉致監禁ですね。かつての「戸塚ヨットスクール」や、二〇〇〇年代に有名になった「長田塾」（寮生に提訴されて敗訴、その後閉鎖）や「アイ・メンタルスクール」（寮生を死に至らしめてスタッフが逮捕され、閉鎖）などのような手法ですね。普通に考えて「住居侵入罪」「強要罪」「不退去罪」などに抵触するような手法なんですが。しかもその初期費用に数百万円という金額を請求する業者もある。藁にもすがりたい両親は、それでも支払ってしまうんです。ちょっと、高齢者詐欺めいた手口にもみえます。

問題はこういう団体の活動を、テレビなどマスコミが好意的に取り上げたりするんですね。視聴者も「年老いた両親を苦しめるひどい息子（娘）」という視点で見るので、業者の活動に喝采を送ったりする。でも支援手法としては明らかに問題があるので、私たちは当事者とともに二〇一六年四月に記者会見を行い、こうした「支援という名の暴力」を安直に肯定するような放送を慎むように主要テレビ局各社に申し入れました。問題のある業者を根絶はできませんが、問題のある業者を正義の味方のように報道するという恥ずべき状況には一石を投じられたと思います。

こうした支援業者にあるのは家族側の視点だけで、当事者に寄り添う視点に乏しいし、むしろ当事者を「何を考えているかわからない危険人物」であるかのように印象づけようとします。つまり彼らのしていることは、本来あるべき支援の常識の真逆なのです。

福山　わかります。

斎藤　彼らがよく言うのは「日本の医者や専門家がダメだから、オレが肩代わりしてやっているんだ」「この汚れ仕事を、オレがやらなければ誰がやるんだ」っていう主張です。まあ、医療批判は半分ぐらいは正しいんですけど（笑）。

福山　「半分ぐらい正しい」もよくわかります。

斎藤　そこが厄介なところで（笑）。一方的な批判はできないな、というところは確かにあるんです。ただ、彼らの活動内容は、とうてい認めるわけにはいかない。

福山　それでひきこもりの子が説得されて入ってしまうのですか？

斎藤　いや、もちろん暴力的な拉致監禁が主体です。私のところにも、何件か救出要請が来ています。ひどいところになると、寮に入る時点で財布や携帯電話、ゲーム機などはすべて没収されたりします。脱走したり外部と連絡を取ったりすることができないようにするんですね。だから寮の窓も開かないように細工がほどこしてあったりします。就労支援とは名ばかりで、結局は提携先の職場に放り込むだけ。就労支援機関というよりも強制収容所を思い起こさせます。

ついでに言えば、こういう団体の寮生活に耐えかねて脱走しても、逃げられません。警察に駆け込んでも、事業所スタッフが「親に頼まれて預かっている」と言えば戻されます。信じがたい話ですが、監禁や行動制限が犯罪であるという認識はきわめて希薄ですね。もっとも、だからこそ寝屋川の事件のように、娘を一七年間もプレハブ小屋に監禁するようなことが起きる。まさに現代版の「座敷牢」ですね。寝屋川の事件では娘さんが亡くなって発覚したわけですが、そういう形で人知れず監禁されている人がかなりの数存在するのではないかと疑いたくなるような事件でした。

念のため申し添えておきますが、暴力的支援であっても、それで立ち直れる人は存在します。たとえば戸塚ヨットスクールですら、そこでの訓練の経験に感謝するOBもいるほどです。問題は、そうした手法にはなじめない人の方が多いことと、うまくいかなかった人の多くは、家族との関係が決定的に悪化することです。家族が業者と結託して、自分の拉致監禁の手引きをしたわけですから、恨まれるのは当たり前です。暴力的な事例が臨床的にもまずい理由は、そういう失敗例が悲惨なことになるからなんです。

福山　家族の負担は少し軽くなるかもしれませんが、一方で当事者の「家族に見放された」という喪失感は大きいでしょうし、傷つき方も半端じゃないと思います。

「ひきこもり高齢化社会」をどうするか

斎藤　全世界的に、社会的排除を被った若者の居場所は、路上か家しかないんですけど、日本と韓国では家になることが多いですね。日本も韓国も圧倒的に家族主義じゃないですか。中国にもそういうところがありますけど、儒教文化圏っておおむね家族主義なんですよね。儒教の最上位のプリンシパルが「孝」、つまり親孝行ですから。孝行のためには同居が前提で、『四世同堂《しせいどう》』みたいな複数世代の同居が最高の幸せ。こういう文化圏では、若者の挫折形態が必然的に自宅でのひきこもりになるわけです。まあ孝行は無理でも、介護ぐらいはしてくれるかもしれませんけど。

一方、アメリカやイギリスみたいに個人主義的な考え方が浸透していると、シングル・マザーが多いせいもありますけど、成人したら家から出るのが自明の前提になるので、とりあえず出る。それで仕事が見つからなければ、そのままホームレスになっちゃいます。だから、若年ホームレスの人口[※75]は日本よりも二桁ぐらい多いんじゃないですかね。数十万人って規模です。日本は一万人いないという統計ですから。

福山　でも潜在的には家にひきこもっている人がいるってことですね。

斎藤　私の仮説では、ホームレスとひきこもりって居場所の違いだけなんです。社会

[表3] ひきこもりの年齢

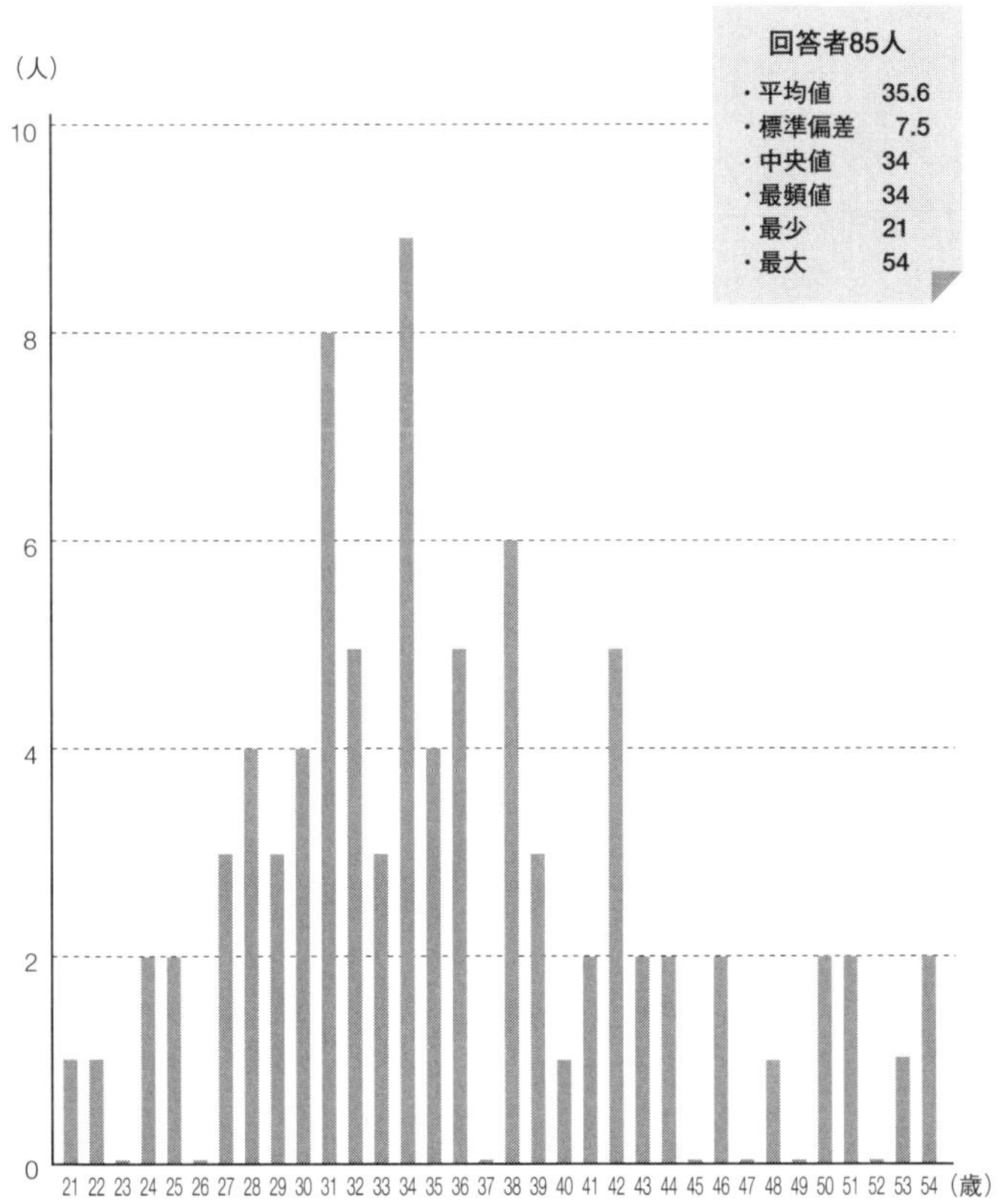

出典：厚生労働省「平成27年度生活困窮者就労準備支援事業費等補助金 社会福祉推進事業」
『ひきこもりの実態に関するアンケート調査報告書』

に参加できなかった排除された若者が、家にいればひきこもりだし、路上にいればホームレス。人口比からみても、ほぼそう考えていいと思うんです。もっとも最近は世界的に「日本化」が進んで、ニート、ひきこもりが増えつつあるという説もありますが。

話を戻して、身も蓋もないことを言いますけど、ホームレスって寿命が短いんですよ。長生きできないんです。平均寿命が五六歳という統計があります。冬を越せずに亡くなる人が多いので。ひきこもりはみんな、長生きするんですよ。もうすでにアラ還ニートが珍しくない。還暦近いニート。

福山　アラ還ニート！　そういえば四十代以上のひきこもりが二五％という数字が新聞に出てきましたね。

斎藤　二五％という数字はすごく控えめだと思います。どの統計でも平均年齢が三五～三六歳なので、そんなに少ないはずがない。

福山　ひきこもりは三九歳までで五四万人っていう数字も出ていますよね。

斎藤　すごく控えめな統計ですけど、いちおう年齢をそこで切ってもそれだけいたということは、本当に驚くべきことです。内閣府は「前の調査より少し減った」とか言って喜んでいるんですけど、こんなのは明らかに誤差範囲ですよ。家にアンケート調査票をばらまいて後で回収するという、一番控えめな数字にしかならないような調査方法をとっていますから。

福山　それで五四万人いるんですか。

斎藤　それでいるってことは、絶対に百万人はいるし、年齢制限を取っ払ったら、二百万人は確実にいると思っています。

福山　これは年齢制限を三九歳で切っていますもんね。

斎藤　これは政府の若者の定義が三九歳までだからですよ（笑）。なんで三九歳が若者なんだって話です。私は「若者の高齢化」と呼んでいますが、こんな現象は日本だけです。ただ、これはおそらく実用に即した変更だと思います。若者向けの就労支援の間口を広げるため、ということもあるでしょう。普通にハローワークだけでは就労できない人がいっぱい出てきたんで、「若者」の枠を広げざるを得なかった。あの意味のない「成人年齢の引き下げ」よりはずっとリアリズムです。

私は勤務先や家族会でひきこもりの平均年齢の統計をとっていますけれど、どんどん上がっています。二〇一〇年の調査で三二歳。二〇一五年の統計では三四歳です。一年に二歳上昇してますね。なぜかというと、単純な理由で、「卒業」しないからです。一旦、何年かひきこもっちゃった人は、もう自力では抜けられないんです。

これは間違いなくこのまま行きます。日本の特異性は、ひきこもった子を恥と思って外に出さないで、かくまっちゃう。面倒を見ちゃう。親御さんが八十歳でお子さんが五十歳なんていう家庭が、もう普通になってきた。ひきこもっているお子さんがですよ。普通は親孝行で介護とかしなければならない年齢ですが、老老介護の逆ですね。年老いた親が年老いた子の面倒を見るという構図があって、こういう家庭がだんだん増えていく。そして今、ひきこもりの最年長は六十歳に行ってる。ボリュームゾーンの第一世代が五十歳ぐらいです。

福山　五十歳ぐらいがすでに第一世代！

斎藤　この世代のほとんどが、このまま高齢化していきます。私は何年も前からずっと警鐘を鳴らしているんですけど、あんまり関心を持っていただけないんです。私は年金制度に対する一番のインパクトは、二〇三〇年頃にやってくる「ひきこもり高齢化社会」、これが財源に対して破滅的な影響を及ぼす可能性がある。今ひきこもっている四十〜五十代は、どんなに少なく見積もっても十万人はいます。この層が六五歳になったら年金受給できるんですよね。

福山　えっ、でも年金を受給するには保険料を……。

斎藤　親が払っているんですよ。自分の年金から。

福山　ええっ〜！

斎藤　皆さん、そこら辺は見落としがちなんです。働いてないから払わないでしょと思いきや、実は親が保険料を払っているんですよね。だからもし彼らがみんな正当な権利として年金を受給したいと言い出したら、大変なことになる。私の予測ではたぶん権利のある人の二〜三割ぐらいしか請求してこないと思うので、残りは生活保護か孤独死しかない。年金の請求をしないだろうというのは、彼らはまず役場が怖い。今まで働いていないから、役場に行って年金なんか請求したら叱られると思っている。だから怖くて行けないんです。

福山　そういうメンタリティなんですか、四十歳で？

斎藤　そういうメンタリティなんですよ。実際に経験した事例ですけど、本人が三十代で親が七十代なんですけど、親が身体を壊しちゃって危篤《きとく》だというのに、救急車を呼べないんですよ、怖くて。うちは健康保険に入っていないから呼んだら叱られると思って呼べなかったりするんです。結局、見るに見かねて自分の手で殺しちゃって、自殺しようとして死にきれず、自首して刑務所に入るというパターン、二例ほど経験しました。

福山　ふたつですか。

斎藤　はい。これは先駆的な事例で、これから増えると思います。

福山　その方はひきこもりの三十代の方ですか。

斎藤　そうです。中学でひきこもって、社会経験がないまま三五、六歳になっちゃったっていう人ですね。必然的に社会的スキルは落ちますし、心の成長も起こりにくくなるので、心はほぼ中学生のままなんですよね。だからもうとても社会の荒波に耐えられない。

福山　そういう方が、斎藤さんの見積もりでは二百万人くらいいるということですね。

斎藤　目に見えないので、なかなか信じてもらえないんですが。そのくらいは確実に存在すると思います。

福山　欧米で若者のホームレスがいる数の比率ぐらいはいるということですかね、比率的には。それがなかにこもっているからわからない。

斎藤　そうです。イギリスでは二六歳以下のホームレスが二五万人という統計が十年前に出ているし、アメリカでは百万人以上という推定があります。人口比でいったら日本も百万人ぐらいはいてもおかしくない。しかし彼らが言っているヤング・ホームレスって、やっぱり二十代以下なんです。ひきこもりは定義上、年齢に上限がないので、アラ還ニートまで含めたら、すごい数になる。

それがある時点から一気に可視化されてくるわけですよ。年金受給人口として。だから今から手を打って、なんとか就労支援をもっと手厚くしないと大変なことになると言い続けてきたんですが、なかなか。政策上、票に結びつきにくいと思われているのか、ひきこもり対策は常に後回しなんですよね。実際には彼らも投票だけは行く人が多いんですが。

福山　その方々が、たとえば病気になっても大変ですよね。

斎藤　大変ですよ、もちろん。

福山　まして医療保険料を払っていないわけですからね。

斎藤　親が払っていますから（笑）。

福山　ああ……。

斎藤　親のやったことのツケがあとでくる。彼らは保険料は払っていますよ。だけど所得税は払っていないので、年金の財源の半分は寄与していませんよね。実質上フリーライダーに見えてしまう。そうなると必然的にバッシングは起こるだろうし、もちろん年金の財源を直撃するような巨大なダメージになるでしょうね。

福山　それは団塊の世代の人たちが、自分たちのひきこもりの子どもをかくまい、自分たちが経済成長のなかで蓄えた資産があるから、それが可能なわけですよね。

斎藤　金を持っているから。それが持たなくなるのが二〇三〇年頃ではないかと思うんです。本当に、この人たちを就労移行支援事業で早く軌道に乗っける努力を、もう少し力を入れてやっていただかないと。

福山　斎藤さん、それはどうやって社会に出させるんですか？　たとえば就労支援でもね、まずは数を把握して表に出さなきゃいけないじゃないですか。

斎藤　そうですね。それにはやっぱり人員を手厚くする。一番喜ぶのは訪問支援ですから個別に家庭訪問をして、そこから治療に結びつけたり、就労支援に誘導するという手もあります。それでも全員というわけにはいきませんが、半分ぐらいを占めている、わりと軽い事例ですね。彼らが就労に結びつくだけでもだいぶ違うと思うんです。それすらもなかなか需要に供給がまったく追いつかない。

今、これをオープン・ダイアローグでやろうと考えているんですよね。オープン・ダイアローグのいいところは、医者じゃなくてもやれるところなんです。医者に頼っていたら全然間に合いませんから。精神科医の数が一万数千人しかいませんので、少なくとも百万人はいるひきこもりにはとても対応しきれません。今ある医療資源を全部使えるものに変えて対応すれば、まあ、もう少しカバーできる範囲は広がると思うんですが。

もちろん、システマティックにやりすぎて、それこそ「ひきこもり狩り」みたいになるのは防がなければなりません。ただ、彼らと長く付き合っていると、どこかしらの時点で良質な就労支援のニーズを訴えてくることがほとんどです。あくまで支援であって強制ではないこと、ただし「ニーズの掘り起こし」という視点は忘れないことが大切です。

二〇三〇年に関しては、野村総合研究所の予測で、この時期から四十代、五十代の単身者率が二五%を超えるんですよね。四分の一が単身化する。離婚してひとりで暮らしていたり、ワーキング・プア的な生活をしている四十代、五十代の男性が二五%。その彼らが職を失った場合に、生活保護を申請する、年金を申請する……この権利は残っていると信じたいですけれども(笑)。財源が持たないですよね。ここには、ひきこもりはカウントされていません。ですから本当に福祉的な部分での負担が急速に増してくるだろうなという気がします。今からかなり予算を組んで、ケアの視点を含んだ就労支援を進めていくしかないと思うんですけどね。

就職支援と縦割り行政

福山　京都にはジョブパーク[※76]というシステムがあって、これを私は全国にシステム化しなきゃいけないと思っているんです。縦割りの問題があって、なかなかうまくいかないんですけど。

京都では、京都府と経済団体と労働団体とそれからハローワークが協力をして、そこになおかつ人材派遣業のところがコラボレーションして、ワン・ストップで就労支援、生活支援、職業訓練、それから社会常識訓練、たとえば仕事のマナーや礼儀の訓練、それからシングル・マザーについては、保育園まで併設している「マザーズジョブカフェ」[※77]というのをつくって、ひとり親のお母さんに対する就労支援と保育支援をしています。また、何十社も内定がもらえなくて就職試験に全部落ちているような学生がいるじゃないですか。そういう学生たちをゼロから、挨拶の仕方からトレーニングする学生の就職支援。さらに生活保護を含めた支援ですね。つまりいろいろな層が社会的排除にならないための支援を、ワン・ストップでできる仕組みができています。その一カ所にさえ行けば、あらゆる支援のプログラムが揃っている。

ここのミソは、ハローワークを併設していることなんですよ。縦割り行政で大変なハードルだったんですけど、京都府知事がかなり強引に突っ込んだ。とても功を奏しました。就職支援は、協力している経済団体もハローワークも求人情報をそこに提供しています。中小企業が求職者をその場所で直接面接して、その場でマッチングするような作業を日々やっているんです。もちろん障害者に対する雇用支援もやっています。
たとえば、ジョブカフェに、ひきこもりの方のリストを渡して、訪問ケアをしながら、ジョブパークに来るように誘導するような形はあり得るかな、と今お話を聞いていて思ったんですが。

斎藤　それは素晴らしい。縦割りの弊害が本当にいろんなところで足を引っ張っていますからね。ひきこもり対策でも、厚労省と内閣府の縦割りですごい予算の無駄遣いをしているわけですよ。まったく別個に統計をとったり、ガイドラインを二冊作ったりとか。ひきこもりを医療の問題として扱うか就労の問題で扱うかという立場も違ったりするし、厚労省のなかでも医療の部分と労働の部分で分断されちゃっていますよね。

福山　分断されていますね。

斎藤　名前がくっついたんだから、一緒にやればいいと思うんですけど、全然やらないですよね。

福山　そうなんですよ。斎藤さんの今の話で思ったんですけど、たとえば二十代以上のひきこもりの家庭をサポートしているようなＮＰＯがあるはずですから、アウトソーシングして、同行支援でジョブパークに来てもらう、役人でなくNPOのメンバーが「こういう場所があるよ〜」って言って連れてきてもらうようなやり方で、ひとつひとつの窓をこじ開けるとか、そういうことはあり得るかもしれません。

斎藤　それが一番現実的だと思いますね。今、就労移行支援事業ってありますよね。それを担当する民間の事業所がすごく増えてきていて、まあピンキリなんですけれども、いいところには非常にいいサービスがある。これは比較的うまくいっているかなと思います。国から助成金が出るので、利用者は無料で利用できる。

福山　障害者の場合にも、就労移行支援事業がありますよね。また、同じ就労支援では、就労継続支援事業があり、雇用契約の有無でA型事業とB型事業に分かれています。ただ、A型事業所のなかには、制度を悪用して、補助金目当てで開業して実質的な事業を行わない事業所が現れる事態となり、大問題となりました。その後、厚労省が運用を厳格化したことから、撤退、大量解雇が相次いでいます。

斎藤　就労継続支援にはもうひとつ問題があって、あれはいちおう「就職」じゃないですか。なのでハローワークにとっては「成果」になるんです。だからトレーニングでしかない就労移行支援はなかなか勧めません。でも、就労継続支援は一般就労に近いといっても、いきなりやれる仕事に限定されるので工場とか軽作業ばかりなんですよ。移行支援でしっかりトレーニングすれば、事務職などにもつけるのに、成果主義のためにそちらはあまり勧めない。成果主義による評価の仕方は、実際かなり問題で、たとえば今地域若者サポートステーション[※78]という事業があります。あれは非常に利用しやすかったんです。ところが最近になって急に「六カ月で結果を出せ」という流れになった。前は居場所的な機能もあって、かなりゆとりがあったんですけど、「六カ月で就労させろ」というのは、一般のニートやひきこもりにとっては無理があります。本当に世知辛いんですよ。何が一億総活躍かと言いたいですね。

福山　そこら辺は効率重視の安倍政権らしいです。

斎藤　就労に効率を求めちゃダメだと私は思うんですよね。就労支援事業って成果にかかわらず、必要なインフラという位置づけでやっていただかないと。

福山　そうなんですよね。ダメな場合もあるよという前提ですから。就労支援事業に来ている人たち全員が全員仕事につけるわけではないので。

斎藤　もちろんです。でも効率でいったらね、それこそスクールカウンセラーは現在、二万校以上に設置されているわけですが、不登校は最近むしろ増えているんですから。カウンセラーが要らないと言いたいわけじゃなくて、スクールカウンセラーに関しては成果度外視で許容されているんですから、就労支援事業も効率重視じゃないやり方を考えてほしいんですけどね。

福山 ひきこもりの地域支援センターもなかなか予算がない。

斎藤 本当に箱だけ造って放置って感じですよね。窓口だけつくって、中身は非専門家の自治体職員に任されている。私はよく講演会で地方に行くんですけれど、熱心なところは非常に良い活動をしている半面、ダメなところは本当にお飾りにしかなっていないという感じですよね。地域格差が激しい。

福山 専門家も少ない。

斎藤 非常に少ないし、まず医者が診たがらないっていう、依存症と同じ問題が起こっています。医者が断《ことわ》っちゃうんですね、恐ろしいことに。

だから、精神障害者の移送には、民間の警備会社が関わることがあります。これも限りなくグレーゾーンの仕事なんですが、彼らを一概には批判できないところがあるんです。親も、最初は病院に行ったけど「専門外だから診れない」「本人を連れてこい」と体良《ていよ》く追い返されて、困り果ててそういう業者にすがるしかなくなる。ただ業者は業者で、移送だけで数百万取ったりする悪質なのもあって。まあ、どっちもどっちというか（笑）。

福山 移送って、どこからどこへ移送するんですか？

斎藤　自宅から精神科病院に移送するんです。警備会社の一部は、そういう活動を非公式に引き受けています。ニーズがありますし、儲かりますから。

福山　わかります。地域を回って介護のデイケアセンターに移送したりするのと同じですよね。

斎藤　ただ、こちらは正直、かなり違法性が高い活動なんですよね。厳密に法律を適用したら、やっぱり強要罪だったり、侵入罪だったり、いろいろ法に抵触する部分があるんです。「家族が合意している」ことと「本人がクレームを言わない（言えない）」状況があるからなんとなく免責されてますが、本当にグレーなんですよ。以前、別の団体が当事者から同様の問題で訴えられて敗訴した例もあります。

もっとも移送業者の方も、収容は精神科病院が受け入れてくれる前提なので、いちおう移送だけを担っているというエクスキューズ（弁解）ができます。「治療しているのは病院でしょ」という。しかしこれは、まさに先ほど問題視した収容主義を強化するおそれがあります。彼らの仕事は、困っている親にはアピールになるでしょうが、当事者への共感には欠けています。とりわけ入院させないために何ができるかという発想が欠けている点で、その活動は支援とはいえませんね。彼らの仕事を正当化するロジックは、家族主義と社会防衛くらいでしょう。

こういう仕事を請け負っている人は、彼らなりの正義感を持っています。「困っている家族を助けたい」とか「犯罪や心中が起きる前になんとかしたい」という。ですから元々の動機は善意や義侠心だったりする場合もあるでしょうが、問題のとらえ方が単純すぎる点は否定できません。とりわけ当事者を「話の通じない狂った人」としかみていない。対話が可能な相手、という視点が完全に欠けています。だから彼らは決まって言います。「放っておいて何かあったら、誰が責任を取るんだ」と。

福山　なるほど。

斎藤　いささか気の毒な点は、修羅場ばっかり見てくると、考え方が偏ってしまうんですよね。経験主義の落とし穴です。現場主義という名の悲観主義になっちゃう。私が言う意味での対話を試みた経験がないので、彼らとは話が通じないという思い込みを持ってしまう。もっともこの辺は、一般の精神科医も一緒ですから、偉そうなことは言えませんが。

一番効率がいいのは、やっぱり就労支援なんですよ。秋田県の藤里町がそれで成功しています。そこは医者の力を一切借りずに、社会福祉協議会だけの力でひきこもりの就労に成功しています。町内では支援対象が減ってしまったので、今は外部から受け入れているそうです。そういうレベルでの支援を強化するだけでも、ずいぶん状況が変わってくると思うんですよね。良質な支援団体を選んで助成金を出すというやり方でも、できることはずいぶん広がると思います。

増え続けるひきこもり

福山　斎藤さんのご著書に、震災のとき避難所ではひきこもりの方が「天井が高くなった」と感じたという話がありましたね。その方たちはふだんはすごく閉塞感を感じているわけですよね。

斎藤　避難所は、まさに公共空間のあるべき姿なんですね（笑）。いろいろな世代が助け合わなければやっていけないみたいな必然性がある空間です。そういう空間では、ひきこもりも役割を与えられて頑張れるんです。ただし残念ながら一時的です。一週間ほどするともとに戻っちゃうんですよ。怖ろしいことに避難所のなかに「世間」ができあがってしまうと、またひきこもってしまう。個室もない避難所で、どこにこもるのかと思ったら、段ボールで囲われたなかにこもっちゃうんですよね（笑）。上から丸見えなんですが、人はマナーとして、儀礼的無関心ってやつですね、見て見ぬふりをしてくれるから、そこに透明な壁ができちゃうんですよね。避難所に出てきた瞬間の「一旦天井が高くなった」感覚をなんとか維持できないかと思うんですけれども、やっぱり難しいみたいですね。

福山　素朴な疑問なんですけれど、ひきこもりとか不登校というのは、戦後ずっと増えているものなんですか？

斎藤　ひきこもりは増加の一途だし、不登校もじわじわ増えています。私は今、文科省の不登校に関する調査研究協力者会議の委員を委嘱されているんですが、不登校は二〇〇一年まで右肩上がりでどんどん増え続けて十三万九千までいって、そこからようやく減少に転じました。このとき減少に転じた理由がふるっておりまして、スクールカウンセラーの導入じゃないんですよ、おそらく。二〇〇二年から学校が週五日制になったんです。週休二日になったんですよね。これがすごく効いて、不登校が七千人も減ったんですよ。実は、減った理由はもうひとつあって、少子化です。でも不登校の減り方は、少子化の速度よりは鈍いです。ところが二〇一四年になって、小・中学校不登校児童・生徒はまた三千人増えました。ここで急に増えた理由はまだわかりません。一説には、週五日制と謳いつつも、自治体単位では六日制の復活を認めているので、そういう自治体が一定の数を超えたせいじゃないかとも見られています。

福山　それは週休二日になったおかげで、世間的な学校空間に行く時間がなんとか許

[表4] 全国の不登校児童生徒数の推移

※比率は小数点以下第三位を切り捨て

年度	小学校 不登校 児童数(人)	中学校 不登校 生徒数(人)	高校 不登校 生徒数(人)	小学校 不登校 比率(%)	中学校 不登校 比率(%)	高校 不登校 比率(%)
1991	12,645	54,172	—	0.14	1.04	—
1992	13,710	58,421	—	0.15	1.16	—
1993	14,769	60,039	—	0.17	1.24	—
1994	15,786	61,663	—	0.18	1.32	—
1995	16,569	65,022	—	0.20	1.42	—
1996	19,498	74,853	—	0.24	1.65	—
1997	20,765	84,701	—	0.26	1.89	—
1998	26,017	101,675	—	0.34	2.32	—
1999	26,047	104,180	—	0.35	2.45	—
2000	26,373	107,913	—	0.36	2.63	—
2001	26,511	112,211	—	0.36	2.81	—
2002	25,869	105,383	—	0.36	2.73	—
2003	24,077	102,149	—	0.33	2.73	—
2004	23,318	100,040	67,500	0.32	2.73	1.82
2005	22,709	99,578	59,680	0.32	2.75	1.66
2006	23,825	103,069	57,544	0.33	2.86	1.65
2007	23,927	105,328	53,041	0.34	2.91	1.56
2008	22,652	104,153	53,024	0.32	2.89	1.58
2009	22,327	100,105	51,728	0.32	2.77	1.55
2010	22,463	97,428	55,776	0.32	2.73	1.66
2011	22,622	94,836	56,361	0.33	2.64	1.68
2012	21,243	91,446	57,664	0.31	2.56	1.72
2013	24,175	95,422	55,655	0.36	2.69	1.67
2014	25,866	97,036		0.40	2.80	

出典:文部科学省　2014年度「児童生徒の問題行動等生徒指導上の諸問題に関する調査」

容できるようになったということなんですか?

斎藤　持ちこたえられるんですよ。「六日頑張って学校に行く」と思うのと、「五日行けば二日休みになる」と思うのとでは、だいぶ違う。それと、休みが二日あるということは、お休みが二日あるから嬉しいだけじゃなくて、「外出しても世間から咎められない日が二日になる」ということなんです。学校のある日は、不登校の子は世間体を気にして外出できない。「あの子、なんで昼間なのに外を出歩いているの」みたいに見られるじゃないですか。そういった意味では週休二日は巧まざる救済策だったんです。ゆとり教育は散々バカにされましたが、そういう功績は確実にあった。

ところがまた、今のヤンキー政権が子どもの締めつけを厳しくしようともくろんでいて(笑)。六日制に戻そうという動きがあるので、そこは非常に危惧《きぐ》しているんです。不登校はひきこもりの母集団でもあるんですよね。不登校の子の一〜二割がひきこもるとされている。不登校からひきこもりにいたった人たちは、非常に長期化しやすいんです。

そうやって排除され、弱者化した若者たちは、今は「家族が面倒見てくださいよ」と丸投げすることでなんとか回っています。でも、この若者が高年齢化して、家族が先に亡くなってしまったら、もう先はありません。

福山　その構造はあまりまだ社会に自覚されていないですね。

斎藤　目に見えないから難しいんですよ。だいたい、日本にひきこもりがいるなんてまだ信じられないという人もいますからね。彼らは当然ですが、街中にいないから。

福山　私らもわからないですよ。見ないですから。

斎藤　見ないとわからないですよね。でも、ひきこもりの人が取材を受けてテレビとかに出ると「あいつはひきこもりじゃない」とか言われるんですよね（笑）。出てるから。この点で、この問題は大変厄介です。近い将来、マスのレベルで存在している社会的排除が一気に可視化する事態をもうちょっとリアルに描き出せるといいんですが。文章では繰り返し訴えていますが、反響は鈍いですね。この危機感をどうやったら共有できるだろうか、といつも思います。

福山　もとに戻りますが、戦後増えているんですね。

斎藤　どんどん増えています。一気に急増はしませんが、溜まるんですよ、ダムの土砂と一緒で。一定の割合で流入はしてくるけれど流出はしていかないものは溜まりますよね。

福山　震災の最中は、「天井が高くなる」んですよね。

斎藤　彼らにとっては、社会システムがダウンしているときは救いなんですよ。

福山　それはつまり、今の社会システムに適応できない方だということですか。

斎藤　まさにそうですね。

福山　彼らが適応できない社会システムとは、彼らにとっては、何が閉塞していて、何が天上を低くしているのでしょうか？

斎藤　ひとつは、システムというものじゃないかもしれませんけど、「世間」や「絆」ですよね。「絆は素晴らしい」と言っている人々のなかに彼らは入っていけないんですよ。

福山　わからないけれど、わかるなあ。

斎藤　近寄りたくないので、自分から身を引いてしまうっていうことがまずありますよね。それはやっぱり世間的価値観、つまり新卒の若者はすぐ仕事すべきみたいな世間体があるじゃないですか。彼らもそういう世間体をよく理解していますから、そこになじまない自分を恥じてこもってしまう。別に気にしなきゃ全然いいんですよ。好きなだけ遊んで、飽きたら働けばいいんですから。でも彼らは、なまじ恥の意識が強いので世間的な価値観を先取りして、自分から身を引いちゃうんですよね。

福山　ひきこもりの患者さんの精神構造というのは、どういうものなんですか？

斎藤　我々とそんなに変わらなくて、「ボタンの掛け違い」ってよく言っていますけど、本人の頭のなかに病気があるんじゃなくて、「家族関係のなかの病」なんですよ。何かの機会でひきこもりますと、家族が一斉に批判するわけですよね、集中的に。一部の人はそれで奮起して立ち直ることがある。でもダメだった人はそのままです。そしてひきこもりを続けているうちに、批判に対して反発をするんですけれども、結局「やっぱり親が正しい」「オレはダメなやつだ」「もう生きてる意味がないんじゃないか」みたいな、そういう自暴自棄的な精神にだんだん追い詰められていってしまう。

一方では親に対する恨み辛みもあるし、一方では自分自身に対して否定的で、本当にどっちにも動けない状況になってしまって、悪循環が続いていくわけですよね。

家族という枠がある限りは、この悪循環は続きます。変な話、家族がいなかったらひきこもりは起こらないんです。家族がいるとそういうこじれ方をする。病気としては軽いんですよ。あえて病気として見れば。ただ関係のなかの病なんで、普通の病気だったらほっといても自然に治癒するんですけど、ひきこもりではそれが起こらない。

福山 環境が変わらないからですか？ 家族と一緒という関係が。

斎藤 依存症とよく似ていて、家族は最初、ガンガン叩くわけですよ。「お前、何やってんだ」みたいな感じで。それでどんどん追い詰められていく。もっといくと家族は社会に対して隠すわけです。「うちにはそんな子はいません」みたいに隠すわけですよね。隠蔽されてしまう。

依存症で起こることがだいたい起こっていると言ってもいいかもしれませんね。その子がそう思ったあげくに部屋から出なくなってしまうということが起こりますし、コミュニケーションがなくなってしまう。

私はオープン・ダイアローグを導入するときは、最初からこれは絶対にひきこもりに有効だという確信がありました。日本で初めてと言っていいと思いますけど、これを治療に応用した患者はひきこもりだったんですよ。

この人は、知的関心が高い人で、私の本も全部読んでくれていて、オープン・ダイアローグにも協力的でした。家族と一緒に通院してきて、最初は家族と面前でものすごいバトルをしていましたけれども。

福山　ああ、よくありますね。

斎藤　面前で、父親に対して唾を吐いたりとかね、けっこう激しいバトルをやっていました。でも改善のアイデアを自分で出してくるんですよ。

福山　おいくつぐらいなんですか？

斎藤　三一歳ですね。彼は、最終的には半年で社会参加して、なんと『ひきこもり新聞』[※79]というメディアを創刊した。それが二〇一七年、ジャーナリズム・イノベーション・アワード[※80]で優秀賞をもらったりしているんですよね。世界から注目されて、海外のNBC[※81]とかから取材が来ているんです。

福山　『ひきこもり新聞』！　面白いなぁ～。

斎藤　さっき私が言った「説得は人を無力にする」というのは、彼の言葉なんですよ。オープン・ダイアローグを受けたら、こういう経験をしましたという手記を彼が新聞に書いてくれましてね。あれは感動的でしたね。

私も学んだのは、「なんで働けと言ってはいけないのか」「なんで説得してはいけないのか」ということを、彼は当事者の立場から、クリアにものすごくわかりやすく書いているんです。まさに「説得は自分を無力にした」「話を聞いてもらうことがエンパワーしてくれた」ということを書いているんです。もちろん彼が自分のアイデアで新聞を作ろうと思ったということそのものがすごくエンパワーになったわけですけれども。

彼の家族は良くも悪くも常識的な方々なので、「真っ当なサラリーマンになって働け」という発想はなかなか変わらなかったんですが、それに逆らって社会参加の道を自分で見つけ出した。ある意味で例外的な人かもしれませんけど、最初のケースが彼だったので我々も対話の力を思い知ったわけです。

福山　なるほどね。

斎藤　そういう意味では、本当に対話が欠けていることが問題だなと思います。ことひきこもり家庭に関して言えば、上手に対話を復活できれば、かなり改善できるだろうということはもう揺るぎない。

だって、今言った彼は、ひきこもりではかなりこじれた方だったんですよ。なんていったって、暴力をふるって親を家から叩き出して、自宅を占拠して暮らしていた人ですからね。両親はアパートを借りて、子どもと別居していたんです。「怖いから入れない」と言って。彼は親から仕送りだけもらって、ずっと暮らしていたわけです。

私もそういう人は、自分ひとりでやっていたら半年で改善とかは無理だったと思うんです。でもチームでやったら、けっこう急速に、劇的にとまでは言いませんが、けっこう急速に変化が起こった。

福山　そういう現場のことと、先ほどの「やまゆり園」に対する国の法律の改正の話は、まったく逆行していますよね。

斎藤　逆行です。法改正するんだったら、「収容する前に必ず三十分対話しなさい」とかね。そっちを義務化してほしいんですよ。身体拘束とかする前に、できるだけ本人が安心できる設定をつくって、対話を試みて、もしそれでも本当にどうしようもな

パパがほら獣医学部を
買うたろう

かったら、仕方ないから拘束してもいいです、というふうにしてほしい。

私も反精神医学ではないので、「身体拘束・隔離に絶対反対」ではないし、薬も必要があれば使っても仕方がないと思っています。でも、使わずに済むケースは意外なほどある。真っ当な対応をする姿勢さえあれば、今の一〇分の一以下に減らせると思っています。病棟も今の一〇〇分の一で済むと思っています。対話はそのぐらいのポテンシャルを持っているので、法改正に値することといえば、もっと対話の契機を増やしていくということしかないと思うんですけど。

福山　でも、そういうのはなかなか政治プロセスには入りにくいですね。

斎藤　全然入らないですね。助成金も科研費[※82]も、バイオロジカルな研究にはいっぱい出るんですけど、対話でこういうことをやってみましたというのにはほとんど予算が下りないですよね。二回チャレンジして二回とも落選しちゃいましたから。

福山　ああ、そうですか。森友・加計学園に補助金を出すくらいなら、そういった研究に予算をつけてほしいですね。

斎藤　オープン・ダイアローグで科研費をとって研究を進めようと思ったんですけど。まあ、部門のズレがあったかもしれませんけど、ちょっと残念な結果だった。まだ諦めてはいませんけども。

福山　今、大学教育の話のなかで成果主義とか、早く結果を出す効率性みたいなことをよく求められていますけど、そういう意味ではオープン・ダイアローグというのは結果がはっきり出るか、数値化できるかというと、難しいこともあるんですかね。

斎藤　そもそも精神療法とかカウンセリングの効果判定は、薬に比べてずっと難しいと言われています。条件を揃えるのがすごい難しいんですよね。だから判定に時間がかかるし、結果についてもエビデンス・レベルが低いとか言われちゃう。そういった点ではお金を出し渋るのもよくわかります。薬だったらクリアカットではっきり出せますから。ほんのちょっとしか差がなくても「効きました」と言えちゃうわけで。でも、そんな研究は意味ないし。

実際には、世界のどこの製薬会社でも精神医薬に関してはもう開発をやめているんですよ。これ以上つくっても意味がないということで。もう、新しい抗鬱薬も出てこないし、向精神薬も出てこない。睡眠薬系はもう少し出るかもしれませんけど。研究は頭打ちになっているというのが現状です。

福山　依存症でも、今のひきこもり対策でもそうなんですけど、世の中の動きとか実際に現場で起こっていることと、政策をつくる側には相当ズレがありますよね。

斎藤　そうですね。

否認ばかりの自民党

福山　斎藤さんには「承認」と「否認」というふたつのテーマがおありだと思うんですが、世の中の動きや現場と政策のズレの本質は、「否認」の問題ですよね。新しい手法とか、新しいパラダイムとかが出続けても、現状の社会の既得権益だとか、社会のなかで構造的にシステムとしてできあがっているものに、なんらかの新しいものが入ってこようとすると、それを受け入れるよりも否認をして、なかったことにする力の方が、最近は強いんじゃないかと思います。それだけ社会が、将来に向けての希望とかなんらかのチャレンジをしようという勢いよりも、内向きな姿勢になりやすく、より否認のモチベーションとか否認の構造が強まっているんじゃないかと思っています。再生可能エネルギーの技術とかにしてもそうですし、今の新しい精神科の治療法とかでもそうですし。

たぶん、いろんな可能性が社会のなかには生まれているのに、それをシステムにしたり法律にしたりするプロセスの前に、否認のシステムが構造的に働いてしまって、社会の変革が遅れているんじゃないでしょうか。遅れているというか、本当に必要な社会の変革ができにくい構造になっているんじゃないかと思うんです。

そのこと自体が社会の閉塞感につながっていて、単に安倍政権が悪いとか、メディアが蓋をしているとか、そういう表面的な話より以前に、まず閉塞感はそういうことのなかにもあるんじゃないかなと思っています。さっき言われた、新しい薬をあまり開発していないという事実があっても、それでもやっぱり薬偏重の日本の医療体制は変わっていないですよね。

斎藤　まったく変わっていない。

福山　私が斎藤さんにお話を聞きたいなと思っていたのは、「承認」と「否認」のうちでも、やっぱり「否認」の話なんですよね。

承認の話は、さっきのオープン・ダイアローグで、この人とこの人が患者さんの治療法について話し合っているのを患者さんが聞いているというのは、ある意味、この二人はこの患者さんを承認してくれているプロセスを可視化してみせているということですよね。

斎藤　そうですね、それに近いと思いますね。

福山　で、国会答弁の「言っていない」「文書がない」「記憶にない」というのは、究極の「否認」だと私は思うんですけど。

斎藤　否認ですよね。否認は、否定とは違うわけです。否定というと、やっぱり根拠が必要です。こうなるにはここがおかしいと根拠を持って示せたら、それは否定であって、否認とは呼ばない。否認というのは、依存症の病理なわけですよね。依存症は、自分が依存症だと認めない。そして、「いつでもやめられる」と言う。これも否認のひとつの形態です。現状を維持するために表面的にとりあえず交わすだけの言葉というか、否定とは全然別種のものですね。

安倍政権もそうで、何かに依存しているから否認をし続けている、と言わざるを得ないかもしれない。

福山　「文書があるじゃないか」と言われて、いや「その文書があるかどうか調べたけどわかりません」というのは完全に「否認」ですよね。

斎藤　否認だと思います。

福山　「怪文書だ」と言っちゃうのも否認ですよね。

斎藤　それはもう本質的な否定じゃないんですよ、全然ね（笑）。論駁《ろんばく》になっていませんよね。その場凌ぎのものとしか言いようがないですよね。

福山　それで「あなた、こう言ったじゃないか」と言われても、「いや、それは記憶にないんです」というのも否認ですよね、否定ではなくて。

斎藤　もう、本当にみっともないと思うんですけどね（笑）。否定じゃない、否認ですよね。

本当に否認しか使っていませんよね。詭弁すら使わない。しかも、この恐ろしい状況が許されてしまっている、という状況がまた、そら恐ろしいですね。集団的自衛権に関するアメリカの日本学者たちからの反対声明[※83]に対しても反応しなかったですよね。あれだけアカデミズムからの進言がなされているにもかかわらず、しかもアメリカからなされているにもかかわらず、スルーできるというのはすごい話ではありますね。これはけっこう大きな出来事だったと思うんですけどね。

福山　そういうみっともないことって、昔の自民党の政治家はしなかったんですね。なぜかと言うと、やっぱり自分らが国民に選ばれて国会議員をやっているからには、国会の審議、国権の最高機関の議会の議事というのは、それなりに重みのあるものだと認識していたからです。総理の発言がなぜ慎重になるかというと、下手なことを言えないからですよね。それは後々歴史に残るわけだし、そのことが国民生活に影響するわけじゃないですか。だから虚偽答弁もしにくい。痛いところを突かれたときにごまかしの答弁をするんだけど、それは国民から見ると「ああ、ごまかしているけど、なんとなくそれ言いにくいんだろうな」とわかる部分の、お互いの、良い悪いかは別にして暗黙の了解みたいなもののなかで、虚偽答弁はしないでギリギリで逃れるみたいな話が、自民党の歴代の閣僚、過去の先輩方にはあった。議会に対する敬意と、議会の権威をおとしめないという最低限のラインがあったんですよね。

だから大平正芳※84総理の答弁はわかりにくくて、「あ〜う〜」とか言っていましたけど、わかりにくいということは、それだけ難しいことを慎重に答えていたということです。嘘を言えないし。大平総理の答弁って有名ですけど、起承転結、主語述語が一番はっきりしていた。

斎藤　テープを起こしてみるとね、ちゃんと文章になってる（笑）。

福山　起こしてみると、一番はっきりしていたのは大平総理だったと言われるわけですよ。やっぱりそういうものだったわけじゃないですか。

虚偽答弁で最近辞めたのは、中川秀直※85元官房長官です。二〇〇〇年のことですが、知人女性に職務上知り得た秘密を漏らしたのではないかとの野党からの追及のなかで、右翼団体幹部との関係について国会で指摘され、最初は「直接的には存じません」と言っていたんです。しかし、次々に新たな証拠を示され、「記憶が十分ではない」となり、「たまたま同席したことがあるかもしれない」という答弁に変わり、週刊誌等に写真や発言が掲載されて、官房長官を辞任したんです。そのぐらい国会での答弁ってやっぱり重かったんです。その頃は、そのぐらい厳しかったんですよ、世の中は虚偽答弁に対して。

斎藤　虚偽答弁がまずいことは今も変わらないと思うんですけど、なんで軽くなっちゃったんですかね。

福山　数さえ多ければ、問責決議も出ないし、解任決議も通せない。だから官邸さえこの閣僚を守ると言えば、虚偽答弁しようが何をしようが、居続けられるという前例を、安倍政権がつくったわけですよね。

斎藤　本当に「皆でやれば」という感じになっちゃいましたもんね。虚偽が多すぎて収拾をつけようがないというかね。

福山　そうなんです。否定ができないから否認に逃げようとするわけですけど、いくら虚偽答弁に対する証拠を突きつけられても居直り続けるという状態のなかで、国会答弁の信頼性が本当になくなってきたわけですよ。大臣が何を言ったって、逆に「お前、嘘言っているんじゃないの？」と言われちゃうと終わりですから。

　この変化はすごくまずい。国会の権威というだけでなく、国民生活に関わるわけですから。大臣や総理が平気で嘘を言っているという前提で国会の審議が成り立つと、民主主義のベース、基盤がなくなってしまいます。ですから、この否認の横行とそれを許す社会風潮に対して、私はすごく抵抗があるんです。ちゃんと根拠を見せて、オレはそうじゃないと言えば、そこは議論が成り立つんですけど、否認だと議論が成り立たないんですよね。証拠を突きつけようが、「お前、こう言っていたじゃないか」と言おうが、ただ「いやいや記憶にありません」と言って逃げているわけですから。

そんな審議をやっていても、安保法制や共謀罪のときは、法律は数の力で強行採決をして区切ってしまいます。国民に不満は溜まるけど、一旦けじめがついてピリオドが打てたんですよね。しかし森友とか加計は、けじめがつけられなかった。時間で区切れなかったから。数で押し切れなかったんですよ。法律ではなかったから、森友、加計という安倍総理自身の関係者が関わったものだけは、途中でぶちっと打ち切る方法がなかったというのが、支持率凋落の本質じゃないかなと思うんです。

斎藤　なるほど。そうですね、強行採決すれば議論は終わりますもんね。

福山　そうです。だから加計や森友は、ずるずると引っ張られたんです。途中で切れなかった。でもその分、私らには「いつまで森友・加計ばかりをやっているんだ」という批判がつきまとったわけですけど。

今は、根拠のない否認が続いているんじゃないかと思うんです。今の国会審議においては否認という形で、「空気」でなんとなく押し切られるようになっている。原発の議論でも同様です。そういうことが日本のいろんなところに起こっているんじゃな

側近が
即金で買う
ケンカかな

いかという気がします。

嘘に麻痺している世界

斎藤　アメリカの状況と似ているところがあると思っています。トランプは出鱈目ばっかり言って、それが多すぎていちいち咎められないという状況になっていますよね。あれは「木を森に隠す」ようなもので。「嘘の林」ができてしまっているので（笑）。一個一個の嘘はもう区別がつかないし、目くじら立てられない。量で質を凌駕しちゃった感じがしますよね。まあそれが戦略だとは思いませんけど。

福山　だんだん麻痺してくるんですよね。国会議員のとんでもない発言だって、「ああ、またか」という感じになってしまって……。

斎藤　麻痺ですね。なんだか多すぎて（笑）。

福山　どんどんハードルが下がる。さすがに東北の地震を「首都圏じゃなくて良かった[※86]」と言った大臣は辞めさせられましたけどね。

斎藤　あれはそれこそ「情緒的な反発」が起こったと思うんですよ。「それはないだろう」と。大臣は人情に対する配慮ができなかった。

福山　そうですね。そう思うと、何が反発を受けて炎上するか、かなり事前に想定できるのかもしれませんね、斎藤さんから見ると。

斎藤　ええ。今でも「被災・原発ネタはけっこう炎上しやすい」と思います。同じ失言でも。リアルにまだ被災者が苦しんでいる状況下では、炎上案件になりやすいのは当然ですよね。被災地がまだ被災のトラウマから十分に回復していないのに、その痛みを否認するかのような政治家の発言は叩かれて当然です。片や「政治的な正しさ」一般の水準で見ると、ちょっと前なら大騒ぎになったような発言にしても、今は反応がずいぶん鈍っている印象があります。中曽根康弘さんが「不沈空母」[※87]って言ったときは、まだ戦争体験者がいっぱいいたわけじゃないですか。だから、彼らが反発の声を上げられた。今は戦争体験者の多くが亡くなられて、リアルな戦争体験の記憶が受け継がれにくくなっている。だから三原じゅん子議員が「八紘一宇《はっこういちう》」[※88]なんて言っても、さほど情緒的な反発が起こらなかった。そもそも言葉の意味がわからない。どのぐらいやばいかもわからない。「戦争証言者が減ると次の戦争の準備が始まる」とよく言われますけれども、ああこういうことか、と思いましたね。

福山　そういうサイクルってあるんでしょうね。憲法改正についても、現在のような薄っぺらい議論がなぜ横行するのか、にも通じることです。戦後世代の無責任な発言を、存在するだけで黙らせるような戦争体験者がいよいよ少なくなってきたことが大きな原因のひとつではないでしょうか。

斎藤　本当に、失言が許されてしまう時代はやばいですよね。最近はそこに意図的な「嘘」が入り込んできている。

福山　ですよね。フェイクが許される時代は、本当にまずいと思います。

斎藤　フェイクをネタとして笑ったり消費したりしていれば安全、という勘違いは、「オウム」のときで懲りているはずなんですが、あの記憶も風化しつつある。

福山　久しぶりにワイドショーを見たら、二時間の番組で一時間半ぐらい今井絵理子議員の不倫と松居一代さんの揉めごとと、豊田真由子議員の「ハゲ〜!」と、三本立てでずっと流れていて、びっくりしたことがありました。

今は国民全体で喜びも悲しみも共有できるものが少なくなってきているのではないでしょうか。一昔前は、ピンク・レディーの「サウスポー」、「およげ!たいやきくん」、巨人のO・N（私は阪神ファンですが）、とにかく誰もが知っていて、国民がみんなで共有するものがあった。今、オリンピックの羽生結弦さんやワールドカップサッカー、最近では大谷翔平さんなどが数少ない共有できるものになっています。そんななかで、政治は数少ない共有され得るものになっていますが、同時に残念ながら、ネット上でもメディアでも消費される対象にもなってしまっている。面白さや馬鹿らしさも含めて、すっかり政治は消費のネタになっています。

斎藤　そうですね。その部分でしか批評されないというか、ただの面白さとか発言のおかしさとか、そういう三面記事的な関心が中心になりがちですよね。それはまずいと思いつつも、関心をつなぎ止めるにはそういったネタが定期的に投入されないと維持できない。

福山　それはやっぱり、あまり健全なことではありません。なぜならそれだけ政治上の意思決定が国民からも軽く見られるし、政治の信頼性がなくなる。ましてや政治家自身の言葉の重みみたいなものがなくなっていきますから。

斎藤　アメリカで言えば、トランプが政治への大衆の関心を歪《いびつ》な形で喚起してしまった懸念もちょっとあります。やっぱり、彼がどうとんでもないのかということを、皆知りたがる。それを検証していくと、ＰＣ（ポリティカル・コレクトネス）がどうだとかヘイト・スピーチとか多様性がどうとかという話がだんだんわかりやすくなってくるという副作用があったと思う。面白いキャラの効果というのは、やっぱり政治の機能のひとつとして大事なんですね。しかし政治家までがキャラで選ばれるというのは日本独特の現象かと思っていたんですが、すっかりトランプにお株を持っていかれた感があります。

福山　アメリカって、そうは言ってもなかなか民主主義が分厚いなと思うのは、大統領令でテロ国家指定した国からの入国者を入れないなんて言うと、法廷で違憲だと言って、すぐに州政府の知事らが反論し、共和党の議員までが反対の声を上げ、そしてデモが起こる。

斎藤　そうなんです。そこは民主主義の伝統の厚みですよね。

福山　ですよね。徹底的にトランプに叩かれても、メディアは反トランプで戦うわけですよね。この民主主義の分厚さというのは。アメリカっていろいろ問題ある国だと思うけれども、しかし日本にはない民主主義の強さを持っていることは認めざるを得ません。

斎藤　トランプがとんでもないことを言うと、共和党の党員もけっこう離反するじゃないですか。あの辺はさすがだなと思います。

福山　抗議をしてすぐに役職を自分から辞める人がいますよね。経済界でもすぐに辞めるし。

斎藤　自民党でそれをやれる人がいればすごいなと、ちょっとは見直すんですが。

福山　自民党はこの六年間、ほとんど誰も声を上げなかったわけじゃないですか。私

右派じゃねーよ
ウハウハだよ!!

はあちこちで申し上げているんですけど、自民党の議員が三百人いようが四百人いようが、誰も、何も声を上げないなら、安倍総理の官邸の言いなりなら、民主主義が機能していることにはならない。

斎藤　ただ野党もね、今の政権には突っ込みどころが山ほどあるというのに、いまひとつ突っ込みが弱いと思うんです。敵失に乗ずるチャンスがこんなにあるのに、内紛ばかりしている印象が。

福山　突っ込んでも、二の矢を継ぐためにはやっぱりメディアを含めての反響装置が要るんですね。反響装置がない状況だと、バーンとやっても一過性で消えてしまうんです。私は「民主主義は時間と納得の関数」だと思っていて、お互いの納得性を高めるには、どうしても時間が必要だと考えています。実は国会の審議って、あんまり国民に関心を持っていただけないんですけれど、相当いろいろな課題について濃密な議論をしているんです。何十時間も議論することによって、反対する側も「ここで担保がとれた」とか「ここで一定の歯止めがかかった」みたいになって、徐々に納得性が積み上がってきて、この辺でもうしようがないなというふうになるんですね。ところが今は、「早く決めなきゃいけない」とか「効率性だ」とか「時間がかかることは悪だ」みたいな議論が横行しています。テレビ番組のなかでも「難しいことを言っちゃダメだ」とか「短くまとめなければいけない」とか言って、あらゆる問題提起に対する反響装置がなくなっているんですね。それで、どんな問題も一瞬だけで消えて、次の話題に持っていかれちゃう。だから国民に浸透して理解が深まる前に、全部が途中で消えちゃっている感じがします。

最近、テレビに出ると、テレビ局のディレクターが本当に気を遣っているんですよ。「発言はなるべく短くしてくれ」とか「安倍政治の露骨な批判はしないで」とか遠回しに言ってきたり。政治以外の他のテーマの話題に対してコメントしてくれと。政治家にそんな要請が来ます（笑）。テレビ局側がすごく気を遣っているのがわかります。

昔の自民党はバラエティ豊かだった

斎藤　政治家が、関心のないこと、都合の悪いことは全部切り捨てて、それで許されているという現状は本当に不思議ですよね。

福山　都合の悪いことは「否認」ですよね。安保法制のときの閣議決定にしても、その地ならしのために設けられた安保法制懇談会[※89]は、集団的自衛権行使容認派の人たちを中心に構成されて、議論の様子は公開されませんでした。キーマンになる内閣法制局長官は官邸主導のきわめて異例な人事で決められましたしね。それで閣議決定は国会閉会の直後に行われて、内閣法制局がまともな審査をしていないことも明らかになりました。およそ透明性のない強引な決定プロセスで、世論調査では反対する声が多かったにもかかわらず、それは無視されました。

斎藤 露骨に「否認」で通してしまっていますよね。議論に応じていない。

福山 それでも平気で「丁寧に議論します」「説明しています」と、メディアの前では言うわけです。

斎藤 私自身の政治家に対するいやな印象というのは、まさにその辺からきているものなんですよね。常に論理よりも「否認」で通されてしまい、言いたいことしか言わない。私は今まで何人かの政治家とお会いしてきましたが、わずかな例外を除いて、必ずいやな後味が残るんですよ（笑）。自己啓発セミナーを受けて洗脳されちゃったあとの人と話してるみたいな。これが「面《つら》の皮」ってやつなのかもしれませんが、まさに幕一枚、隔てて喋っている印象で、決して懐に入り込めないバリアーがある。福山さんのように「キャッチボール」が成立したためしがないです。そういう人になんか喋ってもらっても、街頭演説なみに自分の話ばかりするか、党の公式見解に終始してしまう印象があって、これは一体なんなんだろうと。まるで対話にならない。「人間」

と話している気がしない。

私は民主主義のベースは、対話と個人主義だと思っています。個人やマイノリティへの尊重がないと、ただの多数決主義になっちゃいますよね。そこに誤解が一番多くて、結局「数を仕切った者が勝ち」みたいな印象に直結していますよね。もっと個人やマイノリティに対する視線をどう確保しながらそういう話を進めていくかという課題になると思うんです。多数決自体は単純に否定できませんけれども、単にそれだけが大事だと言われてしまうとちょっと違うと。

福山　そうですね。多数決が正しい答えを導き出すとは限らない。多数決は正義だという誤解が、この五年、十年あったんじゃないかなと思うんですよね。

斎藤　せめて決をとる前に、対話によってお互いの主観を、十分な時間をかけて冷静に交換し合ってからやるということは間違いではないと思うんですけども、いきなりやっちゃいますからね。

福山　さっきも申し上げましたが、以前は法律に不満や不明なところがあると、もちろん野党から批判するんですけど、それを与党が聞き入れて、答弁や法文上で修正をしたりして、国会審議のなかで納得性を上げていき、官僚がそれに対して「そこは法律の運用上注意します」と答えるというようなことで、法律の運用上のリスクを避け、多様な意見を担保していました。いろんな考え方を入れ込む議論をしていたんです。それは国会には絶対に必要なことです。だから野党が必要なんです。そこに野党の機能があったわけですけれども、今は全然機能していない。立法事実が曖昧なまま、なんの収斂《しゅうれん》もしないまま、数の力でバシャンとシャットアウトしちゃう。そうすると議会の機能が全然果たせません。

斎藤　意味がないですよね。議会制民主主義の体をなさなくなってしまう。

福山　国会の審議の意味がなくなります。つまり、自民党の多数と官邸の意向があれば「議会は要らない」と言われているのと同じなので。それはもはや三権分立ではなくなってしまうわけですよ。

斎藤　小泉政権のときに、事前審査[※90]って、一旦なくなったと思うんですけど、今また完全に復活しちゃっている感じですね。

福山　だけど事前審査も、もう自民党のなかでは、そんなに活発にはやられなくなったんですよ。いちおう部会ではやるんですけど、昔のように「こんな法律はダメだ！修正しろ」みたいなことを言うと、官邸に睨まれるので、皆静かですよね。

斎藤　党内も恐怖政治ですね、それじゃあ。

福山　参議院でカジノ法案[※91]のことでワァ〜ってなっている最中に、参議院の自民党の会派が参議院に来る直前になって「じゃあ、改めてカジノ法案の勉強会をしましょう」って。与党なのにですよ。

斎藤 ひどいもんだ（笑）。もう結論ありきだから、そうなっちゃうんですね。

福山 そうなんですよ。共謀罪にしてもそうだし、安保法制のときもそうでした。本当に与党の議員がどれぐらい中身を理解して通そうとしていたのか、はなはだ疑問です。

斎藤 いやぁ、恰好のサボる口実じゃないですか。知らなくたって採決すればいいんですから。賛成だと言っておけば仕事したことになるわけですよね。

福山 さっきの精神障害福祉法の問題も、党内で十分な議論が事前にあれば、あんな法律は出てこないと思うんですよ。あと農業関係でも、種子法※92の廃止というのがこの間ありました。この法律は主要作物の種子の開発、生産、普及を都道府県に義務づけてきたもので、今までずーっと農家とか農協とかいろいろ地域のなかで、いわば公共物として大切にしていたのを、マーケットの論理でいきなり廃止という話になりました。でもこれは農業とか食料安全保障とか生物の多様性でいうと、もう死活問題なんです。それを規制改革推進会議の言いなりみたいな法律が出てきて、日本の農業と国土を壊すのかという議論がウワァ〜っとなりましたが、非常に短い審議時間で決めてしまう。一体どっちが保守なんだという話です。

斎藤　自民党には、農協が元々強力な支持基盤にいるんじゃないんですか。

福山　今はもう、かなりくずれています。

斎藤　そうなんですか。農協は困るじゃないですか、だってそれ（笑）。

福山　農協の不満はすごく高まっています。精神障害の話もそうですけど、与党で多面的に議論されればあんな法律にならないはずなんですけど、一方通行の議論なんです。多様なマイノリティの、いろんな人の意見をそれこそ芸術のように紡いでいくような民主主義の技術が、劣化していると思いますね。

斎藤　自民党に評価すべき点があったとすれば、かつては極右からリベラルまでの多様な主張を持つ政治家をヌエ的にまとめていた強さだと思ってたんですがね。そうした多様性すら劣化しつつあると。精神障害に関して言えば、日本精神科病院協会[※93]の山崎學[※94]という会長がいるんですけれども、彼は自民党シンパなんです。彼は最近自費出版本を出したんですけどね（『誰も教えてくれなかった』文藝春秋企画出版部、二〇一七年）、その帯の推薦文を小泉元総理の参謀だった飯島勲さんが書いているんですよね。主に精神医療の内情についてのエッセイ集なんですけどね。

福山　へぇ～。逆効果ですよ。

斎藤　逆効果です。その本の帯には「これ、精神科医療のホンネだぜ」などと例の口調で書いてある（笑）。いやいや本音じゃないから。というかこれが本音なら、ますます日本の精神科医療のガラパゴスぶりが際立ってしまいます（笑）。ただ、こういう政治的なつながりが背景にあると、結局最終的には病床数の維持に役立ってしまうということがあるんですよ。

福山　ああ、そうでしょうね。それこそ、忖度をはたらかせるには効果があるのではないでしょうか。

斎藤　あまり陰謀説とか言いたくないですけども、そういうのを見ると、けっこう露骨な利権につながっているなという感じは否めないですよね。日精協からの自民党議員への政治献金額もかなりのものです。

福山　そうですね。

第四章

なぜ貧困と差別が固定化してしまうのか

スクールカーストの一般化

斎藤　私の個人的印象ですが、日本のシステム自体が六、七割の人々にとっての利益や幸福度を最大化する仕組みになっていて。残り三割が非常に苦しい思いをするような構造に、ずっとなっていると思うんですよね。

そう考えた根拠のひとつは、スクールカーストの存在です。中学や高校の教室のなかに身分制があるんです。生徒の上位一割がカーストの頂点で、彼らがクラスを牛耳っている。実はこれが成績上位者とかじゃなくて、いわゆるヤンキー層なんです、今はね。そして六割がその取り巻きなど、あまり睨まれないで平和に暮らしている層です。残り三割がカースト下位者で、被差別階級なんですよ。オタクとかひきこもりはそこにいるわけです。クラスのいやなこと、掃除当番とか教材の準備とかは全部、この層に押しつけられる。というよりも、恐ろしいのは、彼らが自発的にやるんです、それを。自発的にやらないと睨まれるからという理屈で。

福山　変な意味の忖度をするわけですね。

斎藤　まさに忖度なんですよ。上位層の意向を忖度して、自分たちがいやなことを全部進んで引き受ける。やらないといじめられるという恐怖もありますが、そういうク

［表5］スクールカースト

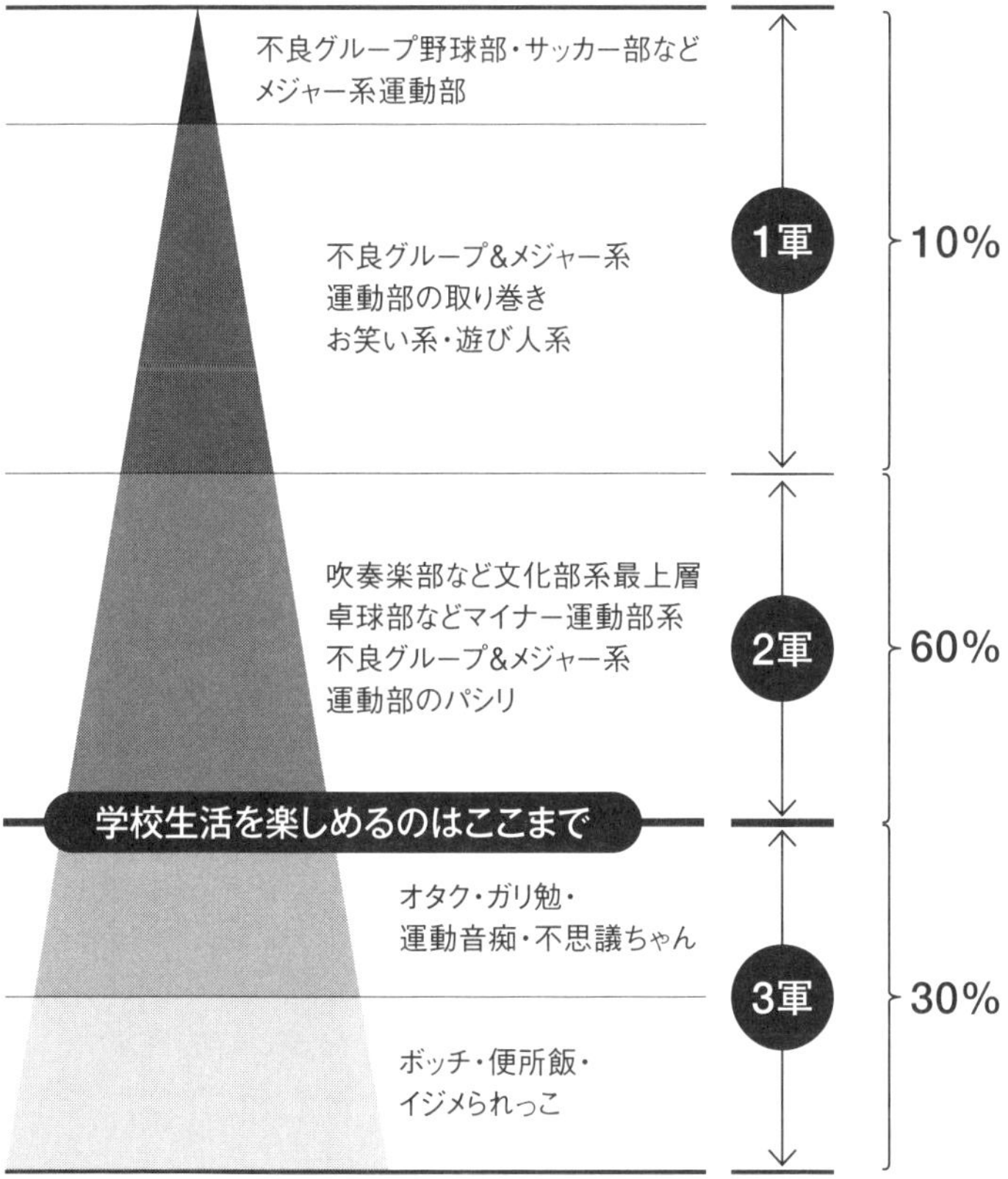

「GuestPlace総合研究所HP『スクールカーストとは、学級階層の概要』」をもとに編集部が作成

ラス内の「空気」があるんです。思春期以降、ずーっとこういう抑圧が続いていると、社会に出てからもけっこう深刻な影響が残ります。

福山 生活保護の家庭に生まれた子が生活保護になるのと同じような構造ですね。

斎藤 確かに同じようなところがあると思います。七割の利益最大化社会は、社会の平均的な幸福度は上げるかもしれないんですけど、三割の非常に大きな不幸をつくり出してしまうということです。事実、内閣府の調査でも、二十代の若者の生活満足度※95は七四%と非常に高い。でも私は、政治家の仕事は、排除された三割の不幸をどうするかということがテーマなんじゃないかと思うんです。

福山 その不幸を幸せに転換するためのサポートが政治の役割です。

斎藤 単純に再分配と言ってしまうのもあれなんですけど、どう三割の不利益を緩和できるかということですね。その三割のなかに、貧困層の他にも精神障害者とかひきこもりとか、そういった人たちの問題が含まれてくる。

福山 そのなかに、これから増えてくる低所得の高齢者とかも入ってきます。

斎藤 入ってくると思います。その層は本当に報われない状態で、放置すればその状態がますます固定化されていく。

福山 ますます社会の分断が激しくなるということですか。

斎藤　実質的には分断統治みたいなものなので、諍《いさか》いはそのなかで起こるんですよ。
福山　わかります。要は三割のなかで諍いが起こるんですよね。
斎藤　階級闘争が起こらないんですよ。すごく巧妙な、それこそ江戸時代の士農工商みたいなシステムになっている。下の階層を見下し、排除することで成り立っている。「日本人って放っておいてもこういうのをつくっちゃうんだな」と、ついつい感心してしまいますけれどもね。で、悪いことに、この構造で社会はかなり安定するんですよ。安定性というか、恒常性が高い。とんでもないことはなかなか起こらない。個人の自由や権利よりも、社会の治安や維持可能性を優先するということなら、かなりよくできたシステムでもあるんです。
福山　ですね。
斎藤　六割が支持していますから。その分厚い層を論駁するのはなかなか難しい。これにどう楔《くさび》を打つか。この空気をどう変えていくかということだと思うんですよね。
福山　今、そこが構造的に崩れ出しているんじゃないかなと思うんです。
　今、世帯収入が三百万以下の人が三四％です。斎藤さんの言われた数とちょうど一緒ですね。これ、一九九七年からずっと増えてきたんです。つまり中間にあった層かちこちらへずぅ〜っと落ちてきているわけですね。それでどんどん貯蓄もなくなっているんですよ。この層が増えてきている。斎藤さんが三割と言われた層が、実はもう四割近くにまで増えてきているんです。

斎藤　そうなっていますね、確かに。中間層が剝落しているんですね。

福山　そのなかで、「あいつは自分よりも貧しいんだからオレはこれでいいんだ」と思っている。斎藤さんのさっきの「一割・六割・三割」の話はすごくわかりやすかったんですが、私らが高校無償化[※96]をやるときに所得制限を入れなかったのは、その分断を避けたかったからなんです。

たとえば高校無償化をやって、所得制限を入れると、三割の子が無償化対象で、七割の子が無償化対象じゃないとすると、クラスのなかに親の年収とか地位とか、親の状況によって分断の亀裂を入れることになるわけです。なぜならクラスのなかで、「あの子は無償化対象だ」「あの子は授業料払っている子だ」というのが明確に色分けされるわけじゃないですか。そのことを私らは避けたかったんですね。

つまり子どもの可能性は、どんな親に生まれようが変わらないんだと示したかった。また、お金持ちで今は授業料を払っている子どもたちでも、親が突然亡くなったり、失業したり、離婚して片親になったりして、無償の三割の方に移動するようなことは、高校時代にいくらでもあり得るわけじゃないですか。人生ってそういうものじゃない

［表6］会社員の平均年収の推移

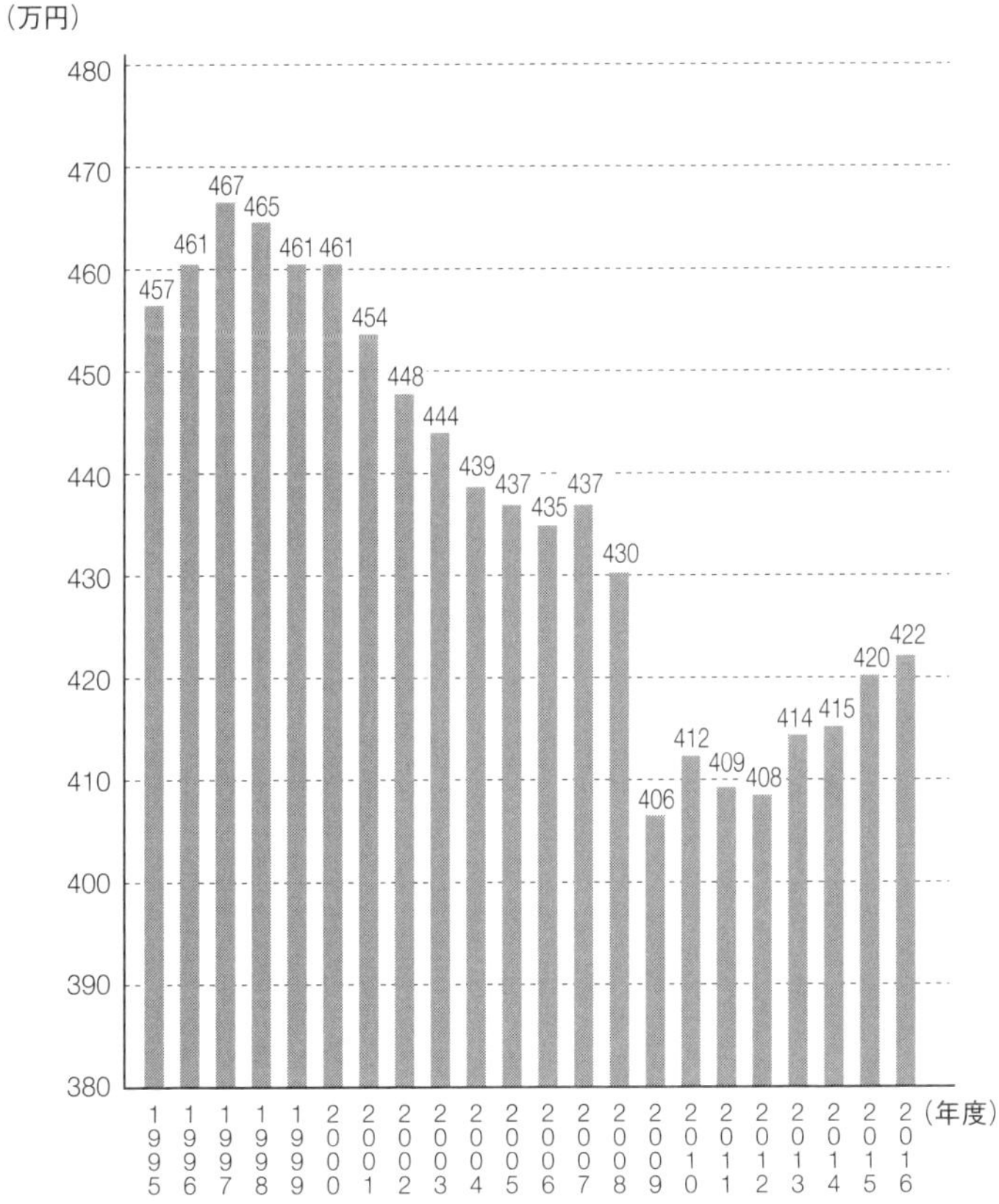

（国税庁『平成28年分　民間給与実態調査』）をもとに編集部が作成

ですか。でも、そのとき、無償の方に移ってきた子は、さっきの「やまゆり園事件」の犯人が「措置入院させられた」と感じたのと同じように、傷つくことも含めていろんな葛藤が生じると思うんですよ。そういう状態を回避するためには、所得制限なしに全員を無償化の対象にして、それぞれに自分の可能性を求められるようにしたいと思っていました。子どもはどんな家庭に生まれようが、チャンスが広がっている。それが当たり前の社会にしたかった。社会として子どもの可能性を等しく応援したいという考え方で、私らは所得制限を入れなかったんです。

だから六対三の分断線を薄く弱くして、社会の皆が普遍的なサービスの供給を受けられたり、教育の機会を提供するというのが、次の時代の社会のあり方じゃないかなと私は思っているんです。日本語では「ユニバーサリズム」のことを「普遍主義」と訳しますが、これがなかなかイメージしにくいんです。

斎藤　まったく同感です。オープン・ダイアローグ[※97]はフィンランドで発祥したんですけど、フィンランドでは現在、ベーシック・インカムの実験がなされています。ベーシック・インカムの目的は、就労意欲の亢進《こうしん》なんですよね。普通は逆に考えるじゃないですか。定期的に一定額のお金を支給したら、皆働かなくなっちゃうだろうと。でも、そうじゃなくて、貧困という不安に曝されずに就労モチベーションを高める方が有効であるという考え方なんですね。いつ貧困になっちゃうかわからないと余裕がなくて、非常にストレスフルな仕事を選んでしまってバーン・アウトしたりしやすい。とりあえずすぐには食うに困らないという状況の方が、ゆとりを持って自分にとってベストな選択ができるだろうということでやっているらしいです。まだ結論は出ていませんけど、今のところいい結果になっていると聞きます。残念ながら日本ではベーシック・インカムは難しいとは思いますが、この社会実験が成功すれば、自助努力ばかりが強調されがちな福祉への見方も多少は変わるかもしれません。

ただ、今おっしゃったようにせめて教育の機会を均等にするとか、生活の最低条件を政府の力で揃えていくということが、非常に重要です。人間にとって一番ベーシックな安心感とか自尊感情とか、安全保障を政府が担保してくれることが重要だと思うんですよ。苅谷剛彦[※98]さんが早くから指摘しているように、教育機会がバラバラだと、そうした格差がたまたま下層にいる子どもたちから自尊心や自発性を奪ってしまって、向上心が持ちにくくなってしまう。進学しようとか就労しようとかね。それで自暴自棄になって非常にキツい仕事についちゃったり、ニートになっちゃったりする。いかに若い世代の自己肯定感にダメージを与えずに社会参加に導くかということを考えると、教育の問題は本当に重要です。経済的には無償化が究極の答えですよね。

福山　そう思うんですよね。親にしても、子どもの教育費を稼がなければいけないという強迫感があります。でも貧しいと、子どもにまともな教育を受けさせられないという、親としてはなんとも言えない自責感もあって、それが自分に対する否認につながる。子どもは子どもで、親に面倒をかけているとか、親がそのことを放棄していると自分は親から否認されていると感じてしまう。

斎藤　親御さんの学歴が低かったりするだけで、「どうせこんな家に生まれたから、オレもこうなるんだ」と宿命感みたいになっちゃうんですよね。

福山　そうなんです。ところが高等教育にはお金は要らないよといった瞬間に、その葛藤がまずなくなるわけじゃないですか。自分が教育を受けることは、普通のことなんだ、チャンスを摑んでもいいんだと思える。夢とかチャレンジをしていいんだと思ってもらうことによって、次のステップがあると思うんです。その環境が日本は整っていないんですよね。

斎藤　そうなんですよ。だから教育現場が格差の再生産の場になってしまっている。でも、そこを止める力も教育が持っていると思いますから。

福山　そうなんですよね。私は、自民党と立憲民主党との最大の違いはここだと思っているんです。

斎藤　そうなんですか。最大の違い？

福山　民主党政権時代、初めて導入した高校の無償化では所得制限を入れませんでした。そのときバラマキだと徹底的に批判した自民党は、我々が政権を手放した途端、所得制限を入れたわけですよ。

　日本の会社員の平均年収は、一九九七年が一番高くて、あとは右肩下がりで落ちてきています。安倍総理はドヤ顔で賃金上昇させたと言っていますが、過去の歴代自民党政権がこれだけ落としてきているので、何を言っているんだという感じなんですよね。四百六十万円台から四百飛び台まで落ちるということは、一三％近くも会社員の平均年収が落ちているということです。この一三％も落ちた平均年収の世代って、子どもが高校から大学に行く世代ですよ。五十歳前後の親世代。その世代って、実は自分の親が、そろそろ介護に入っていく世代でもあるんです。そうすると、親の介護と子どもの教育費がかさむときに、これだけ給料が下がっていたら、そりゃあ物を買わないですよね。

斎藤　買わないですね。買えませんよ、そりゃ。

福山　私はデフレの根本的な原因はここだと思っているんです。

斎藤　なるほど。

福山　我々はこのような状況だからこそ、将来的に賃金が上がりにくい時代になればなるほど、この世代に高校無償化や子ども手当を出すことによって、可処分所得と安心感と子どもが勉強できる環境をつくりたいと考えたわけです。

ところが当時、その理念を全員で共有するほど成熟した政党ではなかったので、なかなか意図が伝わらず、「お金を渡しますから投票をしてください」みたいなメッセージになりすぎて、「バラマキ、バラマキ」と批判されても、それに対するしっかりとした反論ができないまま、ずるずると政権を明け渡すことになったわけです。

斎藤　今の説明はすごくわかりやすかったです。それを主張されなかったんですか？

福山　私はしました。

斎藤　なるほど（笑）。

福山　私は当時、政調会長代理でマニフェストをつくっていたので……。

斎藤　皆で共有しましょうよ、そういうの（笑）。

福山　そこが党としてまだ未成熟だったんです。残念だし、責任を感じます。

百合の花
いつも有利な
側で咲き

中間層への給付はバラマキなのか

斎藤　再分配政策って人気ないじゃないですか、すごくね。でも再分配を受けて生活が良くなったという実感がちょっとでもあると違うと思うんだけど。

福山　格差を是正するっていうのは、頑張って働いて儲けている人たちにとってはネガですし、中間層からみても格差是正は「オレらだって賃金が上がっていない状況なのになんで？」ってなる。生活保護に対するバッシングなんていうのは、まさにそういうメンタリティですよね。格差是正にネガティブというのは、寛容性がどんどん失われている社会だと思うんですよ。

斎藤　そうですね。政治家が率先して生活保護バッシングをする状況ですからね。

福山　ヨーロッパ型の普遍主義的なサービスで、大部分の方が、現物でも現金でもいいんですけど、給付を受けるというサービスをしないと、分断されている者同士がいがみ合っているような状況のなかでは、「弱者救済」とかいっても、本当にその余裕が中間層にもないんです。

斎藤　ないです、まったくないです。

福山　「弱者救済」って、本当に国民の耳に届かないです。「オレがこんなに働いているのに、働いていないやつの救済なんかするのか。それでまたオレの税金を、これまで以上に持っていくのか」という発想が、すごく強い。

斎藤　自己責任論はすごく強力です。「負けたやつが報われないのは当然だろう」みたいな感じですよ。「貧乏なやつは働かないのが悪い」とかそんな感じになっちゃうので。そこはもう体感的なものなので論駁はできないですよね。だから本当に実感に基づいてやっていくしかないし、いくら惻隠《そくいん》の情とかマイノリティのために考えましょうとか言っても全然ダメなんですよね。「まずオレたちの生活をなんとかしてくれ」となって、余裕がない。

福山　ダメです。それはもう全然届かないです。逆に離れますね。どんどん中間層が剝落している状況なので、そのメンタリティはわからなくはない。だから租税負担をすることによって中間層にも恩恵があるような状況をつくればいいんです。中間層からは取るばっかりで、全部それが格差是正に使われるとなれば、中間層の理解は得られない。

子ども手当と高校無償化に所得制限を入れなかったのが自民党からはバラマキだと批判されましたが、当然ながらそのとき中間層の人たちからはほとんど批判は出てきませんでした。中間層にも恩恵が行くからです。ユニバーサルなサービスを提供しようとしたからですね。これはバラマキじゃない。私から言わせれば、一部の業界団体に補助金を恣意的にばらまいている方がよっぽどバラマキだと思うんですけど。

バラマキや再分配などに対して、相当凝り固まった観念があると思います。社会構造とか世代間の人口形態とか、社会は変わっているわけですから、それに合わせた税制や分配のルールを作らなければいけないんですけど。政策の硬直性を感じますね。

斎藤 そこが変わらないとますます劣化しそうな気配もあるわけですが。

福山 なんでそこに抵抗があるかというと簡単で、自民党がやってきた財政政策は、自分らを応援してくれた人にはバラマキますよという、既得権益をつくる構造だったからです。だから租税構造や財政構造を変えると言うと、既得権益者は反発するわけです。そこに硬直性が生じるという構造ができてしまいます。

斎藤 国民よりも地元や後援会の顔色をうかがってしまうということですかね。国全体を考えるという発想にはなかなか行きづらい仕組みなんですね。

福山 財政は膨らむ一方なんですけれど、成長すればなんとかなるみたいな話になっちゃう。ならないんですけど。

斎藤 そうですね、ことに弱者保護に関しては、家族頼みで回ってきた部分がずいぶんあるので。

福山　私は、「弱者救済」とか「格差是正」という言葉はもう、時代として理解を得られにくいと考えています。私は「みんなで負担して、みんなで幸せになろう」なんですよ。皆にちゃんとサービスと給付を渡すような状況をつくる。負担は大きくなるけど、必ずそれが返ってくるからと。いわゆる今までの中流である所得層にも返ってくるからと。あなたたちから税金を受け取って、低所得者や弱者にだけ渡して、あなたたちには入ってこない仕組みではなくて、あなたたちにも負担してもらうけど、その分、あなたたちにも返しますよというメッセージじゃなきゃ、なかなか国民に届かないんじゃないかと思っているんです。

斎藤　そのひとつが、さっきの高校無償化ですね。

福山　はい。あと、大学で言うと給付型の奨学金をもらう学生の比率を高くするとか、就学前の幼児教育を無償化して、首都圏で働いているような子育て中の女性や夫婦を応援するとか、ひとり親の女性の応援をするとか。それも年収とかで制限せずに、やる。もちろん、その前に首都圏では保育園の数は足りないし、保育士さんも不足している。まずはそこからです。保育園を造ることと保育士の待遇改善です。最近は「幼児教育は無償化よりも全入を優先させるべき」と訴えています。

斎藤　それは全体としてすごくアピールすると思うんですけど、ちょっと引っかかるのは、これからどんどん増えていくであろう中高年の独身男性の層にはアピールできないですよ。「子どものいないオレには関係ないじゃん。なんの得もないじゃん」みたいにやっぱりなっちゃうので。

福山 そうですね。

斎藤 何がその層にアピールするか考えたんですけど、やっぱり就労支援的なものを手厚くするしかないんだと思います。今で言えば生活困窮者の支援がありますけど、私が体感的にありがたく思っているのは、就労継続支援[※99]や就労移行支援[※100]という制度ができて、障害者の就労がかつてないほどスムーズになっています。むしろ障害を持っている方が正規の仕事をしやすいみたいな逆転現象が起こっていて、私は臨床家として、すごくありがたく思っているんです。これをもっと一般に広げられないかと思うんです。つまり障害がなくても、いろんなハンデがあって働けない人はいっぱいいるわけですよ。ブランクが長かったりとか。

福山 先ほどのひきこもりとかもそうですよね。

斎藤 そう。その層に何か利益を感じてもらえる政策があると、いわゆる無党派層の大半はそれで動いてくると思います。すごくアピールが高まると思うんですよね。

福山 障害者は障害者雇用促進法ができて、障害者の就業における差別をなるべくなくそうという傾向は企業のなかにも出てきています。それに対する法的な補助の制度もかなりできているので、そこは多少は改善されていると思います。でもやっぱり今、斎藤さんがおっしゃったように、ひきこもりの方々にどういうふうにもう一回社会に復帰していただくか、それも先ほど言われたように強制的ではない状況をどうつくるかを考えないといけないですね。難しいのは、それを国の行政でできるかという話です。やっぱりそれぞれの地方自治体の能力と人材が要るわけですよね。

前述しましたが、その意味では、京都のジョブパークが参考になると思います（一六五頁）。ジョブパークは、京都府と経済界と労働界と経営者団体が、リーマン・ショック後の失業者がわ〜っと増えてきたときに、これでは社会的に危ないということで、なんとかしようと動いて、できたんです。ここでは、障害者の方も、内定を二十も三十も落ちているような学生も、ひとり親のお母さんも、ちゃんと保育所、託児所も備えてあって、誰でもワン・ストップでそこで相談ができるような空間になっています。そうすると誰が行っても、「ああ、こんな人もいるんだ。あんな人もいるんだ」って、そこへ行くハードルが下がるじゃないですか。そういう仕組みをあちこちにシステムとしてつくりたいと思っているんです。

ここが面白いのは、いろんな補助金を組み合わせて利用しているんですよね。補助金って縦に下りてくるからやりにくいんですけど。

斎藤　社会的排除支援って、福祉と労働とか保険、もっと言えば心理・精神的なメンタル・ヘルスも含めて、一体化してやらないといけない。多領域にまたがるので縦割りじゃ全然ダメなんですよね。よく実現しましたね。

たとえば昔は、そういうところにはキャリア・カウンセラーしかいませんでした。最近では心理カウンセラーが常駐するところも増えたのでそれはそれで進歩なんですけど。複数の専門家がいて相談者の多様なニーズに対応できるワン・ストップ・サービスじゃないと、うまくいかない。一回たらい回しにあっただけでくじけちゃいますからね、彼らは。「そこで全部やってくれます」と言ってあげないと無理なんです。

そういう施設が本当にあってほしいと思います。またフィンランドの話になっちゃいますけど、フィンランドの精神科医療では「ニーズ適合型治療」というのがあって、要するに「その人が持っているニーズに専門家が合わせる」というシステムなんです。つまり、精神科に来た患者さんが、「実は福祉のことでこんなことに困っている」と言うと、日本の精神科医は私も含めて、「それはうちじゃなくて、福祉の窓口に行ってくれ」と言うでしょう。しかしフィンランドの医者はたらい回しには絶対しない。福祉の相談をされたら、「うちとは関係ない」とは言わずに、医者が福祉総務に電話をかけて「こういう人が来ていますが、どうしたらいいでしょう」みたいな相談をして、そこで得た答えを目の前の患者さんに返すんです。

福山　同行支援してくれるということですね。

斎藤　そういう場合もあります。ニーズに専門家が寄り添うので、あちこちたらい回しにされたりしない。だから、紹介やたらい回しの谷間で脱落することが起こりにくいわけです。

福山　ワン・ストップでそこでやってくれるというのは重要ですよね。

斎藤　本当、そう思います。なおかつ望ましいのは、担当者が変わらないことです。ここは日本のシステムはどうしても限界があって、逆のことを考えている。人が入れ替わっても同じサービスを提供できる方がいいと思われがちですけど、実はそうじゃない。人が入れ替わらない方が質の高いサービスになるんですよね。

福山　京都のジョブパークには最初、ハローワークのスタッフは来なかったんです。求人の紙だけアウトプットして届けてた。今はハローワークのスタッフも常駐しているんですよ。二十社以上で採用されなかった学生が、卒業後ここへ来て、つまり新卒から中途採用の世界に入ってきた。そこで就労支援の前に、社会人としての挨拶、やる気、動機、いろいろなことの訓練を四カ月ぐらいガーッと受けた。その結果、そこに集まってきている企業とマッチングして、就職が決まった学生がけっこういます。

斎藤　それは本当に大事なところで、短期間トレーニングさえすれば一般就労できる人がけっこういるんですよ。それがないために、障害者枠みたいなポジションに留まり続ける人が多いんです。もったいないと思います。

福山　だから私は、ジョブパークのような成功モデルを、国全体のモデルとして、いろいろな地域に広げていくことが重要だと思うんです。システムとしてのせていくということです。そうすると予算の無駄遣いもなくなるじゃないですか。

斎藤　そこで一点考えていただきたいのは、条件を最小限にして、あとの部分はその自治体の裁量に任せるような余裕が欲しいんです。地域の文化があるんですよね。その地域の支援文化みたいなものをうまく反映できるような骨格をつくって導入できればすごくいいものができると思うんです。そうでないと温度差がありすぎて、なかなか全国的には普及しない。

福山　こんなことを言うとちょっと傲慢に聞こえるんですけど、やっぱり京都はいろんな元気な中堅企業が多いからそれができるんです。人手不足がかなり顕在化しています。他の地方へ行くと、そういう仕組みをつくっても、求人そのものがない。

斎藤　起業すればいいいんですよ。秋田県の藤里町は、それでひきこもりの就労支援を成功させています。そこは舞茸が特産なんですけど、「舞茸キッシュ」という特産品を作り出して、その工場でひきこもり青年を雇用するという事業を起こした。それでけっこう回っているんですよね。地域によっては自治体が起業してやっていくというモデルも十分ありなんですよね。

自殺者数を減らした対策

福山　私が政権にいたとき、自殺対策をやりました。一九九八年から一四年間も連続して自殺者が三万人を超えていて、なんとかしなければと、自殺対策の責任者として省庁を横断する自殺対策のチームをつくったんです。

斎藤　それが実って、二〇一二年から三万人を切ったじゃないですか。そういう功績はあまり言われてない。

福山　全然言われないです。

斎藤　もっと自慢してもいいんじゃないですか。オレたちがやったんだって。どうして言わないんですか（笑）。

福山　誰も言ってくれないので。報道してくれないので（笑）。

斎藤　自民党だったら言うと思うんですけどね。

福山　成果が確実に上がったんです（笑）。

斎藤　上がりましたよ。十年間変わらなかったものが動いたんですから。

福山　それも二割レベルで落ちたんです。

斎藤　そうなんです、もとのレベルに戻ったんですよ。

福山　何が重要かというと、省庁横断的に具体的にやったことなんです。改善した理由はいくつかあって、ひとつは単純なんですが、警察が市町村別の自殺者数と原因を調査し、都道府県別の統計を早期に公表するようにしたんです。公表させたんです。これ、最初はすごくいやがられたんです。なぜいやかと言うと、それぞれの都道府県の警察、それから市町村の首長が、自分の地域の自殺者の数が多いことが明らかになるのをいやがったんですね。秋田県が多いというだけじゃなくて、秋田のどの市町村が多いと言われたら、あそこが原因だとなる。なんであそこなのか、自殺の名所だとか言われ、理由を探られるから、みんなそれを出すのをいやがったんですね。それを無理やり出させたんですよ。無理やり出させたら、各市町村の特徴がやはり出てきました。

たとえば、宮台真司[※101]さん流に言えば、かつて援交やテレクラが流行ったような、地

［表7］自殺者数の推移
（自殺統計）

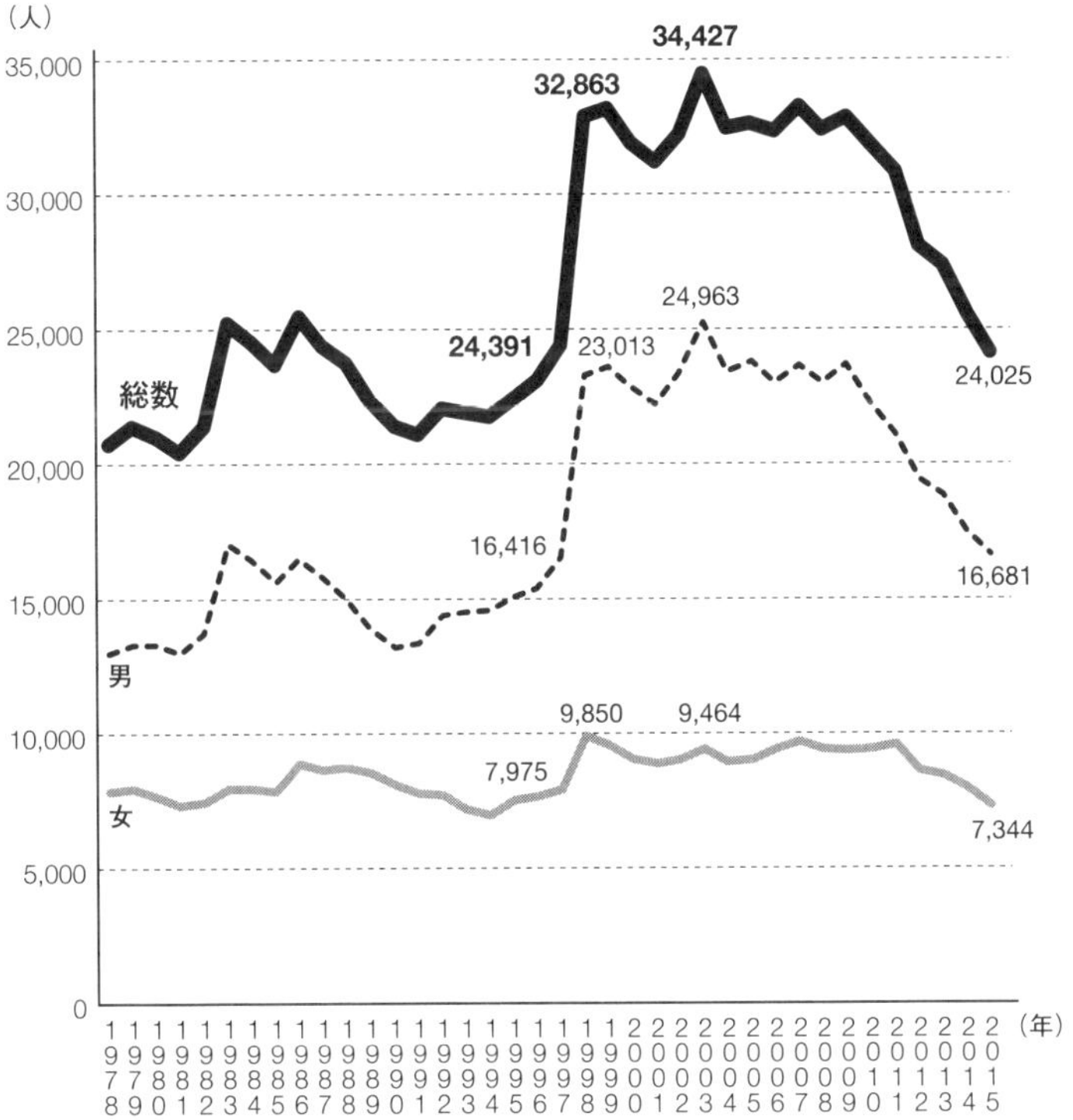

「警察庁『平成27年度　自殺統計』」をもとに編集部が作成

方のショッピング・モールがあって周囲のコミュニティから自分が離れたいというようなところでは、コミュニティのなかに抑圧されている若い女の人の、若い世代の自殺が多いとか。あるいは工場が海外に移転することになった地域では、四十歳、五十歳の工場労働者が、仕事がなくなって、中高年の男性の自殺が多いとか。コミュニティが狭く、あそこの家の子どもはああだこうだと言われる、学歴主義みたいなものが残っている地域では、受験に失敗したりした若い子どもの自殺が多いとか。明らかに自殺の特徴と地域の特性が一致するような、相関関係が見えるようになったんです。

斎藤　そうなんです。実は有名な話があって。社会精神医学という分野があるんですけど、今おっしゃった統計のおかげで、徳島県の旧海部町[※102]というところの自殺率が非常に低いということがわかったんですね。そこで岡檀さんという研究者がフィールドワークした結果、あるコミュニティ特性があることがわかったんです。こういう特性があるところは自殺率が下がるという説が出てきたんです。面白かったのはそこでは「絆」が弱いんですよ（笑）。

福山　なるほど、面白い（笑）。

斎藤　「絆」って「ほだし」とも言って拘束じゃないですか。それが弱いところはけっこう人が死なない。もうひとつ大事なものは、援助希求行動、つまり「助けて」と言うことに対する抵抗感が低いんですね。「『病』は市に出せ」という格言があって、男も女も助けを求めるのを恥と思っていない。だから自殺率が低いんです。こういう研究ができたのも、自治体のデータが公表されたおかげなんですよね。これは非常に有意義だったと思いますよ。県単位じゃ漠然としすぎていますからね。

福山　これが公表されたことによって、市町村長はちょっとまずいと思ったんです。

斎藤　なるほど（笑）。それでてこ入れした。

福山　対策が打てるわけですよ。たまたまそのときに、リーマン・ショック後、都道府県に基金ができたんです。自殺対策基金[※103]というのを我々は市町村に示して、手を挙げてくださいと応募したら、自主的に対策を出してくる市町村が増えてきた。そこに金を渡したんです。政策効果が上がって自殺が減った。これが自殺が減ったひとつの理由ですね。

ふたつ目の理由は、「よりそいホットライン[※104]」というダイヤルをつくったことです。全国一律に、なんでもいいから電話をしてきていいというコールセンターを全国に三七カ所つくって、三千人のスタッフで、今まで縦割りだったNPOに全部横につながってもらった。「いのちの電話」だとかDV被害救済のNPOだとか、生活困窮者対策のNPOだとか、外国人の生活の救援をするNPOだとか、いろんなNPOの皆さんを横につなぎ、同じコールセンターで電話相談をしてもらったんです。当時、官邸でつくった「『一人ひとりを包摂する社会』特命チーム」に派遣村の湯浅誠[※105]さん（現法政大学教授）、自殺防止のNPOの清水康之[※106]さんに入っていただいて、現場の力を借りました。

「よりそいホットライン」の特徴は、万が一のときには、それぞれ専門家のNPOがちゃんと同行支援までしてくれることなんです。区役所に電話をするとか、福祉事務所に同行支援をすることまで、その「よりそいホットライン」で対応しました。非常に効果があったんですね。

斎藤　すごいですね、それは。素晴らしいアイデアでしたね。横につながるっていうことが大きかったんですね、やっぱり。

福山　NPOを横につないだおかげで、NPOの皆さんも、生活困窮ダイヤルの人が横で電話をしているときに、隣でLGBTで就職したくないという学生とかから電話がかかってきている。いつの間にか自殺したいという話になって、横にいる自殺対策のNPOにサポートしてもらう。酒害で破産しかけている人から電話がかかってくると、生活困窮に回して福祉とつないでくれたりとか。それぞれの専門のNPOが有機的に結びついていく。そのことの積み重ねが、社会の下支えをすることにつながった

[表8] よりそいホットライン

	電話数	つながった数
一般	8,635,859	123,453
自殺防止	1,368,941	25,852
女性支援	565,635	24,918
外国語	42,300	16,255
セクシャル・マイノリティ	310,654	36,356
若年女性	20,858	2,076
広域避難	47,614	14,211
OTHER	211,809	96
合計	11,203,670	243,217

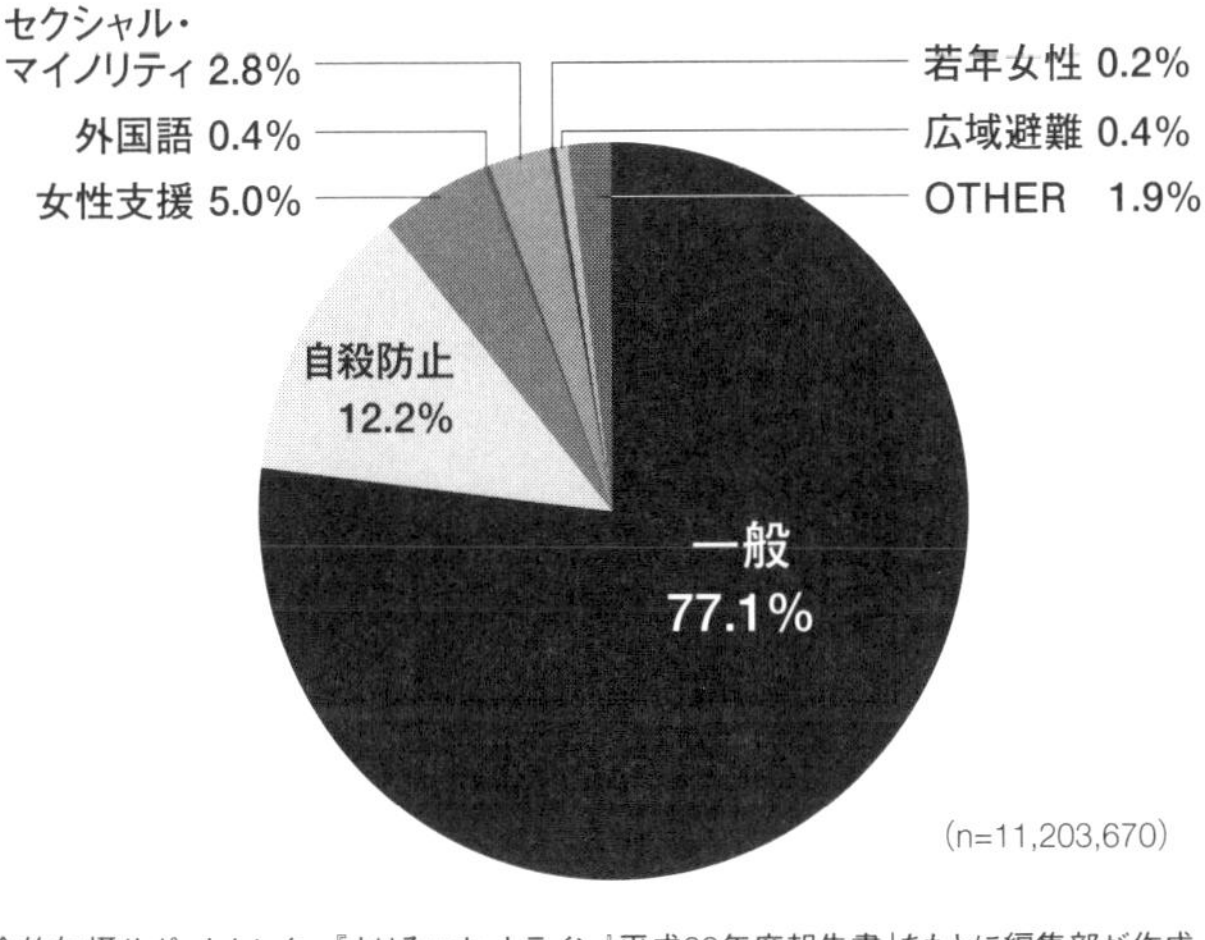

「社会的包摂サポートセンター『よりそいホットライン』平成28年度報告書」をもとに編集部が作成

かもしれません。

ここでは、ＤＶ被害の女性にはＤＶ被害に遭った方が電話を受けるんです。ＬＧＢＴの相談にはＬＧＢＴの当事者が相談を受けます。だから、電話の応対が皆すごく優しいんですよ。同じ経験をしている、痛みがわかる同調というのか、私は斎藤さんのような精神科医じゃないからわからないですけど、そういうのがあるんですね。

斎藤　そういう当事者性の高い人にやっていただけるサービスというのは、本当にいいと思いますね。日本では「ピア」と言いますけど、フィンランドにはいい言葉があって「経験専門家」というんですよね。

福山　ああ、いい言葉ですね。

斎藤　「私はひきこもりの経験専門家です」とか「依存症経験専門家です」とかですね。これのいいところは、その人はその経験専門家なので、いくら医者だろうともその専門性には追いつかないから、その人に教えを請うことができるわけですよ。「どういう経験をしてきたんですか」みたいな感じで。徹底してその関係がフラットになるように、フラットでありつつ専門性がなくならないように工夫をしているんですよね。

福山　なるほどなあ。その「よりそいホットライン」には、二〇一六年の一年間で一千百万件、電話が鳴っているんです。ひと月で約百万件の電話が鳴るんですよ。それで接続率がたったの二%。電話が鳴りっぱなしなんです。

斎藤　かかった電話の数に対してとれた割合が二%だけなんですね。

福山　やっぱり予算の関係で人が増やせないんです。自民党になって徐々に削られているので。ただ、面白いのは、いいか悪いかは別なんですけど、すごいリピート率なんですよ。

斎藤　ああ。

福山　話す人がいないから。

斎藤　でしょうね。ただ「リピーターが回線を占有する」問題がないですか。

福山　そうなんです。

斎藤　「いのちの電話」がまさにそれで、常連さんがかなりの割合を占めちゃっているんですよ。

福山　そうなんですよ、これもそうです。

斎藤　そうか……人がいないんですね。

福山　人がいないのと予算です。でもね、これをやるとき、電話相談の日当をちゃんと払って、最初は年間たった一六億五〇〇〇万円からのスタートだったんです。今は十億円超ぐらい。

斎藤　規模にしてはかなり格安かもしれませんね。

福山　格安ですよ。そこで実は、電話相談してくれる人はさっき言ったようにＤＶ被害者とかＬＧＢＴとかの経験者で、さっき言われた「経験専門家」なんですが、彼らのなかには就業できない人も多いんですよ。

斎藤　なるほど。

福山　たとえばＤＶ被害者は、ＤＶ加害者の夫に見つかると危険だといって隠れているんですけど、シェルターからこの電話相談に来る分には外に出ないで済むので、子育てをしながら収入を得られるんです。ですから実はこれ、ひきこもりとかＤＶ被害者とかの就労支援にもなっているんです。

斎藤　確かにそうですね。

福山　社会的に排除されていた人たちが、ここの電話相談を担当することによって人の役に立てる。ＰＴＳＤ（心的外傷後ストレス障害）になって外に出てこれなかったような人が、賃金をもらえることと、この電話相談の空間で他の相談員の人と会話をすることで、生活費を得ることと社会復帰が同時にできています。ここが社会復帰の第一ステップになっているんですね。ここで元気になって、お金も稼げるようになって、もう一回社会に出ようというような人がけっこう出てきているんです。

斎藤　中間労働というか、障害ではないけれどいろいろ制約がある人が働けるような就労場所というのは、本当にまだまだ少ないんですよね。

福山　少ないですね。

斎藤　そういう場所がもっと増えてほしいんですよ。やっぱりそのためには相当、国がてこ入れをしてくれないと。スウェーデンにサムハル[※107]という企業があって、そこは障害者を二万人フォローして就労提供しているんですけど、それで収益も上げているんです。

福山　これが「よりそいホットライン」のデータ集[※108]です。きっかけは、「社会的排除にいたるプロセス・社会的排除リスク調査チーム」をつくって、高校中退者、若年非正規就労者、DV被害者、いじめ被害者、生活保護受給者、若年シングル・マザー、若年自殺者、若年薬物・アルコール依存症者など、ケース・スタディを調査したことでした。その調査で、社会的排除のプロセスは複合的ということがわかったんですが、これを追っかけて、どこの時点で社会的排除にいたるのかを見つけて対策を打てないか、成人期の潜在リスク、子ども期に発生した潜在リスクを調べたんです。

斎藤　こんなのあったんですか！　聞いたこともないですよ、これ……。

福山　官邸に「『一人ひとりを包摂する社会』特命チーム」をつくりました。

斎藤　こんな貴重なデータがあったんですか。どこかで発表されているんですか？

福山　発表しました。でもほとんど報道されてません。我々が政権を外れちゃったので。でも、これネットで読めます（「社会的排除にいたるプロセス～若年ケース・スタディから見る排除の過程～」）。[※108]

斎藤　そうなんですか。不勉強で知りませんでした……。

福山　この調査でわかったのは、排除にいたるプロセスにはありとあらゆる複合的な要因があって、それがいくつも組み合わされて排除される。社会的排除の要因はひとつじゃない。しかし、その複合的に重なっているところのどこかの時点で、たとえばこの「よりそいホットライン」に出会ったら、最後の最後の手前で、ひょっとしたら救われる人がいるかもしれない。ですから、その社会的排除の実態調査をもとに、やっぱり横断的なダイヤルじゃなきゃダメだとなって、設置をすることになったんです。

これで自殺を踏みとどまった人がかなりいます。社会復帰した人も多い。さらに言えば、先日の座間市における事件では、ＳＮＳが加害男性と被害女性たちがつながる役割を果たした結果、悲惨な事件となりました。ＳＮＳは、本音をつぶやく場として重要であり、安全な相談や支援にちゃんとつなげていく仕掛けとそれに応じられる体制が必要です。支援策や支援団体に関する情報に自動的にリンクが貼られたり、ＳＮ

S機能そのものを活用した相談窓口とのリンクを整備したり、ですね。そのために民間団体の協力は不可欠です。「よりそいホットライン」の設置と、さっき言いました、やる気のある都道府県に補助金を出すことによって、自殺の問題は、非常に効果が上がったんです。

斎藤　激減と言っていいと思いますよね。これは素晴らしい。

福山　「よりそいホットライン」は今も続いています。コールをすると次の項目ごとに相談員が担当します。一番が生活困窮、二番が外国人、三番がDV、性暴力、四番がセクシャル・マイノリティ、五番が自殺です。これに月に百万件もの電話があるということは、すでに日本の社会は壊れているかもしれない、ということです。

これをつくったとき、「自殺対策を一生懸命やる」って、政府は思い切り広報したんです。そうすると、これは一種の「承認」なのかもしれないですけど、「私たちの思いに気づいてくれる」というふうに思って救われている人も出てきたような気がします。自殺対策月間という「この月は自殺対策の月間ですよ」ってキャンペーンをすると、その月の自殺が減るんです。

論理的な調査とか統計の公表に加えて、やみくもに政策を打ってもダメだということで、「よりそいホットライン」を立ち上げたんですよね。でも結局、政策自体を評価するシステムがなくて、結果として自殺が減って良かったね、みたいな話で終わっちゃうんです。

斎藤　そこしか知られていないですよ。ストーリーとしては「国の自殺対策が実って、減って良かったですね」、あるいは「アベノミクスで好況になったおかげで自殺者が激減した」みたいな話としてしか共有されていない。何がなされたのかは、ちゃんと伝わっていないと思うんですけど。これは、マスコミが取り上げないからですか？

福山　それもあります。

斎藤　まるで知られていないですよ。今はネットがありますから、すごくわかりやすく民主党の功績みたいな一覧表を作って、自民党と対比するとかしてくださいよ。そういうデータがあるだけでけっこう皆読んでくれますよ。もうちょっと自己宣伝した方がいいです。ファクトに基づいているわけで、単にエビデンスはこれですといって示すだけでいい。フェイクじゃないんですから。事実としてこういうことをやりましたと一覧にして示すことぐらいはしたっていいじゃないですか。

福山　なかなか難しいです。ネットで民主党政権を擁護するとすぐ炎上しますから。

斎藤　本当ですよ（笑）。ただ、それは価値観として判断するとそう言われるけど、事実はこうだという分には誰も批判できませんよ。ネットって、政治と違って現実主義なので、検証可能な根拠に基づいて正しいことを言い続けていると、意外に逆転もあり得るんです。ネットと日本社会は分断していますから。まずネットの方で功績をちょっとアピールするといいですよ。私も見たいです、それは。

情報を開示するだけで状況が変わる

斎藤　今の自殺対策の話をうかがっていて、ハッとしたのは、情報を開示させただけで状況が変わったという点です（笑）。こう言っちゃなんですけど、それだけのことですよね。それだけのことすらできなかったという状況が、まだいたるところにありますよね、きっとね。

福山　原発もそうなんです。政権当時、私らは原発のコスト検証をやって、原発のコストは安いという目眩《めくら》ましを潰しにかかった。全国で討論型世論調査を、皆が同じ情報を共有した上でやったら、圧倒的に原発をなくすという選択を国民がしたわけです。合理的な選択の機会をつくれば、国民に合理的に判断してもらえるんです。だけど、その選択の機会を与えないで、その手前の「空気」でなんでも押し切ってしまおうというのが、今の自民党政権かもしれない。

斎藤　空気主義ですよね。情報を隠して空気で押し切るという、それこそ太平洋戦争での『失敗の本質』的な問題が反復されているとしか言いようがない。

福山　憲法九九条で憲法遵守義務[※109]があるとされている政府や公務員や閣僚が、憲法違反だと言われている安保法制を数の力で通したんだから、すごい話ですよね。

斎藤　とんでもない話だと思うんですけどね。

福山　憲法を守らなきゃいけないとされている人間が、元の最高裁長官や法制局長官や学者から圧倒的に憲法違反だと言われているのに、それを無理やり通す。これは、アベノミクスで日銀に国債を買わせ、皆さんの年金で株価を維持して、「株が高いからいいじゃないか」って平気な顔をしているのと同じ構図だと思うんですよね。原発も一緒なんですよ。安全神話をつくって長年原発を推進してきて、事故があったのは民主党政権のときでしたけれども、また政権をとったら知らん顔して、事故なんかなかったような顔をして「再稼働だ」って言えるのは、同じ構図です。

斎藤　彼らはある意味、Facebook 的な世界というか、承認してくれる人としか付き合わないんですよ。

福山　おっしゃる通りです。安倍総理が街頭の演説で国民に向かって「こんな人たちに負けるわけにはいかない」と言ってしまうのは、まさに承認してくれる人としか付き合わないという姿勢が如実に表れていました。

斎藤　認識が閉じちゃっていますよね。ただ政治家は、承認してくれる層が分厚いので、それを世界全体と思い込むことができてしまう。世界観がＳＮＳ的に閉じてしまっていて、批判はブロックして「否認」していれば済んでしまう。

福山　将来的に必要になるかもしれませんが、少子化が進み、たとえば移民を受け入れなければならなくなったときに、その人たちに日本に永住する権利も与えざるを得ない状況もあり得ます。その人たちの年金とか医療保険とかは、どう担保するのか。あるいは三年や五年で期限を区切れば、日本が都合よく安易に使って母国へ帰すようなことだと、本当の意味で移民は来ないんじゃないか。一定のサービスやら恩恵を日本社会が外国人労働者に提供するシステムをつくらないことには、積極的に来てくれないわけです。日本の社会は、移民を本当に受け入れられるような、多様性を担保するような社会状況に今なっているだろうか、と考えてしまいます。こういった、すぐに答えが出ないような課題がいくつもあるんですね。今はヘイト・スピーチも含めて非常に排他的な空気が日本社会を覆っている状況です。加えて、日本人自身が非正規雇用で低所得で働いているにもかかわらず、なんで外国人を入れなきゃいけないんだ、という議論ももちろんあります。

斎藤　ただ、実際問題として少子高齢化でどんどん若い人口が減っていって、労働力がこれから減少していくわけですよね。そこを補うアイデアとしては、少子化をもう一回なんとかするか、あるいは移民政策かというぐらいしかないんじゃないですか。

福山　ないですね。少子化対策といっても、今生まれる子どもが急に増えたって二十年かかるわけですから。

斎藤　少子化対策もいまひとつ、ずっと言われているわりには進んでいないですよね。これはよく言われる説ですけど、戸籍制度が足を引っ張っているとか、シングル・マザーに対する偏見が非常に問題であるとか。

福山　シングル・マザーの問題はありますね。斎藤さんは臨床の現場でいろんなことがあると思いますけど、多いでしょう。

斎藤　すごく多いですよ。やっぱり過酷な生活環境のせいで病みやすいですし、病んだお母さんのお子さんのダメージも大きいんですよね。だから徹底して保護的な政策を打っていかないと、シングル・マザー問題というのは本当に後々、社会的にも大きなツケになってしまうと思います。

福山　女性への性暴力や性差別に対する運動をやっているＮＰＯの皆さんの全国大会に、私、毎年呼ばれています。そこでは、虐待の問題があり、お母さんの子どもに対

[表9] 日米の婚外子(非嫡出子)割合の推移

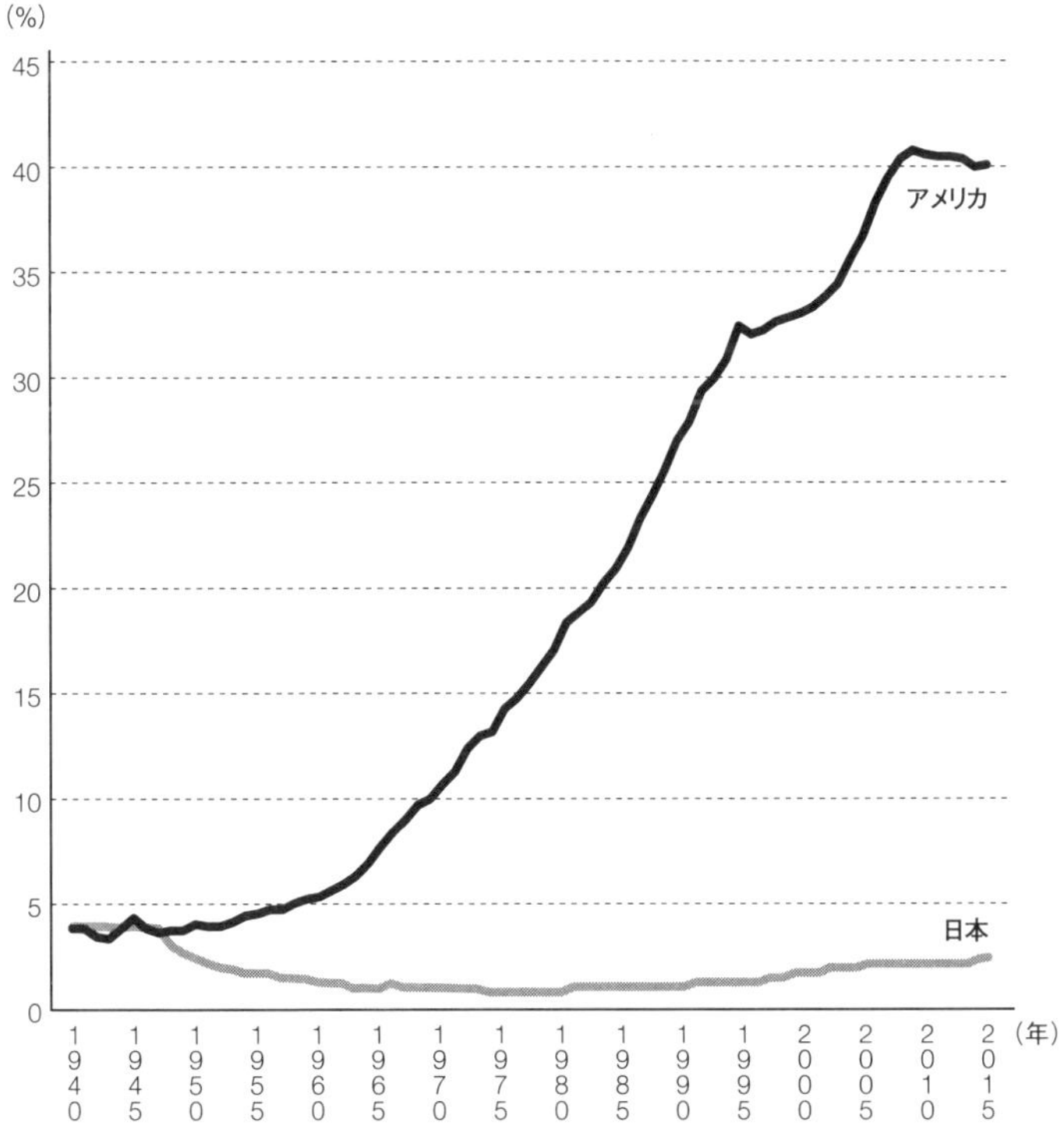

「厚生労働省『平成27年度　人口動態統計』、米国商務省『The 2012 Statistical Abstract: Historical Statistics No. HS14 CDC, National Vital Statistics Report, Births: Final Data for 2011, Table C. Final Data for 2014, Table B.』」をもとに編集部が作成

する虐待に加え、新しい父親なり内縁の夫なりの性的暴力も虐待も、両方含めた子どもに対する問題とか……根っこが深いですね。

斎藤　本当に複雑で深いですよ。いろんなものが絡みあって成り立っているので、簡単には解決できない。

福山　保育園の問題[※110]もあるんですけど、もっともっと社会のなかで生活しにくい根源的な問題がいろいろ含まれていますよね。この間、スクール・カウンセラーの方が集まっている勉強会にも出たんですけど、中学生・高校生の荒れた、といっても私らの若い頃のヤンキーとかいわゆる不良の荒れ方ではないんですけど、社会的排除に直面している家庭の子どもたちの問題は、とても複合的な要因で排除されている。シングル・マザーであったり、子どもの頃の虐待であったり、内縁の夫なり新しいご主人なりからの性的な暴行・強姦が継続的に続いている問題であったり、母親が夜の街で働くことによってまったく母親とのコミュニケーションがない状況の子どもの問題であったり。さらに経済的な困窮の問題。こういった状況が連鎖を生んで、社会的排除が複合的に広がっているような状況があちこちにあるんです。そこを社会は、特に霞が関は、直視しないできている。これも私は大きな問題だと思っているんですよ。

斎藤　そうですね。まったく構造的な問題で、特に今おっしゃった虐待とかＤＶとかですね。その辺の問題というのは、元々日本社会のなかで親密圏における暴力に対しては異様に寛容な社会という骨絡みの問題がずっとあってですね、このなかにたとえば体罰とか、しごきとか、夫婦間のＤＶとか虐待とか、全部入るんです。こういったものに関しては、日本ではなぜか前近代的な考え方が非常に根深く残っているんですよね。いじめなんかもそれに近いところがあります。これだけ三十年、四十年ぐらい前からずっと自殺が起こったり、メディアでバッシングされたりしているにもかかわらず、まともな対策がなかなかできない。ＤＶや虐待の問題は、児童相談所の権限がずいぶん拡大されて、けっこう強制力を持ってきたと思うんですけど。

福山　児童福祉法の改正は民主党政権のときにやりました。児童相談所の所長が、家裁に対する親権停止の審判請求や親権代行をできるようにしました。また、ＤＶ防止法（配偶者からの暴力の防止及び被害者の保護等に関する法律）の方は、議員立法の担当者のひとりとして動きました。「家庭には介入しない」という警察のハードルは非常に高かったのですが、配偶者だけでなく同居相手からの暴力についても対象を広げることができました。

斎藤　そうですよね。あれはすごく大きな進展でした。しかし、その権限すらまだ十分に使われていない。やっぱり虐待に踏み込むことに対する潜在的な抵抗感ってすごく大きいんですよね。

福山　大きいです。特に家庭内には入らないですね。

斎藤　そうなんです。よほどのことがあっても家の内情には踏み込まないっていう変なタブー意識がいまだに強い。一方で、過剰な「一時保護」の問題も指摘されています。現場の混乱が続いていて、本当のニーズに十分応えられているとは言い難いのが現状でしょう。

「伝統的家族主義」という虚構

福山　DV、男女共同参画の法改正をしたときも、配偶者間のDVに対しては本当に固いんですよ。それから最近多いのはデートDVです。付き合っている男女の間でのDVがけっこう激しいんですけど、ここもなかなか入りにくい。斎藤さんの今のお話で気づきました。そうか、親密圏における問題については日本は寛容なんだ。

斎藤　すごい寛容なんですよ、すべて。教師—生徒の親密圏もそうだし。なんかもう、それが愛情の証《あかし》じゃないけど、ひょっとしたら、絆の証みたいに考えるところがあるんじゃないですかね。みんな絆が大好きなんで。だからそういった意味ではそっとしときましょうという方にどうしても傾いてしまうのかもしれません。これも非常に日本のDV対策、虐待対策の足を引っ張っているところがありますね。

福山　民主党政権のとき、二〇一〇年に男女共同参画基本計画[※111]というのをつくって、強姦罪を非親告罪化しようとか配偶者間の強姦罪を認めろとかやったんです。裁判で強姦罪と認めるときには、要件として脅迫と暴力というのがあるんですよ。ところが、ここは斎藤さんにおうかがいしたいんですけれど、たとえば強盗が刃物を突き出して「カネ出せ」って言ったり刃物で突き刺したら暴行・脅迫だけど、刃物はなくても怖い人、たとえばヤクザまがいの人に「お前、カネ出せ」と言われて、やばいと思ったら拒否しないで出しちゃうってことはあるじゃないですか。強姦でもそういうことはあると思うんです。でも、抵抗していないとか暴力をふるわれていないとか脅迫されていないからという理由で、同意の上だという判決が非常に多いわけですよ。

　脅迫されたかどうかの立証は、女性側がしなきゃいけないから、裁判が非常に厳しくなるんですけど。そこで「あのとき抵抗しなかったじゃないか」とよく言われるんですね。もうダメだと思った瞬間に自分の身を守るために抵抗しないということがあったときに、抵抗してないから同意の上だろう、みたいな話になってしまうんです。その暴行・脅迫の要件を緩和するべきじゃないか、もっと広くとるべきじゃないかというようなことを議論して、刑法改正の議論を二〇一五年までにやるべきだという男女共同参画基本計画をつくったんです。これも我々の政権のときです。今、その議論がようやく俎上《そじょう》にのってきたんですけど、残念ながら見事に斎藤さんが言われた通りで、法務省に設置された検討会での議論で、配偶者間の強姦は落とされました。

斎藤　伝統的に日本ってやっぱり家族主義なので、個人よりも家族優位というような発想になるじゃないですか。特に夫婦別姓がこれだけ議論されてもまとまらないのは、伝統的な日本の家族制度を破壊するみたいな幻想が一方にあるからですね。これは間違いだと思うんですけれども。

福山　歴史的には間違いですね。

斎藤　間違いです。間違いなんですけど、なんか家族というかイエ制度※112が壊れることに対する異様な恐怖感がありますよね、いろんなレベルで。

福山　夫婦別姓だから離婚が多く、同姓だから離婚が少ないとは限りません。

斎藤　医療だったらちゃんとデータを示して、こういうエビデンスがありますからこれでいきましょうって言えるんですけど、日本の法律ってエビデンスと全然関係なく印象論で決まるところがありますね。表現規制とかはまさにそれですが。その辺の決定過程からなんとかしてほしいところがあるんですけれども。正しいことを言っても、やっぱり旧来の価値観が勝ってしまうことが、法律の議論ではよくあるなという感じがします。特に家庭に関わるものに関しては本当に、いわゆる伝統的家族、そんなものは一度も存在しなかったと思うんですけれども、まあ自民党の人の頭のなかにあるらしい伝統的家族的価値観みたいなものを毀損すまいとする抵抗がなんか反射的に出てくるみたいですね。

でもその伝統的家族的価値観のなかに、それこそ男尊女卑も入っているし、暴力容認も入っているし、「諸悪の根源」的ないろんなものが入っていると思いますので。そこら辺の価値観から破壊しないと、破壊という言葉は穏やかじゃないですけど、それで滞っていることがずいぶんあると思うんですよね。

福山　でも、どうですか。強姦とか、やっぱり精神的に抵抗できない場面というのがあると思うんですが。

斎藤　いくらでもありますよ。だって夫婦なんかそうですよ。長年連れ添っていれば、亭主がこの表情のときは何を言っても無駄だとわかるじゃないですか、直感的に。そしたら抵抗しないですよね。この表情のときに抵抗したら絶対に殴られるとわかっていたら抵抗しないですよね。妻だからこそわかったりしますよね。他人だったらむしろそんなことわからないからいやだって言えることでも、長年夫婦で、悪いところも全部知り尽くしている感じだと抵抗できないという状況はいくらでもあるでしょう。先に読み取ってしまって。だからそういうのを含めてDVだとした方がいいと私は思うんです。でもやっぱり、日本の家族の伝統を破壊することだとして容認し難い人がいるんじゃないでしょうかね。

福山　いるんですよね。だから今回、法制審議会[※113]の議題から落ちた。それを落とさないでほしいという運動をして声を上げていた女性たちからも直接話を聞きましたが、なかなか難しい問題ですね。そのことがさっき斎藤さんのおっしゃった、シングル・マザーにもつながるし、子どもの虐待にもつながるし、それから子どもの貧困にもつながっているんですよね。

斎藤　さらに言えば、異様な堕胎率の高さとかそういったものにもつながっている感じがしますね。家族主義って、ある意味では前近代的な発想なので。これをどう卒業するかっていうところに、私はけっこう関心を持って見ているんですけれども。

女性の貧困と差別の継承

福山　もうひとつやっぱり気になるのは、女性の貧困ですよね。

斎藤　はい。女性の貧困は深刻な問題ですね。

福山　今、非正規雇用者の数がどんどん増えてきていて、約二千万人です。就業者はだいたい六千五百万人ぐらいですから、まあ三人から四人に一人が非正規。

斎藤　そうですね。

福山　なおかつ年収二百万以下が千二百万から千三百万人。もう五人に一人とか四人に一人が年収二百万以下です。

斎藤　すごい規模ですね。

福山　これ、圧倒的に女性ですから。最近、実態はわからないんですけど本とか読むと、風俗業とかアダルトビデオとかへの女性の進出がこんなにハードルが低いのか、というぐらいハードル低いですよね。

斎藤　そうです。

福山　このメンタリティは一体どういうことなのかなあと。

斎藤　やっぱり承認の問題なんですよ。貧困層の単身女性は承認にすごく飢えています。貧困でも単身でもない女性がそうではない、という意味ではないですが、承認に依存する度合いが高いことは間違いない。自分を支えてくれる存在、自分を認めてくれる存在にすごく飢えているんですね。そうすると若い女性が手っ取り早く承認をかき集めようと思ったら、やっぱり性を売りにするしかない、と思い込んでしまう。ビジュアルでもそうだし、機能でもそうだし。自分のセクシュアリティを使ってお金をかき集める。それで人から受け入れてもらって、自己評価を上げるしかない。男性はそれはあまり使えないわけですけど、女性にそれを使わせる構造、AVから風俗まで、それしかないと思い込ませる構造が日本には確固として存在するので。女性が自分から選んだとはいえ、そこには選ばされた被害者という側面が確実にある。言葉として良くないですけど、承認を求める女性とそこにつけ込む社会構造があるということですね。

福山　ビジネスね。

斎藤　ビジネスがあって。だから増えざるを得ない状況が厳然としてある。

福山　最近NHKとかが女性の貧困の特集をすると、やっぱり幼少期に虐待が……。

斎藤　そうですね。虐待をされ続けると、当然ですけど自己肯定感がすごい下がってしまって、自分はもう存在価値がない人間だという意識が叩き込まれてしまうわけですよね。そういうなかで、わりとインスタントに承認してくれる男性にたまたま会っちゃったりすると、すぐに結婚しちゃったりとか、あるいはヒモのような関係を構築しやすいというのは、これは昔からある話です。でも、構造的にそういうことが起きやすい状況が、ネット界隈を中心に、ますます広がっているという印象がありますね。

福山　似たような印象があるのは、前述した座間の事件の被害者たちです。ＳＮＳでしか自分の本音を明かすことができない多くの人の一部で、誰もが被害者になる可能性があるというか、そうなりやすい構造があるということですね。

で、女性の話に戻ると、それで子どもができて、自分で育てなければいけないけれども、まともに生活できるような職場がない。それで結果として、たとえば、風俗とかで働かざるを得なくなる。風俗で働くということは、子どもはある意味放ったらかしにされやすい。悪循環ですよね。

斎藤　本当に悪循環です。「虐待の連鎖」ってそういうところで起こるんです。「虐待の連鎖」ということ自体は、遺伝とか宿命的なものではまったくないんです。むしろこれは、今おっしゃった「貧困の連鎖」「貧困の再生産」みたいな、構造的な問題なんです。別に心の状態でそうなるわけではもちろんなくて、虐待された子が虐待する親に必ずなるというわけでも全然ないんです。ただ貧困家庭に生まれた子は、貧困層に陥る可能性が高いですよね。貧困で心にゆとりがないと、子どもにかまっていられない。それでまずはネグレクト（育児放棄）が起こる。子どもが邪魔になってくる。で、身体的虐待が起こる。つまり、虐待の連鎖ではなく貧困の連鎖なんですよ。

もっと大きな目で見ると、日本の社会状況がいまだに根強い男尊女卑構造が続いていて、女性がもう自明のごとく下に見られている。粗略に扱われても仕方がないという構図が連綿と続いています。最近もいくつかのCMがネットで炎上したりしていましたけれども、けっこうジェンダー絡みのものがありましたよね。

あと、これは日本のフェミニズムの罪でもあるんですが、日本の婦人科業界って、ものすごい遅れているんですよ。日本の医療全体がたいがいガラパゴスなんですが、精神科と婦人科は相当ひどい。深刻な問題です。

婦人科医が妊産婦の苦痛に配慮しないのは日本だけなんですよね。これは無痛分娩の普及がひどく遅いということに象徴されています。昔よりは少し広がりましたけど、いまだに「お腹を痛めた子じゃなきゃダメ」みたいな、旧弊な、それこそ家父長的な価値観が残っていたりする。「妊婦はサボってはいけない」「妊婦の仕事はお腹を痛めて子どもを産むこと」みたいな価値観があって、そういう価値観が無痛分娩の普及を阻んでいるということがあると言われていますね。

それからもっと深刻なのは中絶の問題で、世界的なスタンダードは中絶薬という薬を使うんですよ。飲んだら流産するという薬が主流です。日本ではこれが認可されていないんですよね。もう数十年も認可が遅れているんです。ちょうど低用量ピルと同

[表10] 累計中絶件数上位10カ国

1	中国	382,752,000件（1956～2015年）
2	ロシア	216,256,000件（1921～2015年）
3	アメリカ	57,827,000件（1926～2015年）
4	ウクライナ	52,074,000件（1924～2015年）
5	日本	39,081,000件（1948～2015年）
6	ベトナム	26,826,000件（1971～2015年）
7	インド	24,328,000件（1972～2015年）
8	ルーマニア	22,871,000件（1957～2015年）
9	韓国	18,371,000件（1961～2015年）
10	カザフスタン	16,188,000件（1925～2015年）

[表11] 現在の人口と比べた累計中絶件数の比率が高い10カ国

1	ロシア	152%
2	ラトビア	123%
3	エストニア	123%
4	ウクライナ	114%
5	ルーマニア	106%
6	モルドバ	105%
7	ベラルーシ	98%
8	セルビア	91%
9	カザフスタン	88%
10	ブルガリア	82%

出典：グローバル・ライフ・キャンペーン「中絶世界報告書」

じ現象が起こっているんですね。ピルも認可は世界に比べて何十年か遅れましたけど。これはやっぱり婦人科業界が反対した。なぜかと言うと、ここは構造的な問題で、婦人科の開業医の財源のひとつが中絶手術なんですよ。

福山　そうか。

斎藤　ええ、中絶が減っては困るんですよ。一旦妊娠してから堕ろしてくれないと困るんです。だから避妊されちゃ困るというのがあってですね。

福山　中絶って保険適用ないんでしょう。

斎藤　ないです。だから一件十万から数十万。いい金づるではあるんです。だから、そう表立っては言わないまでも暗黙の了解事項として、人工妊娠中絶が減ることは好ましくないという価値観が温存されていて、いまだに強い風潮としてあるんですよね。

それから中絶手技の問題があります。掻爬《そうは》ってありますよね。いまだに中絶で掻爬が主流なのはほとんど日本だけなんですよ。他の国では吸引でやるんです。吸い取るんですね。これなら事故は起こりにくい。掻爬って文字通り「引っ掻く」ので、子宮破裂のリスクが高い。ところが日本の婦人科では、掻爬術が伝統芸みたいに洗練されてきて、一種の「掻爬道」みたいになっているので、手技が捨てられないんですよね（笑）。これでなきゃダメという医者がすごくたくさんいます。本当に世界一遅れた中絶手術をやっているのが日本なんですよね。

それで何が言いたいかというと、そこにも男尊女卑の傾向が表れているということです。たとえばバイアグラ。あっという間に認可されましたよ、これは。世界で発売されたら日本でもすぐ認可されました。で、そのはずみで低用量ピルが認可されるという流れになっている。

福山　なるほど。

斎藤　いかに女性の権利とかなんとか言っても、フェミニストの方々自身が、あまり女性の身体に配慮していない。「そういう楽な手術をさせてはいかん」とか「楽な避妊をさせてはいかん」みたいな価値観は、実はフェミニズムのなかにもあって、そのフェミニズム思想の遅れが婦人科の遅れを助長している面もあると言われています。

日本では社会構造的に、女性の扱いは一番最後なんです。一番最後に寝るのは女性、一番最後にご飯を食べるのも女性みたいな風潮がかってあったわけですけれども、それがいまだに妊婦のなかにばっちり温存されている。「虐げられた性」という状況はそんなに変わっていないと思いますね。

福山　今、男女共同参画で女性の活躍とか言って、社会進出とか仕事のなかでの機会の平等だとか、労働条件をちゃんと良くしようとかいいながら、実は非正規には圧倒的に女性が多いという問題がありますけど、今されたお話はそれよりもっと深刻な、本質的な問題ですね。

斎藤　そうなんですよ。少子化とかなんとか言う前に、もっとお産を楽にするとか、中絶しやすくした方が、私は妊娠率が高まると思っているんです。リプロダクティブ・ヘルス[※114]を考えるときに女性の苦痛をいかに減らすかという、かなり本質的な問題なんです。いまだに中絶は、世間的にも、婦人科の業界ですら「罪を犯した罪人に対する処罰」みたいなものになっちゃっているんですよね。

福山　そういう風潮は残っていますよね。

斎藤　残っていますよ。だから中絶が簡単にできたらまずいみたいな価値観が、まだあってですね。

福山　女性団体と話すと、よくレイプの中絶なんかでも……。

斎藤　そうそう。やってもらいに行くと、説教されるんですって、被害者が（笑）。

福山　「あなたに隙がある」とか。

斎藤　しかも女医から（笑）。「もっと自分の身体を大事にしなきゃダメじゃないの」なんて言われちゃう。そんなことを言うなら、「痛くない手術をまずしてくれ」と言いたいですけど。「あなたには懲りてもらわなくちゃいけないから、ちょっと痛い思いをしてもらうわよ」みたいな懲罰的なニュアンスがあるんですよね、その根底には。そうすると妊娠しにくくなっちゃうかもしれないんですけど。

福山　二〇一七年の国会で、一一〇年ぶりの法改正[※115]で性暴力に対する厳罰化ができました。これもすごい女性の運動が大きかったんですけど。それでもまだ……やっとですからねえ。

斎藤　やっとですね。

福山　なるほどなあ。医学界から見てそういう問題があるんですね。

斎藤　婦人科の話は、私も門外漢でしたので、いろいろ調べたんです。今申し上げたのは全部事実関係がちゃんとありますので、陰謀説ではないんです。本当に遅れている。それに婦人科医自体も弱い立場で、ちょっと事故が起こるとすぐ裁判とか起こされちゃうんですね。下手をすると大野病院事件[※116]みたいに医師が逮捕されたりする。

福山　そうなんです。リスクが高いんですよね。

斎藤　それで、なり手が減っちゃっているわけですよね。だからあまり叩くと、社会にとってはまずい面もあります。少子化という点から考えても、産婦人科の担い手がいなくなったら絶対に困るわけですから。そこら辺がなかなか難しい問題ではあるんですけれども。

福山　分娩しない、不妊治療とかにばかり婦人科医の方が行かれて、分娩施術はしないところもあるようですね。

斎藤　結局易きについてしまう。どの業界でもそうですけれども。無痛分娩が普及しないのは、やっぱり麻酔の事故が起こったりするからですね。それは、ろくな設備がないところでやるからであって、麻酔科医がちゃんと常勤できるようにしてもらったら、そうそう事故は起こらないんですけど。たまに事故があると、賠償金がすごい高いので、手を出さない方がマシと思っちゃうんでしょうね。

福山　少子高齢化ということをもう何年も言っているんですけど、全然出生率が上がらない構造的な問題がありますよね。たとえば、女性の社会での地位の問題とか、保育手当ての問題とか、働き方の問題とか。やっぱりそういうことを構造的に変えないといけない。ましてや保育士さんの給料をちゃんと上げないと。

斎藤　そうですね。ワーク・ライフ・バランスとか、かけ声はいいんですけど。結局最初のインフラが全然広まらないので、バランスのとりようがない。経済面もそうですし。

福山　実態は、人的な手当ても全然足りないわけですよね。給料が安くて、来いといってもなかなか来ないわけですから。だから保育士さんとか看護師さんの給料が上がらないというのも、実は保育士さんも看護師さんも元々女性がやっていた仕事で、それで構造的に地位が低かったことが起因しているのかな、とも思ってしまいます。

斎藤　そうですね。後回しになっていますね、いろんな意味で。

福山　だから、先ほど子どもの問題で普遍主義に基づくんだという話をさせていただきましたけど、女性の問題もそうだと思っています。保育士も看護師も労働待遇を良くして、そこで人材確保をして、そして女性が働きやすくてなおかつ子育てがしやすいような状況をつくらないと、少子化ってなかなか変わらないですよね。

斎藤　変わりようがないですよ、それは。女性に楽をしてもらわないと、子育てなんて余裕はないに決まっているわけですから。もう少しその辺を、女性の身体に配慮してほしい。地位もそうですね。よく言われますけどフランスで少子化を防げたのは[※117]、ひとつはシングル・マザーの権利を高めたというのが大きいですよね。シングル・マザーになったらもう貧困にまっしぐらみたいな日本の状況では、怖くてとても子どもをつくれないですよ。まず生きやすい社会をつくらないといけないと思うんです。そこで「努力が足りない」とかの自己責任主義みたいになってくると、怖くて誰も子どもが持てなくなってしまう。

福山　それはシングル・マザーじゃなくても、夫婦もそうですよね。結婚している夫婦でも、賃金が上がりにくいリスクが高まっているなかで、子ども二人目、三人目といっても、先々どうするんだと考えると、やっぱり二の足を踏みますよね。少子化対策が必要だとか言いながら、不妊治療をやっている若い夫婦には公的扶助が十分ではないし、保険も利かないし。

斎藤　少子化で困っていると言いながら、対策をろくに打っていない。この状況はなんなんだろうという疑問がずっとあります。

福山　そうなんですよね。実は私らが政権のとき、初めて不妊治療への医療保険の適用を検討したんですよ。それから出産のときの出産一時金を増額したんです。親の所得に関係なく、子どもを産むというその時点における費用に関してはしっかりみることにしたんです。

斎藤　そういうことを書きましょうよ。そういういい話を。あまりにも知られていないじゃないですか。私も知りませんでしたし（笑）。

福山　そうですよねぇ～（笑）。ちゃんと今度、リストにしてみます。

斎藤　事実なんだから、別にいいじゃないですか、自慢したって。

尊厳が踏みにじられている

福山　じゃあ、ちょっと調子に乗って申し上げると、所得制限をしない普遍的なサービスの普及って、皆さんに喜んでいただけるというのはもちろんなんですけど、実はもっと効果的なのは、行政コストがかからないということなんですよ。選ばないで済むから。

斎藤　そうですね。ベーシック・インカムも一緒ですね。選別しなくて済むから。

福山　そうなんです。所得制限があると、職員がいちいちソフトを変えて、この人はそうだ、この人はどうだ、問い合わせがどうだ、ということになる。その行政コストがかからないんですよ。だから高校無償化を導入したときに、公立高校の先生から、本当に助かったとよく言われました。つまり、今までの子どもたちは、お父さんの所得証明をもらって審査をして、それでこの子ならいいかと問い合わせをして、いいよとなって、なんとか奨学金を渡すという話ばっかりだったのが、今度はもう全員が高校無償化なので、なんにも行政コストがかからなくなった。その分、学校の先生が事務作業じゃなくて教育の方に専念できたといって喜ばれました。本当に何人もの先生から聞きました。

斎藤　私は、たとえば生活保護なんかもいちいち調査しないで、申請があったら受け付けるのがあるべき姿だと思っています。ただ、日本の生活保護は諸外国に比べてかなり金額が高いので、そこは多少落としてもいいと思っていますけど、その代わり審査は緩くしていいと思っているんですよ。ただ、生活保護（生保）の受給条件を緩めても、政策としては国民にまったくアピールしないでしょうね。

福山　あぁ～ダメですね。生保はすぐに「働かざるものになんでオレらの税金を」という反応が。

斎藤　生保に関しては、人々は皆他人ごとだと思っているんですよね。

福山　すごく冷たいですね。生保をもらっている人はもらっている人で、自分は生保をもらっていることで……。

斎藤　劣等感というか疎外感を持っていて。

福山　自己否定ですよね。

斎藤　そうです。日本ぐらい福祉受給者の自己否定感が強い国はないと思います。一部はそこに居直っちゃって、すごく大きな態度になっちゃったりとか、窓口で職員を怒鳴っちゃったりするタイプがいたりするんですけど。あれは裏返しで、自尊感情を傷つけなければもらえない仕組みになっているからそういうふうになっていると思うんですよね。

福山　そうなんですよね。

斎藤　もうちょっと手軽にもらえたら、あそこまでこじれないと思うんですけど。

福山　斎藤さんの今の表現は、すごい適切というか、いい表現だと思います。やっぱり「自尊感情を傷つけないともらえない生保」なんですよ。

斎藤　そうなんですよ。そうしないと皆が欲しがって困るだろうと行政は考えていて、歯止めとして自尊感情を使っているわけですけど、私は全然逆だと思っているんですよね。そこを使うからこじれるんだと。

福山　そう思いますね。給付をもらっている方が自尊感情を傷つけながらもらわなきゃいけないみたいな話は、まさに前述の「やまゆり園」の問題でもありますよね。

斎藤　そうなんですよ。

福山　あと、たとえば小田原市の生保の担当者が※118……。

斎藤　ああ、「なめんな」ね。

福山　「保護なめんな」とプリントしたTシャツを着ていた。あれにしても、実は小田原の市役所のなかでは、生保担当の生活支援課の人たちが市役所のなかでの下位階層だと言われていたわけですよ。

斎藤　そうそう（笑）。

福山　つまり「お前らの仕事は生保相手の仕事だろう」と言われていた。その生保の担当者の方は、生保受給者に対して今度は差別的に振る舞う。構造的におかしいんです。斎藤さんがおっしゃったように、ひょっとしたら社会を維持するのには便利なのかもしれませんけど。

斎藤　そうなんですよ。私は「惨めな責務問題」って呼んでますけど、義務として非常に尊厳を傷つけられる仕事を押しつけられている対人支援の現場では、支援対象者の尊厳を傷つけたり暴力をふるったりする状況が起こりやすい。精神科病院でも介護現場でもみんな同じ問題を抱えています。

福山　社会的には健全性が損なわれていますよね。

斎藤　本当に健全じゃない。傷つかないと受給できないという仕組みが、百歩譲って、コスト的には抑制的な面もあるのかもしれませんけど、歪な分断を促してしまっているということは否定できない。日本は今までいろいろと海外から価値観を移入してきたと思うんですけど、たぶん尊厳に関しては一番遅れているなという感じがしますね。尊厳は「場合によってはいくらでも踏みにじっていいもの」という認識があって、ともすれば福祉の現場でそれが顕著に出ている感じがします。支援の仕事なんですから、被支援者の尊厳を大事にしなきゃ成り立たないと思うんですけど。支援者が被支援者のことを馬鹿にしたり厄介者扱いしたりということが日常茶飯事なので。これは本当に好ましくないなと思います。他の世界でもそうですけどね。

福山　今の話は本当に本質的で、支援者が〝上から目線〟で被支援者を下に見て。要は、お前のために面倒を見てやっている、みたいな話ですよね。そこがそもそもの問題だと私は思っています。

斎藤　そもそも不正受給なんていう、全体の一%ぐらいしかないものに対して、すごいコストをかけて調べたりして、なんかそれで人気とりするわけですよね。「こんな不正受給がありました」「指摘しました」という片山さつき[※119]さんみたいな人が出てくるわけですけど。

福山　もうねぇ〜（笑）。

斎藤　なんであんな立場の人がそんなことに目くじら立てるの？　と思うんですけどね。

福山　生保の受給者は、四分の一ぐらいが傷病なんですよね。病気で生保を受給せざるを得ない人が多いんです。だから日本の場合には医療費まで生保受給の総額に含まれているので、金額が大きくなるんです。生まれながらにして病気を持たれていたり、難病であったり、障害を持っていたり、たまたまどこかの時点で障害を持って生保受給者になったりされています。その方々と、「働きもしないで」みたいに一般的に言われてる話と、全部一緒くたにして尊厳を傷つけるような状況になっているんですよね。尊厳を傷つけられている状況に置かれている方々の、今度はその子どもたちが、そのことを引き継いでしまうということが起こってしまう。健全な状況ではないです。

斎藤　本当にそう思います。お仕着せの生活保護の問題もあって、九州の炭鉱地域で炭鉱が閉鎖になって、ある地区全体が生保を押しつけられたんだそうです。そうなるとその子どもたちの非行率がすごい高まった。あと、就労の価値を全然学ぶ機会がないので、もちろん貧困の再生産ですよ。子どももずっと生保を受け続けるみたいになって、三世代にわたって生活保護ということになったり。

ベーシック・インカムとは真逆なんですよね。就労意欲を高めるための福祉じゃなくて、阻害する要因になってしまっているということで、そこにも自尊感情の問題が絡んでくると思います。この捻れた福祉のあり方は大きな問題だと思います。

福山　これは、戦後日本が成長しながら税収が上がっているなかでつくられてきたものですよね。特に子どもたちに対しては自分たちで育てろという発想が強くて、どちらかというと高齢者の福祉にシフトしている。障害者の場合には、施設に収容するんだという前提の政策がずーっと継続してきている。そのなかで根本的に給付の仕組み、サービスのあり方の仕組み、考え方の仕組みを変えていくには、相当エネルギーが要りますよね。

斎藤　エネルギーが要りますし、人々の支持を失うこともちょっと覚悟しないといけないですね。たとえば収容主義を見直すと言ったって、「精神障害者を野放しにするのか」みたいな感じに言われちゃいますし。

福山　言われますね。

斎藤　特に精神障害に関する問題では、グループホーム※120とか作業所※121を造ろうとすると反対運動が起こるんです。

福山　でも、もう小手先の問題じゃなくなってきていますよね。

斎藤　そう思います。この先ちょっといじって済むような話じゃないということがあって、本当に深層に手を入れないとまずいだろうと思うんです。

福山　政治って万能じゃないんですね、政治家が言っちゃいけないんですけど。政治は、国民一人ひとりの内面までひっくり返すような、鷲掴《わしづか》みにするようなことはしちゃいけないし、できもしない。そんな傲慢な存在ではない。ただ制度や仕組みを変えることによって、徐々にそっちの方向に、「誘導」という言葉は誤解を与えるから良くないですけど、「社会の次の時代はそっちの方向ですよ」と、うっすら示すことはできると思っているんです。

だからまた同じ話になりますが、高校無償化は、心の分断も教育機会の分断も起こさないようにするために取り入れたんです。無償化すれば、学費がかからない分だけ家計に余裕ができて、将来設計ができる。子どもたちの可能性がみな一緒だということを浸透させる。そういう普遍主義的なサービスの給付を、医療や介護の手当て、教育の機会の手当ても含めて、私らはやりたいと思っていたんですね。そしたら「バラマキだ、バラマキだ」と言われて潰された。それが今になって突然、憲法改正で「教育を無償化するべきだ」みたいな議論が自民党から出てきまして、私らは「何を言っているんだ」という感じなんですけど。

斎藤　なるほど（笑）。

福山　でもやっぱり、民主党政権が理念を国民に伝えられなかったことが失政であり、私らの力不足だったんです。今は、確信を持ってそこを変えないとダメだと思っています。

もうひとつ余計なことを言うと、日本は国連の国際人権規約を批准しているんですけど、高等教育の無償化だけはずっと批准から留保してきたんです。義務教育までが無償なので、高校・大学、専門学校はいいでしょ、とずっと言ってきた。国際人権規約を批准しながら留保していたんですが、私らの政権のときにこの高校無償化を入れたので留保がとれたんですよ。今の日本は、国際人権規約を批准していて、その縛りがかかっているので、高等教育は無償化しなきゃいけないんです、大学まで。だから憲法改正なんて要らなくて、規約上、日本はもうすでにやっていなくてはいけないんです。ただ、そこは財源とのバランスでどうやるかということを考えなきゃいけない。そこも、私個人としては早く実現したいので、極論すれば、消費税三％分、たとえば七・五兆円のうちの何割かを、大学の奨学金の拡充や、就学前幼児教育の無償化にあてる。そういうのが、メニューでつくれると思うんですね。皆さん全員が無料でサービスを受けられますよ、介護保険料は皆さん一律で三千円カットします、安くしますよ、でもその分、消費税をください。消費税をいただいて、あとで返すんですからと。そういうプログラムを揃えて、斎藤さんの言われた独身の中高年男性とかひきこもりの家庭にどういう支援をするかということも含めて、こういうことをやりますよというメニューをつくって、これ本当にそのままやりますから、とお願いする。ただし、やりますから上げるというのでは、社会保障と税の一体改革のときに私らは失敗していますす。二〇一四年の消費税三％引き上げで良かったと思っている国民はほとんどいません。ですから、当初のメニューは、借金してでもやります、そのことの恩恵を受けていただき、実態を伴ってから、これをやるためにもう二%上げさせてください、とまず改革を実現してからその次の選挙で消費税を上げさせてくださいというようなやり方を考えないと、増税先にありきでは無理だと思います。消費税だけでなく、所得税、相続税、金融課税を含めて税体系を考え直す、再配分機能を見直さないといけない。

こういう社会に変えていかなきゃいけないよ、とうっすらと変革の方向を指し示しながら、そのことを現実にサービス給付か現金給付かでやっていく。それしかないんじゃないかなと思うんです。あとはこの理念を、いかにくどく、しつこく言い続けるかということだと思うんですけどね。

斎藤　政府の予算とかは、あまり信用できないですからね。実際につくってみたらこれだけかかりましたと言ってくれる方が納得感がありますよね。

福山　そうなんです。たとえば国民健康保険料や社会保険料って高いじゃないですか。それをそれぞれ何割か、一割でも五%でも安くしますというだけで、たぶんすごい実感があると思うんですよ。サラリーマンはダメなんですけどね、源泉徴収だから。

斎藤　そうですね（笑）。

福山　そこが我々にとって最大の厳しいところなんですけど、自営の人、それから年金生活者の方とかは本当に感じてくれると思う。そういうことをひとつひとつやって構造的に変えていく。加えて、斎藤さんが言われた女性に関する価値観を変えるとか、分断された者同士の差別を助長する仕組みを変えていくとか。同時並行的に、サービス給付や現金給付を充実させていくしかないと思います。

今みたいにそれぞれを分断して、お前の業界団体に金やるから票をくれ、選挙近いからとりあえずじゃあここだけ、ここからここまで所得制限して、ここの所得制限のところだけ介護保険料をちょっと上げるのは待ちます、などつぎはぎ的にやっても、構造的には全然変わらないと思っています。

斎藤　安倍政権が「女性が輝く」と言ってもまったく信用できません。あそこはヤンキー・カルチャーなので、男尊女卑が骨絡みです。そう簡単には変わらないだろうと思うんです。でも人口の半分ですからね。女性というリソース、という言い方はあまり好きじゃないけれども、彼女たちへのサポートも普遍主義的なサポートとして国民は受け止められると思うんです。ただ文化的なものだと思いますけど、やっぱり男性から見ると、女性に対する法的な政策はどうしても他人ごと感があって、そこをどう乗り越えるかだと思うんですよね。これはフェミニズムの問題でもあるんですが、おしろ個人の尊厳の問題として考えた方がいいようにも思います。本来ならフェミニズムというのは、個人主義をインストールしたあとで普及すべき考えなのに、日本では基礎となる個人主義がまったく根付かないのでフェミニズム運動も空中分解してしまったのかな、と考えています。話を戻すと、政策としては女性というよりも主婦層とかをターゲットにした方がいいのかもしれませんね。それと、さっきも言った貧困女子ですよね。貧困でシングルの女子に対してどういう手当てをしていくかということの方が必要だと思うんです。

福山　そういう貧困でシングルの女子ほど、私らのメッセージとか政治が何をやっているかを受け止める暇も余裕も情報もない。その人たちにメッセージを伝える手立てが、今の政治の場には、私らにはないんですね。

斎藤　まあ、新聞をゆっくり読む暇もないでしょうし。基本はテレビでバラエティとかお笑いになっちゃうでしょうし。

福山　あとはネットになりますからね。でもネットだと限界がありますしね。

斎藤　ネットは基本的にSNS主体なので。要するに仲間との連携に使うことがほとんどで、積極的にニュースを見るということはあまりしないと思うんですよね。

福山　ですよね。あと、子どもの貧困も問題で、今「こども食堂」[※122]が広がっているじゃないですか。私、二カ月にいっぺんぐらい「反貧困ネットワーク」[※123]というNGOの会合に、いつも議員バッジをつけないで出席しているんです。そこで聞いた話なんですけど、「こども食堂を造ろう」と言い出すと、その地域の人が「そんなの造ったら、この地域が貧乏な子どもがいっぱいいる地域だと思われるじゃないか」と言って反対する地域の住民が増えているというんです。

斎藤　同じ構造（笑）。精神科とまったく同じ構造ですよ。

福山　それで「こども食堂」を造るのに反対運動が起こるそうです。

斎藤　起こるんですよね。福祉関係はみなそうですよね。なんかそういう施設を造ろうとすると、「地価が下がる」とかなんだかんだ言って反対するんですよ。「住民エゴ」という古い言葉を使いますけど、本当に壁ですね、あの辺もね。ニンビズム[※124]というやつですよね。「Not In My Back Yard」。「大事なものだけど家の近所には造ってくれるな」という発想。海外でも元々ある言葉ですけど、日本においては、特に精神科病院とか貧困者のための施設とか、そういったものに顕著ですよね。

福山　それを聞いて愕然《がくぜん》としたんです。

斎藤　本当にひどい話ですね。「貧困の子どもがいる地域と思われたくない」って（笑）。なんなんでしょうね、まったく。

福山　そういう声があちこちにもあるそうです。政治的に一体何ができるのか。でも、そういう不都合な真実を見たがらないのが官僚組織です。見たがらない状況っていくらでもあるので。

斎藤　そうですね。見なくても社会は回っていると皆思っている。もしかしたら「弱者を切り捨てた方が社会は安定する」と、実は皆思っているんじゃないかと、私はちょっと危惧しているんですけどね。弱者救済の政策に人気が出ないのは、まずひとつは自分のことと思えない、他人ごとだと皆思っているということもあるでしょうし。分断の負の影響は本当に大きいですね。

福山　中間層だと思っている人の割合って日本はすごく高いんですけど、その中間層の下の年収がどんどん下がってきているので、本当はもう中間層ではないんですけど、自分は中間層だと思っている、思おうとしている人が多い。そして生保受給者に対して「あいつらは……」と思っているような人がすごく多い。中間層からこぼれ落ちるかもしれないという危機感のなかで、不安いっぱいに生活をしている人の比率が、今増えていると思うんですよ。

斎藤　中間層にいることが自尊心のよりどころになっちゃっているんですよ。だからなかなかその意識は捨てられない。まさに「否認」です、これも。貧困層だということを否認し続けて、自分は中間層だと思い続けないと、自尊心が維持できないということになっていると思いますね。

福山　そういう精神的構造なんだ。

斎藤　はい。

福山　今、介護施設で働いている方も所得が低い。介護スタッフの可処分所得を上げることによって、その仕事に対する自尊心と、生活に対する将来の夢というとオーバーですけど、展望みたいなものを示すような状況を、何回も同じことを言っていますが、普遍主義的につくらないと、なかなか小手先じゃ変わらないなと思いますね。この考え方は、自民党と根本的に違います。

斎藤　なるほど（笑）。

福山　それでいいと思うんです。自民党と根本的に違う政党があり、違う政治を考える人たちがいるというのは、社会の構造をつくる上ではすごく重要なことだと思うので。

自民党は、所得制限をしたり、一定の業界団体とかに予算を渡すようにして、皆に普遍的にサービスを給付するのは好まない。ここだけ、ここだけ、と分けていく。それが今までの予算配分の仕方ですよね。その予算配分の仕方が、自民党の支持を強める源泉だったわけじゃないですか。予算を渡してその見返りに票を、という構造だった。普遍主義的に渡すと、皆もらっているから、見返りに票とはならない。まあ、これが私らの失敗なんですけど、それが民主党のおかげで来たものだとは誰も思わないわけですよ。皆もらうから。

斎藤　うん、そうですね。

福山　所得制限をして特定の層に予算を配分し、業界団体向けに重点的に予算をつける方が政治的にも選挙的にも合理的かもしれません。しかし、財政は硬直化し、時代とニーズに合わせて必要なところに金が回りません。

ヤンキーにしてもそうですけど、地域の人たちのメンタリティは、元々保守のメンタリティですよね。

斎藤　そうですね。

福山　私が原発を一日も早くやめたいのは、この国土をこれ以上のリスクに曝すのかという思いが、やっぱりあるからです。それは国土を大切にするとか地域を大切にするとか、さっき申し上げた農業者をちゃんと守らないと食糧確保できないみたいな話も含めて、元々保守が言っていたことですよね。

私は自分はリベラルだと思っていたけど、ひょっとして実は保守なんじゃないかって思うこともあります。今までの保守とリベラルの区分けと、今の政治状況における自民党と野党の区分けって、全然合わなくなっているんだと思います。リベラルというと、ばらまいて予算を大きくしているみたいな話になりますけど、予算を大きくしてきたのは、ずっと自民党ですからね。

斎藤　日本では革新政党の方が価値観に関しては保守的で、いわゆる保守の方が改憲をはじめとして、伝統を破壊したり変えたがったりしていますね。

福山　集団的自衛権のロジックなんて、自民党がずーっと戦後つくってきた先人の知恵じゃないですか。それを自民党が潰しにかかるって、やっぱり説明しようがないですよ、保守という論理では。

斎藤　真正の伝統を守るというよりは、「美しい国」[※125]みたいな伝統ファンタジーを強化しようとしている。いわゆる保守とはずいぶん違ってきますよね。

福山　違いますよね。私なんか京都が選挙区ですから、保守的な人が多いんですけど、その人たちとは話が合うんです。でも自民党の今の考え方とは合わない。だから保守とリベラルという区分けはもう限界だと思うんですね。

斎藤　エビデンスに基づいた正しさだけを追求するリベラルは、もう延命できないと思います。私が求めるのは、さっき申し上げたような、人々の感情面に対する手当て、配慮です。正しさだけじゃなくて、それが人々の主観にどう影響しているかということを見極めた上でやっていくことと、それを知るための対話の機会ですね。相容れないと思っている相手ほど、その相手の世界を理解をする必要があります。主張だけでとらえると、本当に狭くなっちゃいますから。どういう気持ちでその価値観を支持しているのかということを、丸ごと受け止める。そこから理解するという態度がこれから必要なのだろうと思います。

福山 まったくそうだと思いますね。そうしないと広がらないですね。

斎藤 言い負かされて傷つくと、自分の意見にしがみつくのが一般的なわけですよ。だから論破された方の気持ちに配慮しないと、それこそ議論に勝って政策で負けるといったことになりやすいですよね。論破されると、反発しか起こらない。正しいことの功罪はちゃんと判断して、どう適切に使うかということだと思いますけれどもね。

福山 そこが政治の妙ですよね。

斎藤 そうなんですよ。相手をやり込めないという温情も時には大事ということで。

福山 う～ん。でも、すぐ正義を振りかざしたくなるんですけどね。

斎藤 安倍さんは、ボロカスに言われすぎちゃって、本当にヤケクソになっているような感じがしなくもない（笑）。もう「言いたいこと言ってやれ」みたいな。それは

説得力のある顔芸を
こころがけて
ございます

追い込まれた結果と見えなくもない。

福山　ですよね。それでなおかつ、皆が怒るようなことを平気でしますよね。例の森友のときに安倍昭恵さんの秘書だった谷査恵子さん[※126]を、いきなりイタリアに転勤させて一等書記官にしたり、いい加減な答弁を繰り返していた佐川宣寿理財局長を国税庁長官に就任させたり。「あんなことをやって!」と言われそうなことをやりますよね。

斎藤　もう散々否定されて、「今さら多少叱られてもなんともないや」みたいになっちゃっているかもしれない、という気がちょっとしなくもない(笑)。

福山　子どもが「これで怒るだろう」「これならどこまで怒るんやぁ～」みたいにしてくるのとなんか似ていますよね。

斎藤　そうそう(笑)。政治家も人の子ですから、やっぱりね。情緒的な配慮も欠かさない方がいいですよね。

福山　そうですね。斎藤さん、今日は長時間、ありがとうございました。

斎藤　こちらこそありがとうございました。「業績対照表」、是非つくってくださいよ(笑)。

おわりに

安保法制強行採決以降、日本で起こっていたこと

福山哲郎

今から約三年半年前、斎藤環さんと対談してみてはどうか、というお誘いを本書の編集を担当いただいた穂原俊二氏から受けた。当時は「保守でなければ人でなし。安倍政権の支持率はどこまでも高く、リベラルなど語る隙間もない」という政治状況だった。筆者は、かねてより斎藤さんの日本社会を「ヤンキー論」で語る切り口に関心を持ち、とても面白いと考えていた。加えて、東日本大震災における東京電力福島第一原子力発電所事故（以下、原発事故）に対して、医学者としての見地、ボランティアとしての現場経験から多くのことを語られていて、本質を突かれるその内容にハッとと気づかされることも多かった。私のような者が相手では斎藤さんに申し訳ない気持ちだったが、快くお引き受けいただいた。

対談は二〇一五年五月に始まった。時には食事をとりながら、時には会議室で何時間も費やし、語り合った。「一体何を語るのか」。特にテーマを決めずに臨んだ対談の内容は多岐に及んだ。原発、フェイク・ニュース、ひきこもり、貧困、自殺対策……、精神科医としての斎藤さんの「診察」は刺激的かつ示唆に富んだものだった。

とはいえ、自然と政治の話題も多くなり、この数年間の安倍政権を「診察」し続けた対談でもあった。そして、それは一強多弱の政治が徐々に崩れ落ちていくプロセスでもあった。

本論には六回にわたる対談の内容が収められているが、四年がかりだったこともあり、この間の政治状況の変化については、時制が微妙にズレていたり、十分に論じられなかったものもある。「おわりに」に代えて、補論のような形で本書を締めようと思う。

「安倍内閣は国会で真実を語らない」

二〇一八年の通常国会は憲政史に大きな汚点を残すような異常事態に陥っている。本稿を進めている五月中旬も柳瀬唯夫元首相秘書官の参考人質疑が行われた。真相は明らかになるどころか、疑念は深まるばかり……。皮肉なことに、加計学園だけが特別扱いを受けていたことを逆に強く印象付けたものになっている。世論調査では「納得できない」が七〇%を優に超え、「いつまでこんなことを続けているのか」とうんざりする毎日が続いている。

昨年の国会から、改竄《かいざん》、捏造《ねつぞう》、隠蔽等々、枚挙に暇《いとま》がないほどに明らかになってきたが、いくつか政府の対応の変化を例示してみたい。

①「森友」問題の国有地売却関連文書
＝当初「廃棄」と説明→法律の相談文書として後に提出
→後に改竄前と改竄後の二種類の存在を認める→交渉記録も存在していた
②「加計」問題の政治家の関与をうかがわせるメモ
＝当初「怪文書」扱い→文科省作成と認める
③南スーダンの国連平和維持活動（ＰＫＯ）日報問題
＝当初「廃棄」と説明→実は存在していた
④裁量労働制に関する調査原票
＝当初「なくなった」と答弁→倉庫に段ボール箱三十二個存在していた

「安倍内閣は国会で真実を語らない」ことを国民に知らしめた一年間でもあった。立法府と行政府の関係が完全に壊れている。例示したどの問題ひとつとっても本来なら内閣総辞職に値する大事件だ。残念ながら、「野党の議席が少ない」「自民党の自浄作用がまったく働かない」「安倍官邸の厚かましさ」等々が相俟《あいま》って、倒閣までに至らない状況が続いており、内心忸怩たる思いでいっぱいだ。

とはいえ、国民の安倍政権離れがいよいよ始まってもいる。この三月、四月のメディア各社の世論調査では、支持率は大幅に下落し、二〇～三〇％台で推移している。自民党の支持率とほぼイコールになり、上積み部分がなくなり、無党派層、女性層の支持離れが顕著になってきた。ここまで異様な国会が続いて、ようやく安倍政権にかげりが見えだした。得意の外交でも支持率の回復にはつながらなくなってきている。

しかし、安倍政権が真実を語らないこと、失言・暴言を重ねながら、強引に数の力で押し切る姿勢は今に始まったわけではない。数年前から十分過ぎるほどに始まっていた。ここで少し、振り返ってみたい。

すべてはここから始まった――安保法制強行採決

日本は、少なくとも四十年以上「集団的自衛権の限定行使はできない」と、歴代の法制局長官が見解を示し、内閣総理大臣も含めてすべての閣僚がそのことを安全保障政策の根幹としてきていた。もちろん、そのほとんどの期間は自民党政権であった。

二〇一四年七月一日、いよいよ安倍政権は違憲の疑いの濃い集団的自衛権の行使を可能とする閣議決定をするが、その時期は国会を閉じた直後だった。つまり、国会を避けるという安倍政権の姿勢は、二〇一四年七月一日からすでにはっきりしていた。

さらに、内閣法制局がまったく審査を行っていないこともその約二週間後に明らかになる。

この閣議決定の前、二〇一三年八月、法制局長官人事で、安倍政権は禁じ手も使っていた。外務省国際法局長だった小松一郎氏（二〇一四年五月まで在任、同年六月死去）を異例の人事で内閣法制局長官に据えた。小松氏は就任時のインタビューで、「集団的自衛権の行使を禁じている憲法解釈を見直す」と言っている。初めから見直しありきだった。ＮＨＫの籾井《もみい》勝人《かつと》会長就任など、公共の人事の私物化であり、メディアへの介入も始まっていたともいえる。

その後、安保法制案が提出され、国会で審議が始まると異例づくめの展開になった。三権分立の我が国で、立法府で審議中の法案に対して、ＯＢとはいえ、司法、それも元の最高裁長官が違憲と発言し、元の内閣法制局長官からも異論が表明されるなど異常事態が続いた。

安倍総理が国民に向かって説明した、ホルムズ海峡も米艦防護も立法事実ではないことを総理自身が認めた。「自衛隊のリスクはない、減る」と言った総理の発言も絵空事のように聞こえ、説得力を持たなかった。総理や防衛大臣の答弁が二転三転するにつけ、それをかばうために別の条文を引っ張り出し、それをなんとかごまかすために別の答弁をし、深みにはまる。論理の破綻が明らかになろうが、平気で破綻した答弁を繰り返し、以前の審議で否定されたことをテレビ番組で口にする。審議のプロセスや積み上げは、意図的に無視して強弁を重ね続けていた。最近の森友・加計問題を彷彿《ほうふつ》とさせるような審議がこの頃からすでに始まっていた。

そして、この法案の名称が『平和安全法制』。国民の目をごまかそうとしているのは明らかだった。それを国民が見抜いたからこそ、審議が進むにつれて反対の声が徐々に広がっていった。二〇一五年の五月から九月の強行採決まで、国会前は、連日デモに参加する数万人の国民で溢れかえっていた。全国で、テレビ、Twitterや Facebook、あらゆるメディアを通じて国会が注目を集めた。有名になった学生団体のSEALDsだけではない。憲法学者、元法制局長官、元最高裁判事、元最高裁長官、各大学の有志、そしてなにより、一人ひとり、個人としてこの法案をなんとか廃案にしたいと、少しずつ、一歩ずつ勇気を持って国民は国会前に向かった。

二〇一五年九月十七日に平和安全法制特別委員会で強行採決され、九月十九日の夜中に参議院本会議が開かれた。国会の周りには数万人の国民が小雨降るなかで反対の声を上げていた。筆者は反対討論に立ち、次のような演説を述べた。

「最後に申し上げます。残念ながら、この法案は今日採決をされるかもしれないが、私は、国会の外と国会のなかでこれほど国民と政治がつながった経験をしたことがありません。残念ながら、この法案は今日採決をされるかもしれない。立憲主義と平和主義と民主主義を取り戻す闘いはここからスタートします。選挙での多数派などは一過性のものです。（中略）どうか国民の気持ちを、怒りの気持ちを、なんとかしたい気持ちを持ち続けていただいて、どうか、どうか闘いをもう一度始めていただきたいと思います」

この演説がその後の筆者の政治活動の方向性を決めることになろうとは、夢にも思っていなかった。

それから約二年後の二〇一七年十月、希望の党と民進党の合流の際、「いわゆる安保法制に賛同する誓約書にサインする」という報道が流れた。「安保法制に賛同する希望の党には行かないし、行けない」。これが立憲民主党の扉を叩く決断につながった。

とはいえ、この安保法制強行採決の顛末《てんまつ》を振り返るとき、安倍政権の「すぐに民は忘れる」という驕《おご》った姿勢は、その底流に民主党の失敗があることを、謙虚に受け止めなければならない。戦後初めて選挙で政権交代をした民主党政権が三年三カ月で瓦解したことに対する国民の非常に大きな失望感、「やはり日本で政権交代は無理なのか」という諦めが、今の民主主義、立憲主義の危機を起こさせている大きな要因であったと言わざるを得ない。後に生まれた立憲民主党はまさにその反省から出発したものだった。

その証に、この安保法制から一年後の二〇一六年の参議院選挙でも、一人区ではやや一矢《いっし》報いたものの、まだまだ安倍政権の一強多弱体制は続くことになった。なかなか野党の信頼が戻ることはなかったのである。

二〇一七年通常国会、安倍政権の綻びが見え始める

二〇一七年の通常国会は、前年の参議院選挙勝利を受けて、安倍政権は盤石のように見られていた。しかし、二月、大阪府豊中市の市会議員による国有地売却価格の開示請求の報道を端緒に、政治が大きく揺らぎ始めた。森友問題である。政治はまさに「一寸先は闇」を永田町が実感することになっていく。

籠池泰典森友学園理事長（当時）、安倍昭恵総理大臣夫人などの特異なキャラクターの登場も相俟って、この問題はあっという間にワイドショーを通じて茶の間に広がっていった。翌二〇一八年になって、主役に躍り出る佐川宣寿理財局長（当時）の居丈高な答弁姿勢も反発を買った。安倍総理の「私や妻が関係していたということになれば、総理大臣も国会議員も辞める」発言が火に油を注ぐ。

国会審議が進むにつれ、当該学園にて安倍昭恵総理夫人が三回も講演していたこと、日本会議の存在、小学校の名誉校長に昭恵夫人を就任させる等々に加え、小学校設置許認可をめぐる不透明な手続きが次々とあぶり出されていった。国有地払い下げにおける八億円値引きの不透明さ、撤去したはずのゴミの存在の有無、交渉記録の廃棄の信憑性《しんぴょう》が大きく問われた。

筆者も訪れた参院予算委員会の与野党委員による小学校建設予定地視察の場に籠池理事長が現れ、いきなり「安倍昭恵総理夫人から百万円を受け取った」と発言。この発言をきっかけに「民間人は呼ばない」と主張していた自民党が、今度は「総理が侮辱されたから」といって、籠池理事長の証人喚問が行われることになる。まったく道理に合わない。証人喚問のテレビ中継は高い視聴率をとり、国民の注目はさらに高まった。

二〇一七年の流行語大賞を受賞した「忖度」という言葉は、筆者が三月六日の国会審議で使った熟語だった。そのときの質疑は次のようなものであった。

「総理も昭恵夫人もひょっとしたら被害者なのかもしれない。しかし、財務局の立場でいえば、昭恵夫人が名誉校長に就任している小学校の開校を先送りしたら、昭恵夫人に恥をかかせたのか、安倍総理に恥をかかせたのかとなる。近畿財務局だって財務省だって忖度するでしょう、それは。そういう状況をつくったこと自身が問題なんじゃないですか」と述べた。安倍総理は気色《けしき》ばんだ様子で「まるで私と妻がこの結果に働きかけをしていたかのごとく、まるで関わっているかのごとく、まるで大きな不正があって犯罪があったかのごとく言うのは、これは大きな間違いであります」とムキになって語ったことがニュースで何度も報道され、「忖度」が広がるようになる。

現在は「昭恵夫人は被害者」だと語ったことでさえ、自らの不明を恥じる。忖度どころか、組織ぐるみの文書改竄や意図的な虚偽答弁が行われていたのだ。一年経ち、今年の同じ三月、筆者は佐川元理財局長の証人喚問で質疑に立つことになったのだが「一年間の質疑は一体なんだったのか」という忸怩たる思いだった。

一方、ほぼ同時期に、安倍総理の「腹心の友」である加計孝太郎理事長の加計学園の獣医学部設置の問題も噴出。「はじめに加計学園ありき」で獣医学部設置が決まったのではないか、という疑念が生まれた。「官邸の最高レベル」「総理のご意向」等々の複数の内部文書が文科省から出てくるも、官邸は「怪文書」と一蹴《いっしゅう》。その後、前川喜平元文科次官が「あったものはなかったとは言えない」と述べ、文書の存在を認めることでやむなく政府も文書の存在を認めざるを得ない事態に。官邸にいた元総理秘書官も、当事者である今治市との面談を行ったかどうかについて「記憶の限り、会ったことはない」と強弁し続け、審議は紛糾。官邸の関与の有無が焦点となる。

森友問題、加計問題にあわせて「モリカケ問題」というネーミングが国民に浸透し、徐々に安倍内閣の支持率は低下傾向を示し始める。後述するが、今年に入って、この問題も新たな文書が続々と出始め、元総理秘書官も面会を認めざるを得ない状況に追い込まれている。

あわせて、昨年の通常国会中には、政府は、過去三回の国会で廃案になった共謀罪を「テロ等準備罪」と法案名を変えて法案を出してきた。日本は、テロに対して国連が採択をした十三の条約すべてに批准していて、全部を国内法で担保している。殺人、組織犯罪、化学物質、ハイジャック等々の法律にはそれぞれ予備または未遂、あるいは共謀などの規定があり、国際条約に十分に対応できる法体系をもっている。また、当初、政府が例示してきたハイジャックや化学物質でのテロの事例も、予備罪で対応できることを国会審議のなかで明らかにした。さらに、法務大臣の答弁は迷走の連続。こんなに稚拙な審議も珍しかった。

そんな状況のなか、会期末が近づいたため、政府・与党は委員会質疑を打ち切り、本会議で強行採決。参院では「中間報告」という禁じ手まで使った。結局、なんのために二百七十七もの犯罪に共謀罪をつくらなければならないのか、誠実な説明はまったくなされないままだった。さらに、日本の共謀罪について、国連の特別報告者から公開書簡で懸念を表明されるという恥ずかしいおまけまでついた。

防衛省の自衛隊日報問題は、最初は稲田朋美防衛大臣（当時）が「廃棄した」と答弁していたが、その後、「実はありました」という話だった。その間、防衛大臣はまったく蚊帳《かや》の外で、なおかつ全体の辻褄を合せるため、背広組が、存在していた日報を廃棄したことにする隠蔽の指示まで出していた。シビリアン・コントロールが利いていないことは明らかだった。

官僚の恣意的な操作で、自衛隊の日報や面談記録が「あのときは廃棄された」「あのときは出てきた」「いや実はあります」ということでは絶対にいけない。議会制民主主義が成り立たなくなってしまう危機感を強く持ったのは筆者だけではなかった。情報公開は、民主主義の重要な装置である。

国会で閣僚は虚偽答弁をしないという最低限共有してきた認識も揺らいでいた。驚くことに森友問題でも、稲田防衛大臣は「自分は弁護人として関わっていない」と言いながら証拠が出てきた途端、「記憶違いです」と答弁を変えている。そんな国会答弁を認めていたら、国会審議の意味がなく、まったく信用されない。

しかしながら、国会は会期末を迎え時間切れ。森友・加計問題の真相究明はうやむやのまま閉会。この頃、当時、人気の高かった小池百合子東京都知事率いる「都民ファースト」が都議会議員選挙で圧勝し、都議会自民党は五十七議席から二十三議席へと激減し、惨敗。

国民にも不満がたまり、安倍政権への怒りの声は高まるが、野党への不信感も強く、政治不信は深刻な状況に陥っていった。

そして、この年の秋、安倍総理は臨時国会冒頭で「解散」という暴挙に出る。モリカケ隠しのための「大義なき解散」と言われた。総理は、アメリカの軍事オプション行使を念頭に「国難突破解散」と強弁した。しかし、その時分に、「朝鮮半島有事の蓋然性《がいぜんせい》が高い」と言われた翌年の二〇一八年六月前後は、皮肉なことに、まったく逆の展開になっている。平昌《ピョンチャン》オリンピック以降の急速な南北接近、南北首脳会談の実現、電撃的な中朝首脳会談、そして米朝首脳会談へと一気に融和モードが広がっている。

本稿執筆時は、米朝首脳会談の実現前で、どのような結果になっているか知る由もない。しかし、非核化の道筋が不可逆的かつ検証可能な形で示され、拉致問題にも一定の進展があることを強く望んでいる。また、一連の動きのなかで、北東アジアの意思決定システムが、日米韓を中心に中国を巻き込む形だったものが、米中韓を中心に方向性が決まり、日本がその意思決定に加われなくなることをとても危惧している。意思決定システムの力学が変わらないよう、政府、外交当局には与野党関係なくご尽力いただきたいと強く願う。

立憲民主党結党、前途多難な船出

二〇一七年九月二十八日、解散当日の午後、両院議員総会で民進党の議員は、前原誠司代表（当時）の「希望の党との合流提案」を全会一致で承認した。その頃の民進党は、支持率が低迷し、総選挙を間近に控え、離党者が続出していた。前原氏と長年京都で活動をともにしてきた筆者は、乾坤一擲《けんこんいってき》の勝負に出ようとしている前原氏と危機感を共有していたつもりだった。また、前原氏がその総会で「安保法制は憲法違反であり、民進党の仲間とこれからも一緒に行動していきたい」と述べたことであえて反対する考えは起こらなかった。特に、自らが参議院議員であるため、身分がなくなる衆議院議員の選択を優先して、今は黙っているべきだと考えた。

しかし、その日の夕方以降、状況は一変する。希望の党の小池百合子代表（当時）から排除発言が飛び出し、排除リストなるものが出回るようになる。現職・新人の候補者に動揺が走り、各選挙区を追われて希望の党が代わって候補者を擁立するという話が乱れ飛んでいた。総選挙告示日までわずか十日。希望の党の公認か、無所属か、そして新党が立ち上がるのか、立候補断念か……それぞれがギリギリの決断を迫られていた。

排除リストに載っているとされたリベラル系議員や強い危機意識を持っていた新人候補者が、枝野幸男民進党代表代行（当時）の動向に注目していた。たくさんの候補者から直接、枝野氏に新党結成を求める電話が入っていた。またネット上では「＃枝野立て」というハッシュタグが広がっていた。

十月一日の夜、筆者は枝野氏と向き合っていた。新党を立ち上げるとすれば、もうほとんど時間は残されていない。枝野氏に「無所属で立候補しても枝野さんはきっと勝つでしょう。議員バッチはつくかもしれないが、それは単なる衆議院議員枝野幸男個人です。たくさんの仲間を見殺しにして、自分だけ生き残ったとしても、政治家枝野幸男は死んでしまいます」と言った。随分失礼なことを申し上げたと今は思う。ただ、二十年のお付き合いと、なんといっても二〇一一年三月十一日、あの東日本大震災のときに内閣官房長官と副長官としてともに原発事故に向き合った。「その時間」がそんな言葉を言わしめた。

どちらかといえば即決タイプの枝野氏が慎重に言葉を選んだ。「福山さんの言っていることはよくわかる。もう一晩だけ考えたい」と言われた。

無理もない。お金もない、時間もない、候補者も一体誰が来てくれるかわからない。ましてや、勝敗に至っては、なんの見通しもない。ないない尽くしである。「明日の朝までに決めないと間に合わないです。どちらにせよ、枝野さんが決めてください」とだけ申し上げて、その夜は別れた。

夜中の三時半頃だったと思う。筆者はある人を通じてデザイナーに翌日午前中までに新党のロゴの作成を依頼する。まだ枝野氏が決断するかどうかわからなかったが、時間がなかった。無茶な依頼だった。その時点で、まだ新党名も決まっていなかった。名前も決まっていないのに、どうやってデザインするのか。無理を言って、いくつかの政党名を仮定して考案してもらった。

十月二日早朝、枝野氏は電話で筆者に決意を伝えてくれた。ひとこと、「やりましょう」「党名は立憲民主党です」と。何も言わず同意した。

その日の午後五時に枝野氏単独の記者会見を開くことを決めた。枝野氏は会見場にでき上がったばかりのロゴマークを掲げ、滔々《とうとう》と思いを語った。身内の欲目になるが、珠玉の出来だった。

何人もの候補者から電話が入る。「涙が出ました。一緒にやらせてください」「立憲民主党から立候補してもいいですか」。現職の議員もひとり、またひとりと集まってくれた。翌三日、徹夜の作業を終え、「立憲民主党」という政党の届出を済ませ、いよいよ船出となった。まさに前途多難であった。

届出を済ませた夜、枝野代表、長妻昭、近藤昭一、辻元清美、佐々木隆博各衆議院議員と筆者が初の会合をもった。後に立憲民主党の役員となるメンバーだった。選挙情勢、候補者の数、お金の工面、政策等々、話し合いは深夜に及んだ。キャッチコピーは安倍政権を強く意識して、「まっとうな政治」に全員一致で決まった。

この時点で、筆者は民進党所属の参議院議員である。民進党約五十人の参議院議員が会派として行動しており、希望の党合流の急な展開に戸惑っていた。旧民進党所属で希望の党に入党した者、無所属を選択した者、まだどんな政党か不明だが立憲民主党で立候補する者、それぞれをみんな仲間だから支援しようという雰囲気であった。

筆者も、京都の選挙区では、前原氏が無所属での出馬とはいえ希望の党との合流を主導した人物であり、山井和則、泉健太両衆議院議員をはじめ、仲間はみんな希望の党からの立候補だった。民進党のままなら、希望も無所属も立憲も応援でき、お手伝いができる。立憲民主党はすでに立ち上がったのだから、民進党に属したまま、縁の下の力持ちではないが、表に出ず、サポートすることも十分可能であった。枝野氏も、前原氏と筆者の長年の関係、選挙区事情を考慮して、あまりはっきりと「民進党を離党して、立憲民主党に来てほしい」とは言われなかった。枝野氏らしい気遣いだった。

「枝野さんに決断を迫った自分が、ひとりだけ民進党に残って表に立たず、サポートすることが潔いのだろうか……自らの気持ちは〝立憲〟で手伝いたい、しかし……」

数日間、自問自答が続いた。

そんな折、あの誓約書の報道が流れた。「限定的な集団的自衛権の行使を含め安全保障法制を基本的に容認し、現実的な安全保障政策を支持すること」と書かれた政策協定書に、一人ひとり、踏み絵のように署名をさせるという。筆者は、二年前の安保法制の審議の際、国会周辺の十万人にも及ぶ国民の前で演説し、「民主主義、立憲主義を取り戻すための闘いはここからスタートします」と啖呵《たんか》を切っていた。その筆者が、希望の党に「行かないし、行けない」ことだけは自明だった。

さらに理由が出てきた。立憲民主党の事務局は各議員の秘書さんたちの徹夜続きの作業で支えられていた。一方、各候補者は当然選挙区に戻っていて、東京に議員がほとんどいなかった。誰も責任がとれない。メディア対応、ポスター、選挙車の手配等々、仕事は山ほどある。誰かが東京で選挙を仕切る必要があった。

安保法制賛同の誓約書、選挙実務の必要性……そして枝野氏の決意。この三つのことを考えたとき、迷うことなかれ。十月四日の夜、枝野氏に「明日、民進党を離党します。立憲民主党に入党させてください。私自身の勝手な判断です」と伝えた。枝野氏は申し訳なさそうな、しかし少し嬉しそうな、なんともいえない表情で、笑っていた。もうそれで十分だった。

翌五日の午後、前原代表に電話で離党を告げた。時間が合わず、直接会って伝えることはできなかった。これで、枝野氏の決断のリスク、立憲民主党で選挙を闘うことを選んでくれた候補者のリスクを少しだけ共有できたと感じていた。スッキリと晴れやかな気持ちだった。

離党会見を終え、枝野氏に入党届を提出した際、すぐさま「幹事長を」と伝えられた。

前原氏にはなんの恨みもない。逆に、当時、民進党の代表として苦渋の決断をされたように思う。ともに行動できなかったことを申し訳なく思うが、それでも希望の党には行けなかった。

そこからは連日、選挙準備に没頭。政策づくり、候補者調整、政見放送、ポスター作成、街宣計画等々、徹夜続きだった。立憲民主党への関心は先の枝野氏の単独会見以降、徐々に高まり、Twitterのフォロワーが一気に十万人を超え、その後二十万人まで駆け上がり、マスコミの話題に上った。候補者も現職はわずか十五名ながら、総勢七十八名で闘うことになった。

公示日から四日後の十月十四日、土曜日だった。「東京大作戦」と銘打ち、SNSで呼びかけた、吉祥寺、新宿、池袋での街頭演説会で、信じられない景色が広がった。演説を聞くために、それぞれの場所で数千人の聴衆が集まってくれたのだった。小雨降りしきるなか、枝野代表の演説を聞いて涙する人、SNSで動画を配信する人、「感動した」とコメントを流す人、それぞれ見たことのない光景だった。

筆者は大都市を行脚《あんぎゃ》する枝野氏との役割分担で、同時刻に九州全域で各選挙区の応援に回っていた。車で移動中の筆者は、聴衆の誰だかわからない人が流してくれる動画で、枝野氏の演説を聞いていた。「もしかすると何かが起こっているのかもしれない」と感じ始めていた。

選挙戦中盤、世論調査による情勢分析が各社から発表された。「十五の現職が生き残ってくれれば、とにかく役割を果たせる」と考えていた当初の見込みを大きく上回るものだった。それでも半信半疑が続く。「当選者が三十なら現有の二倍、そうすればなんとか政党として維持できる。国民の皆さん、お願いします」と手を合わせる日々だった。

各選挙区からは「手応えを感じる」旨の報告が上がってきていた。

十月二十日の秋葉原、選挙戦最終日である十月二十一日の新宿バスタ前の「東京大作戦」は、いずれも雨だったにもかかわらず、それまで以上の大勢の有権者が足を運んでくれた。

「国民が政治離れをしているのではなく、政治が国民から離れている。なんとか受皿に。国民の暮らしから離れ、草の根の声から離れ、政治が上から見下ろしている。こうした流れを変える存在に、立憲民主党はなりたい。立憲民主党は、あなたです」

枝野氏の演説は、毎日、進化していた。筆者も最終日の新宿バスタ前には駆けつけた。枝野氏と二人揃っての演説会だった。八千人とも一万人ともいえる大聴衆が集まってくれていた。その光景を見た途端、グッと胸が詰まった。耳を傾けてくれた。感動をこちらがもらった。

有権者が「まっとうな政治」を求めていたことを、「安保法制は違憲」「原発ゼロ」に象徴される政策のスタンスを、明確にするわかりやすさを希求していたことを、強く強く感じた。政権から下野《げや》して約五年半。筆者がテレビ等の出演で「なかなか笑えなかった」と話すと、多くの聴衆が「明日の選挙結果が良かったら笑って」と声を掛けてくれた。

果たして、翌投票日。

立憲民主党は、望外の票をいただき、小なりといえども野党第一党の議席を獲得することになった。開票センターで記者会見に臨んだ、強《こわ》ばった表情の筆者に、記者から「笑ってください!」の声がとんだ。思わずニッコリ笑った写真が翌日紙面を飾っていた。まさしく一度死にかけた、排除されかけていた候補者たちが、国民の力によって救われた瞬間だった。投票日が台風だったことだけが残念だった。

筆者は「勝った」という表現を選挙以来使っていない。できたてのホヤホヤの立憲民主党に対して、有権者から「五十五議席、一千百万票」という大きな力をいただいて、救ってもらった。「この議席と比例票を第一歩目としてスタートしなさい」というメッセージだと受け止めることにしている。

二〇一八年、前代未聞のフェイク国会

佐川国税庁長官（当時）の辞任要求から始まった国会は、一月、二月は安倍内閣の目玉政策といわれた「働き方改革法案」の審議について紛糾した。裁量労働制導入の根拠となったデータに四百以上の不備が見つかったからだ。結果として、辻元清美国対委員長が野党六党（立憲民主、民進、希望、共産、社民、自由）をまとめ、徹底的な審議を積み重ねた。夜中の零時をまたいだ与野党の幹事長・書記局長会談を経て、不備データを根拠とした裁量労働制は「働き方改革関連法案」から削除されることになった。まずは野党のペースだった。

そんな折、三月二日、大きく局面を変えたスクープが朝日新聞の一面を飾った。「財務省が森友学園問題の決裁文書を昨年二月の国会追及を境に改竄した」という衝撃的な内容だった。筆者はその日の午後に参議院予算委員会で質疑に立つ予定だった。準備していた質問項目は一瞬にして吹き飛んだ。

「文書を廃棄することはない」とは考えていたが、まさか決裁文書を改竄するような禁じ手をやっていようとは……にわかには信じられなかった。

太田充理財局長に「改竄文書は二種類存するのか否か」を執拗に質問したが、結局明言しなかった。しかし、このことが後になって、大きな問題となってくる。参議院予算委員会ではその後も、財務省が改竄文書の存在について明らかにせず、数日が経過した。与野党の緊迫が高まっている最中、突如として、三月九日、佐川国税庁長官が辞任を表明する。理由は「国会を混乱させたから」。まったく理解できなかった。改竄の事実があるのかどうかが焦点だった。会見で、麻生財務大臣がこれまでとは異なり、突然佐川長官を「佐川」と呼び捨てにした。佐川長官に責任をなすりつけようとしていることは明らかだった。

この時点でも太田理財局長は二つの決裁文書の存在をまだ認めていない。往生際の悪さが目についた。いくらごまかそうとしても、もう止まらない。次から次へと改竄前文書が存在することをうかがわせる報道がなされ、次第に財務省は追い込まれていく。佐川長官の辞任自体も、今まで頑として辞めなかったものが、なぜ「改竄」報道があってから逃げるように辞めるのか不可解さを助長するだけだった。野党六党は連日国会対策委員長連絡会議を開き、国会空転も辞さぬ覚悟で真相究明を迫っていた。

果たしてとうとう三月十二日、改竄前の決裁文書が正誤表という形ながら、財務省から提出された。筆者は常々改竄の有無については半信半疑だった。日本の官僚、それも「官庁のなかの官庁」といわれる財務省で「そんなことがまさか」という思いだった。二十年間、立法府に籍を置かせていただいているが、あってはならない信じられない事態が起こっているという、怒りも悔しさも情けなさも全部ひっくるめて複雑な心境だった。この日のマスコミに発したコメントを紹介したい。

「この決裁文書改竄については、事実を隠蔽する驚くべき事態であり、国会審議の信頼と前提を覆す、前代未聞の異常事態である。日本の民主政治の危機、崩壊そのものである。財務省理財局だけでこれらの判断をすることなど、絶対にあり得ない。官僚だけに責任を押しつけることで済まされるはずもない。安倍政権の責任は、極めて重い。政府の信頼は失墜している。政府が与党とともに、責任の所在、なぜこのような事態に至ったかについて、今後どのように国会、並びに国民に説明するかが問われている。根底から信頼が覆っている」

その後は集中審議、佐川前長官の証人喚問がセットされ、準備で眠れない日々が続いた。

筆者とのやり取りで、太田理財局長は、とうとう昨年の審議の際に、当時の佐川理財局長が「改竄文書」をもとに事実と異なる虚偽答弁をしていたことも認めた。また、昨年二月十七日、あの安倍総理の「辞める」発言直後の二十二日、官邸での菅官房長官への説明の際に太田理財局長が佐川氏と同席していたことも明らかになる。太田局長も一年前からずっと改竄や隠蔽に関わっていた疑いが濃くなり、ますます財務省は窮地に陥っていた。

佐川氏の証人喚問も行われたが、改竄の経緯については「刑事訴追のおそれがある」の一点張りで、証言を拒否し続けた。結局、誰が、いつ、何のために文書を改竄したのかはまったく明らかにならず、疑惑は晴れるどころか、深まるばかりだった。

フェイクにフェイクを重ねても真実は出てこない

その後の審議でも、存在を否定していたにもかかわらず、新たに「イラク日報」が発見された問題が発覚。

また、財務省では、福田淳一前事務次官が担当記者へのセクハラ問題が週刊誌をにぎわした。被害女性記者の所属するテレビ朝日が会見し、セクハラの実態をカミングアウトし、顕在化した。当初、財務省も本人もセクハラの事実を否定していたものの、世論の批判が急激に高まり、結局、福田次官は辞任に追い込まれる。今も財務省は事務次官と国税庁長官が二人とも不在となり、まさに前代未聞の事態となっている。

森友問題では、財務省側から籠池理事長側にゴミについて口裏合わせを申し入れていたということも発覚。加計問題では、官邸で柳瀬元秘書官が「記憶の限り会っていない」と答弁してきたものが、愛媛県から面会の事実を示す文書が流出。「首相案件」と発言していることも露呈。

連日、次から次へと過去の安倍政権の国会答弁が覆る新事実や醜聞が出てきている。まるでキリがない。

むすび

この国会がどのような閉じ方をするかはまだわからない。しかし、少なくとも、安倍内閣はすでに政権を担えるような状態ではなく、政権を維持することの限界を呈していることは明らかだ。国会審議の前提である信頼を欠いている。

来年の参院選で、民主主義の基盤と議院内閣制を壊し続けている安倍政権、並びに自民党への国民の鉄槌を期待したい。もちろん、その前提は、野党勢力が信頼に足る準備をすることだ。

民進党を離党し、会派離脱せざるを得なかったことから、昨年秋は、筆者ひとりでスタートした立憲民主党の参院会派は、昨年末には、蓮舫氏、風間直樹氏、江崎孝氏、有田芳生氏、川田龍平氏の五名の議員の参加があり、六名で今年の通常国会を迎えることとなった。四月には杉尾秀哉氏にも加わっていただき、七名となった。五月には、国民民主党が立ち上がり、その影響で、国民民主党に入党しない議員が一人ひとりの判断で立憲民主党の扉をたたいていただいた。衆議院議員入党一名、参議院議員入党十名、会派入り六名と計十七名の仲間が加わることとなった。

県連組織は二十を超え、自治体議員も次々と入党者が増えている。小さいながら野党第一党としての責任が日々重くなっていることを実感する。

二年前の安保法制強行採決時と昨年立憲民主党で闘った総選挙後に、まったく同じ風景が目の前に広がっていた。筆者のような政治家に向かって、国民から電車のホームで、街角で、コンビニで、タクシーのなかで、「ありがとう」と握手を求められていることだ。もちろん、政治家が「頑張って」とか「応援しているよ」という声を掛けていただくことはよくあることだ。しかし、「ありがとう」はあまり経験がなかった。「大作戦」で雨のなか、わざわざ足を運んでくださり、そして手を握り、「ありがとう」とメッセージをいただく。この重みとありがたさは言葉ではなかなか表現できない。有権者と政治家の新しいコミュニケーションの形だと思う。「票を投じる党をつくってくれてありがとう」「私たちの言いたいことを言ってくれてありがとう」「原発ゼロを言ってくれてありがとう」……それぞれの方々に、それぞれの思いがあり、政党に、いや立憲民主党に期待してくれている。筆者をはじめ、まだ立憲民主党は何も実現していない。すべては始まったばかりである。

この「おわりに」は、筆者の見た、ここ数年間のこの国の政治の断面である。立場が異なれば、違う見え方があってしかるべきだと考える。

本論では、斎藤環さんと、ひきこもりや自殺、メディアで大きく取り上げられないテーマも含めて、自由に語り合ったものである。

対話編と「おわりに」はずいぶんテイストの違ったものになってしまった。「おわりに」では、アベノミクスの検証、異次元緩和の出口戦略、原発ゼロ・エネルギー政策など語るべきことは多々あるが、紙幅の関係でここ数年の安倍政権による立法府と行政府の関係を危うくしているものに絞って論じた。安倍政権の不条理、不公正な政権運営への強い抗議の意思と、野党をはじめ自らの不甲斐なさに対するなんともいえないやり切れなさや怒りの塊をぶつけたものになってしまった。

読者には、政治家の見た記録として寛容に受け止めていただければ幸いである。また、最後まで読んでいただいたことにも心から感謝申し上げたい。

斎藤さんには、何度もの対談のたびに筆者の稚拙な議論に気長にお付き合いいただき、いくつもの貴重なご示唆を賜った。心から感謝申し上げ、斎藤さんの臨床医師として、作家としての更なるご活躍を祈念したい。

編集を担当していただいた太田出版の穂原俊二氏には原稿が遅れに遅れていたにもかかわらず、忍耐強く接していただき、感謝の言葉もない。本書が上梓できることになったのは穂原氏をはじめ、新木良紀氏、構成担当の田中聡氏らの献身的なご尽力のおかげである。

本文中に挿入されたイラストは、コラムニストである小田嶋隆氏の作品である。一方的に小田嶋氏の読者であった筆者は、本書を通じてご縁をいただいたことをとても嬉しく感じている。素敵なアクセントをつけていただき、ありがたい思いでいっぱいである。

むすびに、筆者の事務所のスタッフにも心から感謝を申し上げたい。彼らがいなければ本書もできていないし、政治活動もままならない。地元京都で長年お世話になっている支援者の皆様には、今回の政局で立憲民主党の立ち上げに加わったことで、ご心配やご迷惑をおかけした。重ねて、幹事長という役割柄、なかなか京都に帰ることができないにもかかわらず、それでもなお温かく見守っていただいていることに心から感謝を申し上げたい。

脚注（田中聡＋編集部作成）

1　否認

精神分析用語。あまりにも不快な事実に直面した際に、圧倒的な証拠が存在するにも関わらず、それを真実だと認めず拒否すること。

2　ＪＣ

青年会議所。二十歳から四十歳まで（東京青年会議所は二五歳から）の有志の青年経済人によって構成され、「修練」「奉仕」「友情」の三信条のもとに「明るい豊かな社会」の実現を目指すという目的を掲げる。各地の青年会議所の総合調整機関として日本青年会議所がある。青年会議所での活動を経て政治家となった者も多い。

3　ＳＥＡＬＤｓ

十代、二十代の若者たちによる「自由で民主的な日本を守るための、学生による緊急アクション」。国会前デモなどを通じて、立憲主義・生活保障・安全保障の三分野でのリベラル勢力の結集を呼びかけた。若者が政治への危機感から積極的に声を上げ出し、デモに清新な息吹を吹き込んで路上の政治活動に新たなスタイルを提示したことに、多くの賞讃と期待が寄せられた。その活動に共感した若者たちによるＳＥＡＬＤｓが関西、東北、沖縄、東海にも誕生した。二〇一六年八月、ＳＥＡＬＤｓ　ＲＹＵＫＹＵを除いて活動を終え、二〇一七年三月、新たな団体として「未来のための公共」が設立された。

4　失言ラッシュ

第二次安倍内閣になってから、閣僚らのひどい失言、暴言が続出した。石原伸晃環境大臣は「原発反対者は集団ヒステリー」「最後は金目でしょ」と言い、麻生太郎副総理は憲法改正について「ナチスの手口にならったらどうか」と語り、三原じゅん子は「八紘一宇」の精神を訴えるなど、際限なく問題発言が飛び出し、安倍総理も質問中の野党議員に「日教組！　日教組！」とヤジを飛ばすなど、抑制を欠いた態度が目に余った。しかし、あまりにも続いたせいで国民が麻痺してしまったのか、あるいはメディアの忖度か、あまり話題にもされなくなっていった。以前なら間違いなく更迭されたような暴言も、「問題にあたらない」（菅官房長官）などの言葉だけでスルーされ、まもなく忘れられていった。昨今の国会での安倍総理の答弁はもはや失言や暴言と区別するのも難しいほど破綻しているが、やはりほとんどスルーされている。

5　**朴槿恵**

大韓民国の第一八代大統領。二〇一二年の大統領選挙で勝利し、韓国で初めての女性大統領に就任した。しかし、友人の崔順実を国政に介入させるなどした「崔順実ゲート事件」によって、二〇一七年三月、大統領弾劾が成立、罷免された。この事件には、安倍首相のいわゆる「アベ友」たちを連想させられるが、なぜか日本ではそのような騒ぎにはなっていない。

6　**ご著書**

斎藤環『原発依存の精神構造——日本人はなぜ原子力が「好き」なのか』新潮社、二〇一二年。

7　**反知性主義**

かつては学歴エリートの知的な言動に対する軽蔑や嫌悪が大衆的なイデオロギーとなったものをいったが、今日では知性の欠如に居直る人や理路を無視する人を批判するのに使われることが多い。与党の面々やその支持者たちの知的退廃ぶりがあまりに目に余るところから、よく使われるようになった。

8　**半グレ**

暴力団の組には属さず、かといって堅気でもない、緩やかな組織の犯罪集団。組による縛りがなく、暴力団対策法の規制対象にもならなかったので、より無軌道で大胆な活動ができ、暴力団組織を圧倒するほどの勢力を持つものもあったという。振り込め詐欺や闇金融など、さまざまな非合法ビジネスを行っているが、実態は定かでない。半グレの代表格とみなされた「関東連合」や「怒羅権《ドラゴン》」は、警察庁によって「準暴力団」に指定された。

9　**よさこいソーラン**

一九九〇年代に札幌市で、高知県のよさこい祭りと北海道のソーラン節とを融合させ、その曲や演出をチームごとに創作し競い合うというYOSAKOIソーラン祭りを、学生たちが考案・主催して成功させると、そのノウハウが全国に広がり、それぞれの地元の民謡などとミックスし現代的にアレンジしたYOSAKOI祭り、よさこい祭りがいたるところで行われるようになった。伝統芸能の意匠を借りながら、ジャズダンスやヒップホップなどのポップな曲調や振り付けで、若者になじみやすいものになっている。

10 「女体盛り」問題

日本JC女体盛り事件。一九九八年二月、旭川市のホテル地下の居酒屋で、日本JCの幹部ら三三人が懇談会を催した際、旭川JC会員と日本JC職員が幹部のために全裸女性に刺身を盛りつけた女体盛りを用意。幹部らは喜びいさんで女体に群がったという。後に、そのコンパニオンが一六歳だったことが発覚し事件化。参加者は旭川中央警察署で事情聴取を受け、未成年だと知りながら手配した東京JC会員など四人が売春防止法違反と北海道青少年健全育成条例違反で逮捕された。

11 バージニア州でのヘイトをめぐる騒動

二〇一七年八月十二日、バージニア州のシャーロッツビルで、市内の公園に設置されている南北戦争の南軍司令官、ロバート・E・リー将軍の銅像を撤去する計画に反対する白人至上主義者、ネオナチ支持者らが終結し、白人至上主義を唱えるヘイト・デモを行って、それを阻止しようとする反対派と激しく衝突した。反対派の勢いは強く、白人至上主義者らは後退していったが、ひとりの青年が車で反対派の群集するなかへ突っ込み、三二歳の女性をひき殺し、多数の負傷者を出した。

12 藻谷浩介

地域エコノミスト。日本総合研究所主席研究員。平成の合併前に三二〇〇市町村のすべて、さらに海外七二カ国を、自費で訪問して歩き回り、地域特性を多面的に把握してきた経験と諸統計を合わせて解析し、地域振興や人口成熟問題に取り組んできた。講演活動を活発に行い、人口減少、高齢化の進む現在では経済成長期の発想でまちづくりをしても必ず失敗すると指摘、それぞれの地域の特性を活かしてのまちづくりを提言している。二〇一三年刊行の『里山資本主義——日本経済は

「安心の原理」で動く』（角川oneテーマ21、共著）が話題になった。

13 **地蔵盆**

毎月二十四日は地蔵菩薩の縁日、地蔵講とされ、そのうち旧暦七月二十四日のものを地蔵盆・地蔵会という。近畿地方で盛んで、路傍や街角にある地蔵を町の人々が洗い清め、前垂れを新しくしたり化粧したりして、供えものをする。僧侶による読経などを行うところもある。地蔵尊は子どもを守るとされたので、地蔵盆も子どものための祭りとして、子どもたちに菓子を配ったり、子どもらが集まって遊ぶイベントの場となったりもする。

14 **自衛隊の日報問題**

自衛隊をＰＫＯ派遣していた南スーダンの情勢について、政府は「自衛隊が活動する首都のジュバ市内は比較的安定している」としていた。しかし現地の部隊が作成した日報が「発見」されると、そこには「戦闘」という文言があった。戦闘地域だとなれば、憲法にもＰＫＯ法にも反していることになる。

その日報は、ジャーナリストの布施裕仁が防衛省に情報公開請求した際、「廃棄した」と返答されたものだった。「廃棄」とはとんでもないことだと問題になり、調査が行われた結果、日報は「発見」された。すると安倍晋三総理は「一定の区切りをつけられる時期」だという理由で、南スーダンから自衛隊の部隊を撤収させた。最初に公開されなかったのは、その頃、南スーダンに派遣する自衛隊部隊に駆け付け警護の新任務を付与する閣議決定と、それに基づく第一一次隊の派遣を行っており、反対も多かったこの事案をスムーズに進めるためだったのだろうと推測されている。「発見」という白々しい言い訳をする防衛省の隠蔽が問題とされるなか、実は稲田朋美防衛大臣が日報の隠蔽を了承していたことを明らかにする資料が防衛省内部からのリークによって発覚した。

15 **福田康夫元総理による公文書管理法制定の主導**

福田康夫元総理が強力に主導し、二〇〇九年に公文書を保管、管理することを義務づけるなどした公文書管理法が制定、公布された。二〇一一年四月に施行。

16 鴻池祥肇
自民党参議院議員。元防災担当相。学校法人「森友学園」に国有地を相場より八億円も安く売却した問題をめぐり、財務省や国土交通省に働きかけを行った疑惑が浮上すると、記者会見で森友学園の籠池理事長夫妻から現金の入った封筒を渡されたが「無礼者！」と怒鳴って突き返したと、派手な身振りを交えて語った。その後、森友学園から献金を受けていたことが発覚するも、知らなかったと主張。

17 稲田朋美
福井県選出の自民党衆議院議員。元防衛大臣。失言、暴言、疑惑のオンパレードで、心ある人々はあきれ、怒り、このような人物が防衛大臣であることの実害の大きさを思って恐れおののいた。しかし大臣更迭後の衆議院選挙でも当選。

18 前川喜平
元文部科学事務次官。加計学園が運営する岡山理科大の獣医学部新設についての問題で、文科省内に「総理のご意向」と記された新設認可を督促する文書が出されていたか否かをめぐって国会が紛糾していたさなか、前川元次官は記者会見を行い、文科省が存在しないとしていた文書について「あったものをなかったことにはできない」と言い、それが文科省で作成されたものだと述べた。翌月、文科省は一四点の文書の存在を確認したと発表する。会見での「公平、公正であるべき行政のあり方が歪められたと思っている」という発言は官邸の強い反発を招き、『読売新聞』はその意を受けたように、前川元次官が二年前に出会い系バーに通っていたことを、違法なハレンチ行為であるかのように報道した。前川元次官は、女性の貧困の実地調査を個人的に行っていたのだと説明し、『週刊文春』はその主張を裏付けるような女性の証言を紹介している。

19 シビリアン・コントロール
文民である政治家が軍事を統制するという基本原則。南スーダンの日報問題で、もし自衛隊が防衛大臣に日報の存在することを報告せずに隠蔽していたのなら、この原則が破られたことになる。だが大臣が報告を受けていたのであれば、大臣が隠蔽し虚偽を語ったことになる。しかし、虚偽の証拠となる資料が自衛隊内部からリークされて大臣が更迭されたとなれば、これまたシビリアン・コントロールに反する事態となる。つまり、どちらであれ大問題なのである。

20 この五年間

第二次安倍内閣が成立してからの年月。

21 『Voice』

PHP研究所発行の雑誌。松下幸之助の希望によって一九七七年に創刊された。保守派の著者の論考を多く載せる。

22 ナシア・ガミー『一流の狂気』

ナシア・ガミー『一流の狂気――心の病がリーダーを強くする』山岸洋・村井俊哉訳、日本評論社、二〇一六年。

23 『失敗の本質』

戸部良一・寺本義也・鎌田伸一・杉之尾孝生・村井友秀・野中郁次郎『失敗の本質――日本軍の組織論的研究』中公文庫、一九九一年。

日本がアジア・太平洋戦争で敗れた原因を、日本軍の戦略、組織面から研究した書。一九八四年にダイヤモンド社から刊行され、今日の日本の社会や企業組織の問題を考える上でも有益な著作として長く読み継がれている。

24 山本七平『「空気」の研究』

一九八三年に刊行された、山本七平の代表作のひとつ。日本社会や日本人を理解するための必読書として今も読まれ続けている。あらゆる論理や主張を超えて一種の「絶対権威」のごとき力をふるって人を拘束する「空気」という「怪物」の正体を探った書。

25 インパール作戦とデス・マーチ

一九四四年三月、アメリカから中国へ物資を輸送する「援蔣《えんしょう》ルート」の遮断を目的として、インド北東部の都市インパール攻略を目指した日本陸軍による作戦。補給が困難なことから無理な作戦であることは明らかで慎重論もあったが、牟田口廉也中将の強硬な主張を上層部が支持して慎重論者を排除、膨大な兵の犠牲を前提とする作戦が強行された。地獄のような行軍の末に、兵のほとんどは飢えや病で死に、上に立つ者たちは無事に帰国した。インパール作戦は、このように実務にあたる者を犠牲にして顧みない無謀、残酷な作戦の代名詞となり、今日の職場の状況をさしても使われている。また、次々と兵が倒れていった無惨な行軍は「デス・マーチ」と呼ばれ、これも職場の現状をたとえて使われている。

26 **ファクト・チェック**
政治家らの発言内容を確認して、その正否や信憑性を評価するジャーナリズムの手法。アメリカのファクト・チェック専門の政治ニュースサイト「ポリティファクト（PolitiFact）」が、二〇〇八年のアメリカ大統領選をめぐる報道でピュリッツアー賞を受賞している。

27 **LNT仮説**
放射線の被ばく線量と影響の間には閾値《いきち》がなく直線的な関係が成り立つという「閾値なし直線（LNT）仮説」のこと。

28 **IF（インパクト・ファクター）**
自然科学や社会科学分野の学術雑誌の影響度を、引用された頻度で測る指標。掲載された論文が特定の年または期間内にどのくらい引用されたかを平均値で示す。

29 **白井聡『永続敗戦論――戦後日本の核心』講談社＋α文庫、二〇一六年／元本は太田出版atプラス叢書04、二〇一三年**
戦後日本は、アメリカに対する敗戦を骨の髄まで内面化して無限従属する一方で、アジアに対しては敗戦を否認し続けてきた。敗戦を認めないことで、いつまでも敗戦が続く。この戦後日本のありようを「永続敗戦レジーム」と呼び、現政権のもとでそれがいっそう露わになっていると論ずる。

30 **大島堅一『原発のコスト――エネルギー転換への視点』岩波新書、二〇一一年**
電力会社のPRによって、原発の発電コストは他と比べて安いとされてきた。しかし立地対策費や使用済み核燃料の処分費用、事故時の莫大な賠償など、社会的コストを考えるなら、原子力発電は経済的に成り立つものではない。節電と再生可能エネルギーの普及によって脱原発を進めることの合理性を説得的に訴えた書。

31 **東京新聞の望月衣塑子記者**

中日新聞社東京本社社会部記者。武器輸出や軍学共同をテーマとした取材によって「第二三回平和・協同ジャーナリスト基金賞」奨励賞を受賞。二〇一七年三月、森友学園、加計学園の取材チームに参加。六月からは菅義偉内閣官房長官の記者会見に出席するようになり、なれあった記者たちがあたりさわりのない質問に終始するなか、当たり前に尋ねるべきことを質問して、菅官房長官を不機嫌にさせた。九月一日には首相官邸報道室が『東京新聞』に対し、八月二十五日の会見で加計学園の問題について質問した望月記者について、「未確定な事実や単なる推測に基づく質疑応答がなされ、国民に誤解を生じさせるような事態は断じて許容できない」と書面で抗議を行うという、きわめて異例な対応をとった。これに便乗し、望月記者を「殺すぞ」などという脅迫電話が『東京新聞』にかかったという。

32 **日本会議系**

日本会議は一九九七年、神道や仏教系新宗教の人脈による「日本を守る会」と、財界人や学者を中心とした「日本を守る国民会議（元元号法制化実現国民会議）」とが合併して設立された保守団体。全都道府県に支部があり、会員は三万八千人ほどという。関連団体に、日本会議国会議員懇談会、日本会議地方議員連盟、日本女性の会などがある。その活動は、「美しい日本の再建と誇りある国づくり」のため、政策提言と国民運動を行うことだという。新憲法の制定を目指し、軍事力の増強や「緊急事態条項」の条文化、復古的な家族観や道徳、愛国心を涵養《かんよう》するような教育への改革などを進めている。保守といいながら、およそ日本の歴史や伝統に無知な発想が目立つ。それは単なる反共意識からの主張にすぎないからだともいわれる。

33 **台湾が原発を将来はやめると決めた**

二〇一七年一月十一日、蔡英文政権が提案した「二〇二五年までに原発の運転をすべて停止する」という条文が盛り込まれた電気事業法改正案が立法院（国会）の本会議で可決され、成立した。改正法では、原発分の電力を代替する再生可能エネルギーの普及など電力改革を行うことになっている。

34　文在寅

大韓民国の第一九代大統領。弁護士として市民運動や人権運動に参加したあと、盧武鉉政権での大統領側近を経て国会議員となり、新政治民主連合代表、共に民主党代表を務める。二〇一七年五月、朴槿恵の弾劾・罷免に伴う大統領選挙で当選。盧武鉉元大統領の八周忌追悼式の式辞で「民主主義と人権と福祉が正常に機能する国、地域主義と理念の葛藤、差別という非正常がない国」をつくるという「盧武鉉の夢は目覚めた市民の力で復活」したと述べた。政策を大企業中心から中小企業中心へと転換し、多様な雇用対策のための巨額の補正予算を通し、最低賃金を大幅に高くするなど、民主的な政策を次々と実現して、非常に高い支持率を保っている。南北首脳会談を十一年ぶりに実現し、板門店宣言を発出。

35　ドイツ、スイス、イタリア、ベルギーの脱原発

ドイツ

福島の原発事故発生から四日後、ドイツ連邦政府は三カ月間の「原子力モラトリアム」を発令した。一七基あった原子炉すべての安全点検が行われ、一九八〇年以前に運転開始された七基は即座に止められた。そして事故から四カ月後には、二〇二二年末までに原発をすべて停止させるという脱原子力法案が、連邦議会と連邦参議院で圧倒的多数で可決された。

スイス

二〇一七年五月、スイスで新エネルギー法の是非を問う国民投票が行われ、賛成票五八・二％で可決された。新エネルギー法では、二〇五〇年までに脱原発を実現するため、スイス国内にある原子力発電所全五基を順次廃止し、再生可能エネルギーの促進と省エネを推進することになっている。

イタリア

ベルルスコーニ政権は、一九八六年のチェルノブイリ事故後に国民投票によって停止された全四基の原発を再開させようと考えていたが、二〇一一年にその是非を問う国民投票を行うと、九五％が反対票だったため、これからも原発は持たないことになった。

ベルギー

チェルノブイリの原発事故後に脱原発の世論が高まり、二〇〇三年に脱原子力法が成立した。電力供給に支障が生じないことを条件として、稼働四〇年を迎える原発を順に廃炉にし、二〇二五年

までに全廃する計画となっている。ただ現在はまだ代替エネルギーへの転換が進んでおらず、政府は原発の運転延長を決めている。

36 **吉田調書**

福島第一原子力発電所で陣頭指揮にあたった吉田昌郎福島第一原子力発電所元所長が「東京電力福島原子力発電所における事故調査・検証委員会」（政府事故調）の聴取に応じた際の記録「聴取結果書」の通称。本人の意思により非公開とされていた。

しかし吉田元所長が二〇一三年七月に死去すると、翌年五月に『朝日新聞』が吉田調書を非公式に入手し、「所員が命令違反して原発から撤退しようとしていたと書かれていた」と報じた。これに対して、吉田元所長に取材したことのあるジャーナリストや吉田調書を入手したという他紙などからも批判が相次ぎ、「吉田調書を公開せよ」という声が高まり訴訟にまでなって、政府は記録を公開する。結果、『朝日新聞』は記者会見を開いて、記事を取り消して謝罪するにいたった。『朝日新聞』の信頼性を大きく落とした事件だった。しかし、所員が撤退しようと考え、それを菅直人総理が引き留めたことは事実だった。

37 **浜岡原発**

静岡県御前崎市にある中部電力の原子力発電所。5号機まであり、1、2号機は二〇〇九年に運転を終了。浜岡原発は、東海地震の予想震源域のほぼ中央にあり、活断層が直下にあるともいわれる。その上、トラブルが頻発しており、耐震性は以前から不安視されていた。二〇一一年五月六日、菅直人総理が全原子炉の運転停止を要請し、中部電力は要請を受け入れた。

38 **固定価格買取制度**

再生可能エネルギーによる電力を電力会社が買い取る価格を法律で定めることによって、再生可能エネルギーの普及を助成する制度。日本では二〇一二年に始まったが、太陽光発電に対する助成水準は年々下げられている。

39 **日本原子力研究開発機構**

原子力に関する研究と技術開発を行う国立研究開発法人で、略称は原子力機構（ＪＡＥＡ）。日本原子力研究所と核燃料サイクル開発機構とを統合再編した組織で、二〇〇五年に独立行政法人として設立され、二〇一五年に国立研究開発法人に改組された。本部のある東海村の東海研究開発センターでの使用済み核燃料再処理の実験、敦賀の「もんじゅ」「ふげん」、大洗の「常陽」による高速増殖炉の実証実験や廃炉研究、各地での放射性廃棄物の地層処理の研究など、核燃料サイクルのための諸研究を行っている。なお、会計検査院の報告書によると、「もんじゅ」には一兆円以上の国費が投入されたが、二〇一六年の廃止決定までに、二百五十日間しか運転を行っておらず、技術成果の達成度も一六%に留まった。

40 「1F《いちエフ》」

東京電力福島第一原子力発電所の略称。

41 「暴力装置」

二〇一〇年十一月十八日の参議院予算委員会で仙谷由人官房長官は「暴力装置でもある自衛隊」と発言。自民党が抗議すると、「実力組織と言い換える。自衛隊の皆さんには謝罪する」と発言を撤回し謝罪した。しかし自民党はみんなの党とともに、尖閣諸島沖中国漁船衝突事件での対応と併せて問題とし、十一月二十六日に不信任案を提出、可決された。多くの人がその発言を左翼的な表現として非難し、当たり前の表現だと述べたのは自民党の石破茂議員などごく少数だった。

42 原子力規制委員会

環境省の外局。委員会の事務局として原子力規制庁がある。東京電力の福島原発事故の際、原発を推進する組織である資源エネルギー庁と、規制する組織である原子力安全・保安院とが、同じ経済産業省のなかにあるため、省内の人事異動で官僚が両方を行き来しており、しかも経産省から電力会社へ天下りした者も多く、その影響下にある原子力安全・保安院が規制する機関としては機能していないという問題が浮上した。そこで環境省の外局として、原子力規制、監視に関わる業務を一元的に担う部署として、原子力規制委員会を新設。二〇一二年九月十九日に発足した。

43 IAEA

国際原子力機関の略称。本部はウィーン。「原子力平和利用推進のための活動」を行う国際機関である。一九五三年に国連総会でアイゼンハワー米大統領が「Atoms for Peace（平和のための原子力）」を宣言し、アメリカが核独占から政策転換したのに合わせて、原子炉輸出による原子力産業の振興と、ウランやプルトニウムの軍事転用阻止のために創設された。したがってアメリカの意向におおむね従属し、また職員のほとんどは原子力産業や関連行政機関からの出向者で占められている。

44 FEMA
　アメリカ合衆国の大災害に対応する政府機関「アメリカ合衆国連邦緊急事態管理庁」の略称。大災害にあたって必要な業務が多数の担当省庁に分散していることの弊害をなくし一元的に活動できるようにする目的で、一九七九年に発足。大統領直属の連邦機関だったが、二〇〇三年に国土安全保障省に編入され、緊急準備・即応担当次官の下に置かれている。連邦機関、州政府、その他の地元機関の業務調整や、復興のための資金面の支援などを行う。

45 田中俊一
福島出身の物理学者。原子力規制委員会の初代委員長。二〇一七年九月に退任。二〇一一年の福島原発の事故当時は財団法人（のち一般財団法人）高度情報科学技術研究機構の会長だった。三月三十日、原発を推進してきた学者一六人の連名で、事故への遺憾の意と国民への陳謝を述べ、「状況はかなり深刻で、広範な放射能汚染の可能性を排除できない」として、原子力災害対策特別措置法に基づき、国と自治体、産業界、研究機関が一体となって緊急事態に対処することを求める異例の緊急建言を行っている。その後、文部科学省の原子力損害賠償紛争審査会委員、内閣官房参与、福島県や伊達市の除染アドバイザーなども務めた。

46 縦割り
　縦割り行政。それぞれの省庁の自律性が強く、行政全体としての統一性が弱い行政システム。横の連携ができないことの弊害は久しく語られているが、セクショナリズムの壁は厚い。それを総合的に調整するのは内閣の仕事である。

47 「トラスト・ミー」
鳩山由紀夫首相が沖縄の米軍普天間基地の移転

先を「少なくとも県外」と宣言してからの紆余曲折のなか、二〇〇九年十一月に来日したオバマ大統領との非公式の会談で、「トラスト・ミー」と言ったことがマス・メディアを騒がせた。「トラスト・ミー」は、辺野古への移設を決着させるという約束の意味に理解され、その後の鳩山総理の言動がオバマ大統領を裏切っている、方針がふらついていて信用できないなどと批判されたが、本人は、なるべく早く決着をつけるつもりだという意味で言っただけの言葉が勝手な解釈とともに広められたのだと主張している。ただ二〇一四年にラジオ番組に出演した際、腹いっぱいだというオバマ大統領にパンケーキを勧めて言った言葉だったと説明したりもしていて、また世間の不信感を高めてしまったようだ。

48 **首班指名**

国会で内閣総理大臣を指名するための選挙。憲法第六七条の定めによる。衆議院・参議院それぞれが国会議員のなかから指名し、両院の被指名者が異なる場合は衆議院の指名が優越とされる。

49 **COP21**

二〇一五年十一月三十日から約二週間にわたってパリで開催された国連気候変動枠組条約第二一回締約国会議の略称。この会議で、二〇二〇年以降の温暖化対策の国際枠組み（「パリ合意」と呼ばれていたもの）が、法的拘束力を持つ「パリ協定」として正式に採択された。一九九七年に京都で採択された「京都議定書」が、二〇一二年のドーハでの会議で改正されて第二拘束期間が二〇二〇年までとされていたが、その次の段階の取り決めがパリ協定となる。世界の気温上昇を二度未満に抑制するため、今世紀後半には温室効果ガス排出量を実質ゼロにするという方針のもと、一九六カ国の参加国が排出量削減目標を提出し、そのための対策をとることを義務づけている。

50 **トランプ政権のパリ協定離脱表明**

二〇一七年六月一日、トランプ大統領は「アメリカ・ファースト」の考えから、地球温暖化対策の国際枠組み「パリ協定」から離脱すると発表した。パリ協定はアメリカの経済と雇用に打撃を与えるもので、離脱はアメリカの主権を改めて主張する意味があるという。世界でパリ協定に参加していない国はアメリカだけになるが、アメリカの温暖化ガス排出量は中国に次ぐ世界第二位で世界の排出量の一五％以上を占めているから、その影響はきわめて大きい。二〇一八年一月十日になってトランプ大統領は記者会見でパリ協定への復帰があり得ると語っており、先行きは今のところ不透明である。

51 「防衛大綱」

防衛大綱は「防衛計画の大綱」の略。十年ほど先までを念頭において中長期的な視点で日本の安全保障政策や防衛力の規模を定めた指針のことで、この方針のもと、五年ごとの具体的な政策や装備調達量を定めた中期防衛力整備計画（中期防）が策定される。二〇一〇年十二月に民主党が策定した新たな防衛大綱では、列島に均等な防衛力を配備する「基盤的防衛力」から、より機動的に対応できる「動的防衛力」へと転換した。冷戦体制型の防衛から、中国軍の南西諸島への進出や北朝鮮のミサイル、またテロの頻発といった現状に合わせての方針転換だった。自民党の第二次安倍内閣が成立した翌年、民主党政権で定められた防衛大綱は凍結された。

52 ブレグジット（Brexit）

欧州連合からのイギリス脱退の通称。二〇一五年の欧州連合国民投票法の成立を受けて翌年の六月二十三日に国民投票が行われ、離脱票が残留票をわずかに上回った。

53 アル・ゴア

アルバート・アーノルド・アル・ゴア・ジュニア。アメリカの民主党の政治家。下院議員、上院議員、ビル・クリントン政権の副大統領を経て、二〇〇〇年に大統領選に出馬。共和党候補ジョージ・W・ブッシュに得票数では上回りながらも敗北した。地球温暖化問題をライフ・ワークとしており、講演をもとにしたドキュメンタリー映画『不都合な真実』は世界に衝撃を与えた。情報スーパーハイウェイ構想を推進してインターネット普及のきっかけをなしたり、まだ注目されていなかったナノ・テクノロジー研究に資金援助したことなどでも有名。

54 ポスト・トゥルース

客観的な事実より、虚偽であっても個人の感情に訴えるものの方が強く世論形成に影響を与えるような現代社会の状況。イギリスのブレグジットやアメリカのトランプ大統領の当選が、フェイク・ニュースによって人々の投票行動が影響された結果だという指摘から、この時代を象徴する言葉となった。

55
浅間山荘
連合赤軍には二九人の仲間がいたが、警察のローラー作戦によって都市に居場所を失った一九七一年の冬、群馬県の山岳地帯に設けた拠点「山岳ベース」にこもった。そこは「銃による殲滅戦」を行う「共産主義化された革命戦士」となるための訓練の場でもあった。常に総括が求められ、内面に踏み込んでの自己批判の強制や相互批判がなされた。それがエスカレートし、極寒の野外に縛って放置したり、絶食の強要や暴行が行われるようになり、十二人が命を落とした。志を同じくしていたはずの若者たちは、わずかな差異を革命戦士としての不徹底さとして許さず、命を奪うまでにいたった。翌年の冬は、脱走者や逮捕者が相次いだが、それまで使ってきた山岳ベースが警察に発見されたことを知った五人が、妙義山のベースから山越えして長野県に向かう。どこかもわからないまま軽井沢を歩くうち、一九七二年二月十九日、たまたま目についた河合楽器の保養所「浅間山荘」に入り、人質をとって立てこもった。ここでの一〇日間に及ぶ警察との攻防戦はテレビ中継され、日本中の人々の目を釘付けにした。

56
ゼロ・トレランス派
どれほど微量でも放射線被ばくを許容すべきではないと考える人々。

57
ホルミシス仮説派
低線量の放射線は、生物活性を刺激したり、高線量照射に対する抵抗性をもたらす適応応答を起こすという放射線ホルミシス仮説を信じる人々。

58
平安女学院
京都市上京区にある私立の中高一貫校。学校法人平安女学院が運営しているミッションスクール。一八七五年にアメリカ聖公会宣教師エレン・エディが大阪・川口に「エディの学校」を設立し、一八九四年に「平安女学院」に改称。翌年に京都へ移転した。

59 一八歳選挙権
二〇一六年から選挙権年齢が二十歳から一八歳以上へと引き下げられた。同年七月十日の参議院議員選挙がその改正後の最初の国政選挙となった。

60 断酒会
一九五八年に生まれた、酒の問題に悩む酒害者による酒害者のための自助組織。互いに体験談を語り聴くことで、解決への糸口を見出す。一九六三年に全日本断酒連盟という全国ネットワークができた。

61 アルコール問題議員連盟・アルコール健康障害対策基本法
全日本断酒連盟は、一九八六年に発足したアルコール問題議員連盟に、アルコール依存症をはじめとするアルコール関連問題を根本的に解決するための法律を制定するよう働きかけてきたが、民主党への政権交代後に連盟の執行部メンバーが大きく入れ替わると実現に向けて一気に動き出し、二〇一三年十二月七日の参議院本会議において「アルコール健康障害対策基本法」が可決された。議連会長は中谷元元防衛大臣、事務局長は福山哲郎。

62 AA
Alcoholics Anonymous（アルコホーリクスアノニマス）の略称。アルコール依存症に苦しむ人々が、「経験と力と希望を分かち合って共通する問題を解決し」、また他者の依存症からの回復を手助けしようという団体で、世界に十万以上のグループがあり、二百万人を超えるメンバーがいるという。

63 ハイヤーパワー
AAの概念のひとつで、自分を超えた偉大な「力」のこと。依存をやめられない自分の無力さを認め、その偉大な「力」に自分をゆだねる。その「力」とはなんであるか、どのようなものであるかは、人それぞれの自由な解釈に任されている。

64 底尽き
生活が破綻し、身体もボロボロになり、家族とも決裂して、もはや落ちるところまで落ちたという実感「底尽き体験」をする状況にいたって、「ここが底だから後は上がるだけだ」という気持ちが生まれ、初めて本当に依存症を克服しようという決意が生ずるという考えが、依存症への対策としてよく聞かれる。

65 相模原障害者施設殺傷事件

二〇一六年七月二十六日の深夜、神奈川県相模原市緑区の知的障害者福祉施設「県立津久井やまゆり園」に元施設職員の二六歳の男性が侵入し、職員を結束バンドで拘束した上で、刃物で入所者一九人を刺殺、職員二人を含む二七人に重軽傷を負わせた。犯行後、男性は津久井警察署に出頭した。

男性は、同年二月に衆議院議長公邸を訪れて、衆議院議長の大島理森に宛てた手紙を職員に手渡し、また自由民主党本部にも安倍晋三総理宛の手紙を持参して職員に受け取らせていた。手紙には、犯行の計画と、その「日本国と世界平和の為」の行為への見返りの要求などが記されていたため、衆議院事務局は警察に通報した。そして二月十八日、男性が障害者施設で勤務中、重度の障害者の安楽死を容認すべきだと強く主張したことから、翌日、危険を感じた施設が警察に通報。津久井警察署は相模原市に連絡し、市の依頼で措置診察を行った精神保健指定医は入院の必要ありと診断して措置入院させた。そして三月二日には「他人に危害を加える恐れがなくなった」と診断され、退院していた。

66 ライシャワー事件

一九六四年三月二十四日、エドウィン・ライシャワー駐日アメリカ大使が赤坂のアメリカ大使館の裏玄関から車に乗ろうとしたところを、ナイフを持った少年に襲われ右太ももを刺された。少年は高校時代から精神科病院で治療を受けており、それまでにもアメリカ大使館へ侵入したり放火しようとした疑いで警察の取り調べを受けたりしていた。犯行時は心神喪失状態だったとされて不起訴処分になり、精神科病院に入院したが、事件から七年後に自殺したという。この事件を契機に、精神障害者が治安の対象とされるようになった。

67 精神保健福祉法

一九五〇年、新憲法の理念に合わせて精神障害者に適切な医療・保護の機会を提供するため、保健医療施策を内容とする「精神衛生法」が成立。ライシャワー事件をきっかけとして、一九六五年に通院公費負担制度が創設され、在宅精神障害者の訪問指導・相談事業を強化するなど、治安目的による精神衛生法の改正が行われた。

一九八四年、精神科病院での人権侵害事件が問題となり、精神障害者の人権擁護を求める声が強まったことから一九八七年、任意入院制度の創設や精神医療審査会の創設などを内容とする精神衛生法の改正が行われ、法律名も精神保健法と改められた。

一九九三年に「障害者基本法」が成立し、精神障害者も障害者基本法の対象として位置づけられたことから、精神保健法は、一九九五年に「精神保健及び精神障害者福祉に関する法律（精神保健福祉法と略称される）」に改正され、精神障害者の社会復帰のための福祉施策の充実が盛り込まれた。

「やまゆり園事件」のあと、政府は、事件をきっかけにして、措置入院制度の強化と退院後の管理を目指す法改正をしようとはかった。治安を目的とする法改正であることは明白で反対も強く、ひとまずは頓挫している。

68 障害者コロニー政策

一九六五年、厚生大臣の私的な諮問《しもん》機関として「心身障害者の村（コロニー）懇談会」が設置され、大規模な障害者コロニーをなくそうとしていた世界の潮流に逆行する計画が始まった。翌年、懇談会の指針に基づいた設置計画が作成され、一九七〇年、コロニーを対象とする心身障害者福祉協会法が制定された。最初に建設されたコロニーは高崎市の「国立のぞみの園」で、一九七一年に入所を開始。以後、自治体や民間のコロニーが各地に次々と建設され、業界内ではコロニーブームとさえ言われたという。

69 新オレンジプラン

認知症施策推進総合戦略の通称。厚生労働省が「認知症の人の意思が尊重され、できる限り住み慣れた地域のよい環境で自分らしく暮らし続けることができる社会を実現する」ためとして、二〇一二年に発表した「認知症施策推進5か年計画（オレンジプラン）」を改め、二〇一五年に策定した。

70 **社会精神医学**

精神医学的な問題を社会学的な観点から研究する学問とも、社会的な現象を精神医学的に理解する学問とも、精神障害への理解や治療に関する社会的・制度的な課題を考察し改良策を提案していく学問ともいわれ、研究者それぞれに範疇や方法がある。

71 **宮地尚子**

精神科医。一橋大学大学院社会学研究科地球社会研究専攻教授。専門は文化精神医学、医療人類学、ジェンダーとセクシュアリティ。

72 **西鉄バス・ジャック事件**

二〇〇〇年五月三日、西日本鉄道の天神バスセンター行き高速バス「わかくす号」が、九州自動車道太宰府インターチェンジ付近で牛刀を持った一七歳の少年に乗っ取られた。少年はバスを走行させ続け、乗客にさまざまな指示を出したり、牛刀で切りつけたりした。乗っ取りから十五時間半後、広島県の小谷サービスエリアで停車中、十五人のSAT隊員が突入し、少年を逮捕した。乗っ取り中に切りつけられたバスの乗客三人のうち一人は死亡している。事件後、少年の犯行が精神科病院を仮退院してすぐのことであったため、その退院が適切な処置であったか否かをめぐる論争が起こった。

73 **指定医資格**

精神科医療で、患者に入院を強制したり、身体的拘束を含む行動制限を行うなど、通常ならば人権の侵害となる処置が必要かどうか判定を行えるのが精神保健指定医。その資格申請には、精神科三年以上を含む五年以上の臨床経験を有する精神科医が研修を受けた上で、措置入院者または医療観察法入院対象者一例、統合失調症二例、躁鬱病、中毒性精神障害、児童・思春期精神障害、症状性・器質性精神障害、老年期認知症各一例、計八例のケースレポートを提出することが義務づけられている。

74 **ニュージーランドの青年の拘束死**

二〇一七年四月、ニュージーランド人の二七歳の青年が、躁病の発作で裸になって騒いだため、心配した兄が横浜市職員の紹介で神奈川県大和市の精神科病院・大和病院に入院させた。青年は病院ではすでに落ちついていたが、医師は拘束するように指示。青年は身体をベッドに縛りつけられ、一〇日後に心肺停止しているのが発見される。大和市立病院に搬送されて一週間後、死亡した。深部静脈血栓が発生し、肺の血管がつまったのではないかという。いわゆる「エコノミークラス症候群」である。ニュージーランドはもちろん各国のメディアでこの事件は大きく報道され、安易に身体拘束を多用する日本の精神科医療の異常さについても伝えられた。国際問題になるような事件だったが、日本の大手メディアは無視して報じなかった。

75 **若年ホームレスの人口**

二〇〇六年十一月十四日付ＢＢＣニュースによると、イギリスには二五歳以下のホームレスが二五万人がいると報道された（http://news.bbc.co.uk/2/hi/uk_news/6134920.stm）。また、司法省は二〇〇二年にアメリカの若年ホームレス人口を一六〇万人と発表。日本においては、若年ホームレス人口の統計はないものの、二〇一六年に厚生労働省がホームレス全体の人口を六二三五人と公表している（http://www.mhlw.go.jp/file/04-Houdouhappyou-12003000-Shakaiengokyoku-Shakai Chiikifukushika/0000083535_5.pdf）。

76 **京都ジョブパーク**

「京都府が、労働者団体や経営者団体をはじめ多くの関係機関や団体と一緒になって、『働きたい』皆さんの就労を支援する総合就業支援拠点」（ＨＰより）。

〒６０１－８０４７　京都市南区東九条下殿田町70（新町通九条下ル）京都テルサ西館３階

電話：０７５－６８２－８９１５

ＦＡＸ：０７５－６８２－４１８９

Ｅメール：info@kyoto-jobpark.jp

77 **マザーズジョブカフェ**

「すべての女性の『働きたい！』という思いに応える総合窓口です。子育て中やひとり親家庭のママなど、一人ひとりのニーズに応じて、子育てと就業をワンストップで支援します。カウンセラーによるキャリア相談やハローワークでの職業紹介、ひとり親家庭の自立支援、保育についての情報提供のほか、さまざまなセミナー、イベントを用意して、働きたい女性の就職活動をサポートしています。保育ルーム※、キッズコーナーもありますので、お子様連れでもお気軽にお越しください！（※対象：原則6ヵ月以上～就学前、予約制）」（HPより）。
〒601-8047　京都市南区東九条下殿田町70（新町通九条下ル）京都テルサ東館2階
電話：075-692-3445
FAX：075-692-3323

78
地域若者サポートステーション
「ひきこもり」や「ニート」と呼ばれる若年無業者の職業的自立を促すために設置された相談窓口。二〇〇九年度から対象年齢の上限を三四歳から三九歳に引き上げ、一五歳以上三九歳以下の若年無業者本人とその保護者を対象としているが、二〇一八年からは四四歳までに引き上げる方針という。若年無業者の自立支援において実績やノウハウのある団体を厚労省が認定し、事業を委託しており、現在、全国におよそ一七三カ所ある。

79
『ひきこもり新聞』
ひきこもり当事者による、当事者のためのメディア。二〇一六年十一月創刊。隔月刊の紙版とPDF版がある。木村ナオヒロ編集長はじめ制作者はすべてひきこもりの当事者で、体験談を中心に、インタビュー、対談、特集記事などで構成されている。二〇一七年一月、ジャーナリズム・イノベーション・アワードの優秀賞を受賞した。

80
ジャーナリズム・イノベーション・アワード
日本ジャーナリスト教育センターが主催する「ウェブ・ジャーナリズムの頂点を決める年に一度の祭典」。朝日新聞やNHKのようなマス・メディアから個人によるものまでさまざまな作品を展示し、来場者の投票によって優秀作を表彰する。

81
NBC
National Broadcasting Company。アメリカ合衆国の三大ネットワークのひとつ。本社はニューヨーク。

82
科研費
文科省の科学研究費助成事業による「人文・社会科学から自然科学まで全ての分野にわたり、基礎から応用までのあらゆる『学術研究』（研究者の自由な発想に基づく研究）を格段に発展させることを目的とする『競争的研究資金』」のことで、「ピア・レビューによる審査を経て、独創的・先駆的な研究に対」して助成される（文科省HPより）。

83 集団的自衛権に関するアメリカの日本学者たちからの反対声明

二〇一五年五月四日、ハーバード大のエズラ・ヴォーゲル名誉教授やマサチューセッツ工科大学のジョン・ダワー名誉教授ら、アメリカ、ヨーロッパ、オーストラリアの日本研究者一八七名が署名した「日本の歴史家を支持する公開声明（Open Letter in Support of Historians in Japan）」が発表された。戦後七〇年にあたる同年は、日本政府が過去の植民地支配と戦争時代の侵略の歴史に言葉と行動の両面で向かい合う絶好の機会であるとして、できる限り偏見のない過去の清算を促すもので、安倍総理が歴史、とりわけ「従軍慰安婦」の歴史を否認していることに対する抗議であり、歴史修正主義が勢いを増している日本への警鐘でもあった。

84 大平正芳

第六八・六九代内閣総理大臣。不明瞭な発音や、鈍重な印象から「アーウー宰相」や「讃岐の鈍牛」などと呼ばれた。しかし読書家としても知られ「戦後屈指の知性派」だったとする評価もある。

85 中川秀直

自由民主党の元衆議院議員。二〇〇〇年七月に第二次森喜朗内閣の内閣官房長官兼沖縄開発庁長官に就任したが、同年十月に愛人といる写真が写真週刊誌に掲載された。女性に覚醒剤捜査の警察情報を語っている録音テープもあり、野党は国家公務員法違反、捜査妨害容疑に該当する可能性があるとして追及した。中川は「記憶にない」と否定していたが、さらに右翼団体「日本青年社」の最高幹部と会食している写真が週刊誌に掲載され、その団体幹部に住吉会幹部もいることから指定暴力団との交際の疑いも追及された。中川はやはり「記憶にない」ととぼけたが、結局、内閣官房長官を辞任する。ただし議員は辞めることなく、二〇〇二年には小泉純一郎総理の側近として国会対策委員長に、翌年には政調会長につく。二〇〇六年には安倍晋三を総理にすべく尽力し、幹事長しなる。二〇〇七年の講演で、安倍総理が入室したときに起立せず閣議中に私語をしているような「忠誠心のない閣僚は官邸から去るべき」「閣僚や官僚には、首相に対する絶対的な忠誠心が必要だ」などと主張したことでも話題になった。

86

「首都圏じゃなくて良かった」

二〇一七年四月二十五日、今村雅弘復興大臣が所属する二階派のパーティーで講演し、「社会資本等のですね、毀損もいろんな勘定の仕方がございますが、二五兆円という数字もあります。これはまだ東北でですね、あっちの方だったから良かったので、これがもっと首都圏に近かったりすると、莫大な甚大な被害があったというふうに思っております」と発言した。これが批判されると、発言を撤回・謝罪したが、与党内からも批判を受け、大臣を辞任した。

87

「不沈空母」

一九八三年一月、訪米中の中曽根康弘総理は、ワシントン・ポストの記者の質問に答えたなかで「有事の際には日本列島を不沈空母化する」と言った。当然、日本では批判の声がわき上がったが、質問した記者、また本人もそれは英語への通訳が意訳した言葉であって実際には不沈空母とは言っていないと主張していた。しかし二〇一七年一月十二日に外務省が公開した外交文書によって、確かに不沈空母と言っていたことが明らかになった。

88

八紘一宇

世界を統一してひとつの家とすること。国の内をまとめるという意味で『日本書紀』に見られる言葉だが、太平洋戦争の際に日本が海外に版図を広げることを正当化するためのスローガンとして用いられた。

89

安保法制懇談会

正式名は「安全保障の法的基盤の再構築に関する懇談会」。二〇〇七年に第一次安倍内閣のもと、集団的自衛権と憲法の関係など、日本を取り巻く安全保障の法的基盤を研究することを目的に、首相の私的諮問機関として発足した。安倍総理の退陣後、集団的自衛権行使と国連の集団安全保障参加を憲法上可能とする報告書がまとめられたが、次の福田康夫総理以降は取り上げず、懇談会もそのあとは開かれなかった。しかし二〇一二年に第二次安倍内閣が成立するや、再開された。

90 **事前審査**

内閣が国会に提出する政府提出法案について、与党内の部会で官僚を交えて事前に審議し、政策のすりあわせを行っておくこと。そうする法的根拠はなく、日本独自の政治的な慣行だという。このシステムによって、国会運営がスムーズになるとされるが、国会での実質的な審議が骨抜きにされ、特定業界の利益を代表する族議員の活動が支えられることになる。

91 **カジノ法案**

二〇一六年十二月に成立し、カジノ法となった。カジノ法は、「特定複合観光施設区域の整備の推進に関する法律（統合型リゾート〈ＩＲ〉整備推進法）」の通称。カジノを合法化して導入しようとしたもので、ギャンブル依存症や治安悪化などの問題が議論中であったにもかかわらず、東京オリンピック開催に合わせて実現しようとする動きが強まり、成立した。

92 **種子法（主要農作物種子法）**

二〇一七年二月、種子法の廃止が閣議決定され、四月に可決、成立した。種子法は二〇一八年四月一日に廃止される。種子法は、稲や麦、大豆といった主要作物について、優良な種子の安定的な生産と普及を「国が果たすべき役割」と定めた法律。それらの食糧としての重要性や、その種子の開発や普及が短期間では困難であることから、その開発、生産、普及を都道府県に義務づけている。その実際の生産は各自治体のＪＡや普及センターなどが担うが、それぞれの地域に合った良質な種子が農家に行き渡るよう、農業試験場の運営に必要な予算などは、種子法に基づいて国が責任を担ってきた。種子法の基本には、新しい品種を作るための素材となる品種、すなわち遺伝資源は、国や都道府県が「公共の資産」として持つという考え方があった。種子法の廃止は、それが私有化されることを意味する。企業が遺伝資源をもとにして新品種を作り、その改良部分だけでなく種子全体に特許をかけ、所有権を主張すると、特許料を払わねばその種子が使えなくなる。実際、世界各国で種子会社による囲い込みが悲惨な事態を招いている。

93 日本精神科病院協会（日精協）

一九四九年、私立の精神科病院を中心として日本精神病院協会が設立され、五年後に社団法人となった。二〇〇一年に日本精神科病院協会と改称。二〇一二年に公益社団法人に移行し、公益法人としての活動の三本柱として「精神保健医療福祉に関する調査研究及び資料収集」「精神保健医療福祉従事者の人材育成及び教育研修」「精神保健医療福祉に関する普及及び啓発」を挙げる。現在、全国の精神病床総数の八五％以上を会員病院が占めている。政治団体として日本精神科病院協会政治連盟があり、安倍総理をはじめ多数の自民党議員に献金を行っている。

94 山﨑學

日本精神科病院協会会長。海外で日本の精神科医療が正しく理解されていないのは「日本の精神科医療について歪曲化して発言をしている確信犯的原理主義者、外国カブレの学者、精神科病院を非難することで生活の糧を得ているといった人たち」が偏見を助長したためだと言い、「医療提供のバロメーターである、アクセス、コスト、アウトカムいずれをみても、日本の精神科医療は世界一だと思います」と豪語している（「Japan as No.1」〈巻頭言〉、『日本精神科病院協会雑誌』二〇一二年一月）。

また第二次安倍政権の成立について、「精神科医療について理解と見識を兼ね備えた先生方が、安倍内閣で重要な役職を務めることになった」として、「安倍晋三内閣総理大臣、田村憲久厚生労働大臣、根本匠復興大臣、山口俊一財務副大臣、鈴木俊一外務副大臣、菅原一秀経済産業副大臣、衛藤晟一内閣総理大臣補佐官、加藤勝信内閣官房副長官、鴨下一郎国会対策委員長、福岡資麿厚生労働部会長と、これまでの日本精神科病院協会の歴史にないような豪華な顔ぶれが政府・自由民主党の要職に就任している。また、日本精神科病院協会アドバイザリーボードメンバーである飯島勲先生と丹呉泰健先生が、内閣官房参与として参画されている。頼もしい限りである」と、喜びを記している（「正念場」〈巻頭言〉、『日本精神科病院協会雑誌』二〇一三年二月）。むろん名の挙がっている政治家のほとんどが日精協から「陣中見舞い」などの献金を受けている。山﨑会長は精神病床は減らすのではなく、認知症へ転用して「介護精神型老人保健施設」とすべきだと主張し、それはそのまま自民党の政策となり、二〇一五年に策定された「新オレンジプラン」に盛り込まれた。「安倍内閣のもとにおける精神科医療改革を目指して、会員一同団結しなければならない」（「正念場」〈巻頭言〉、『日本精神科病院協会雑誌』二〇一三年二月）という方針の成果であろう。

95 **内閣府調査による二十代の若者の生活満足度**
内閣府が一九五七年からほぼ毎年調査してきた「国民生活に関する世論調査」の二〇一七年六月調査の結果では、現在の生活に対する満足度は、「満足している」が一二・二％。「まあ満足している」が六一・七％、合計すると七三・九％が現在の生活にほぼ満足していることになる。年齢別では、一八歳から二九歳が合計値で七九・五％ともっとも高くなっている。

96 **高校無償化**
民主党政権下で二〇一〇年から始まった高校授業料無償化は、二〇一四年度から高等学校等就学支援金制度と名称が変わり、内容も改正された。公立高校は月額九九〇〇円の授業料が無料、私立高校ではそれと同額の補助を受けられるものとして、ただし「市町村民税所得割額」が三〇万四二〇〇円（年収九一〇万円程度）未満の世帯のみという所得制限がもうけられた。支給を受けられたとしてもこの補助額では私立高校の授業料にはあまりに不足なため、安倍政権の「人づくり革命」では私立高校無償化が謳われたが、所得制限のランクづけが行われ、住民税の非課税世帯に限り私立高校の平均授業料である年三九万円までの全額を支給、年収約三五〇万円未満の世帯は年三五万円、年収約五九〇万円未満では二五万円までの補助をすることに、二〇一七年十二月八日に閣議決定された。

97 **ベーシック・インカム**
すべての個人に対して最低限の生活を送るのに必要とされる基本的な所得を現金で給付するという社会政策の構想。世帯でなく個人を対象とし、年齢、所得、資産、勤労の意志などに関係なく無条件で、毎月一律の金額を支給する。貧困問題の解消となるばかりでなく、受給の申請も資格審査も不要なため行政コストがきわめて低く、生活保護や失業保険、税制上の配偶者控除といった経費のかかる制度を削減できることの財政上のメリットも大きい。

98 **苅谷剛彦**
教育社会学者。オックスフォード大学社会学科および日産現代日本研究所教授、オックスフォード大学セント・アントニーズ・カレッジ教授。受験システムは形式的には平等でも、実際の受験競争に加わるには経済力が必要なため経済格差が学力格差を生み出し、その格差がまた受験システムを通じて再生産されるという問題を指摘してきた。

99 **就労継続支援**
障害者総合支援法に定められた事業で、一般企業への就職が困難な障害者に就労機会を提供するとともに、生産活動を通じて、その知識と能力の向上のために必要な訓練などを行う。障害者と雇用契約を結び原則として最低賃金を保障するA型と、雇用関係を結ばないB型がある。

100 **就労移行支援**
障害者総合支援法に定められた事業で、一般企業への就職を目指す障害者に対し、就労に必要な知識・能力の向上を目的とした訓練を行い、適性に応じた職場の開拓、就職活動の支援、就職後の職場定着のための支援などを行う。

101 **宮台真司**
社会学者。首都大学東京教授。一九九〇年代にサブカルチャー、援助交際、オウム真理教などを論じて注目され、たびたび物議をかもしながらも、論壇で活躍を続けている。福山哲郎との共著『民主主義が一度もなかった国・日本』（幻冬舎新書、二〇〇九年）がある。

102 **旧海部町**
徳島県の最南端にあり、二〇〇六年の町村合併によって現在は海陽町。この町については岡檀『生き心地の良い町――この自殺率の低さには理由《わけ》がある』（講談社、二〇一三年）に詳しく紹介されている。徳島県下の四五市町村の一九七三年から三〇年間のデータを精査したところ、海部町の自殺率は突出して低く、全国では八番目だが、一〇位までのうちで島嶼《とうしょ》でないのはこの町だけだった。この著者の観察と分析によれば、旧海部町の他の町と顕著に違う次のような特徴が自殺予防因子になっているという。

①いろんな人がいてもよい、いろんな人がいたほうがよい
②人物本位主義をつらぬく
③どうせ自分なんて、と考えない
④「病」は市に出せ
⑤ゆるやかにつながる

103 **自殺対策基金**

正式名は地域自殺対策緊急強化基金。相談体制の整備や人材養成などを緊急に実施するため、地域の実情に合わせて自主的に取り組む地方公共団体の対策や民間団体の活動を支援し、「地域における自殺対策力」を強化するという基金。当初二〇〇九年度から三年間の使用が可能で、全都道府県に総額一〇〇億円、地方負担はなしという自殺対策としては画期的な施策だった。二〇一七年度は、地域自殺対策強化交付金が二五億円、自治体における自殺対策計画の策定支援が三・七億円となっている。

104 **よりそいホットライン**

0120-279-338

105 **湯浅誠**

社会活動家。東京大学大学院在学中に炊き出しのための米穀を集める「フードバンク」、ホームレスを支援する「自立生活サポートセンター・もやい」を設立する。単位取得退学後は社会活動に専念。反貧困ネットワークの結成を呼びかけ事務局長を務めた。二〇〇八年の大晦日、「派遣切り」が問題となっていたことから他のNPOと共同で日比谷公園に「年越し派遣村」を開設し、「村長」として運営を取り仕切ったことで一躍有名になった。二〇〇九〜一二年、内閣府参与に就任。緊急雇用対策本部「緊急アクションチーム」貧困・困窮者支援チーム事務局長、内閣官房震災ボランティア連携室長、内閣官房社会的包摂推進室長を務めた。現在は法政大学教授。

106 **清水康之**

NPO法人ライフリンク代表。元NHKディレクター。二〇〇四年にNHKを退職し、自殺予防の支援者をつなぐためライフリンクを設立する。翌年、参議院議員会館で「自殺対策シンポジウム」を主催し、国に対して「自殺総合対策の実現に向けて」という五つの提言を行う。それをきっ

かけに厚生労働委員会が「自殺総合対策」を緊急決議。二〇〇六年には一〇万人余の署名を集めて国会に提出し、自殺対策に関する初めての法律「自殺対策基本法」が成立する。自殺総合対策大綱も閣議決定され、国や自治体に自殺対策の責務が課せられることになった。二〇〇七年には「自死遺族支援全国キャラバン」と銘打ち全都道府県で自死遺族が体験を語るシンポジウムを開催。二〇〇九年、内閣府参与に就任。

107
スウェーデンのサムハル
一九八〇年に設立された。約二万二千人の従業員の九割ほどが障害者だという。さまざまな障害に合わせ、さまざまな業務をつくり出す、障害者が働くための企業である。

108
「社会的排除にいたるプロセス〜若年ケース・スタディから見る排除の過程〜」
二〇一二年九月社会的排除リスク調査チーム作成（http://www.mhlw.go.jp/stf/shingi/2r9852000002kvtw-att/2r9852000002kw5m.pdf）。

109
憲法九九条の憲法遵守義務
「天皇又は摂政及び国務大臣、国会議員、裁判官その他の公務員は、この憲法を尊重し擁護する義務を負ふ」

110
保育園の問題
二〇一六年二月十五日の「はてな匿名ダイアリー」に投稿された「保育園落ちた日本死ね!!!」と題されたブログの内容が多くの共感を集め、民進党の山尾志桜里衆議院議員が国会でこのブログを紹介して保育園の待機児童問題について安倍総理に質問した。安倍総理が、匿名だから本当かどうか確かめようがないとして答弁を拒むと、それをきっかけにSNSやデモで「落ちたのは私だ」という人が次々と登場。署名も二万七六八二人分が集まり三月九日に政府に署名を提出。国会周辺では抗議集会が行われて、政府は待機児童対策に取り組む姿勢を見せないわけにいかなくなった。この年、「ユーキャン新語・流行語大賞」のトップ10に「保育園落ちた日本死ね」が選ばれ、山尾志桜里議員が表彰された。

111 **二〇一〇年の男女共同参画基本計画**
第三次男女共同参画基本計画。男女共同参画基本計画は、一九九九年に成立した男女共同参画基本法の規定に基づき、その翌年に策定され、現在は二〇一五年度に策定された第四次計画。第三次計画において「女性に対するあらゆる暴力の根絶」が盛り込まれた。

112 **イエ制度**
一八九八年に制定された民法で規定された家族制度。家を戸主とそれ以外の家族とからなるものとし、戸主に家の統率権限を与えていた制度。武士階級の家父長制的な家族制度をもとにしている。

113 **法制審議会**
法務省に設置された審議会のひとつで、法務大臣の諮問に応じて、民事法、刑事法その他の法務に関する基本的な事項を調査審議することなどを目的とする。法務大臣が任命した二〇人以内の委員によって構成され、会長は互選で決められる。

114 **リプロダクティブ・ヘルス**
一九九四年のカイロ国際人口・開発会議で採択された文書に基づく、性と生殖に関する健康・権利。身体的のみならず精神的、社会的にも完全に良好な状態をいう。具体的には、安全で満ち足りた性生活を営むことができ、子どもを持つか否か、持つとしていつ持つか、何人持つかなどを自由に決められ、そのための情報や手段を得られる権利、差別や暴力、強制なく生殖に関わる決定ができる権利、安全に妊娠、出産ができ、健康な子どもを持てるよう適切なヘルスケアを利用できる権利など。

115 **一一〇年ぶりの法改正**
二〇一七年六月、刑法の性犯罪規定を改正し厳罰化するための刑法改正案が、衆参本会議で可決、成立。六月二十三日公布、七月十三日に施行された。性犯罪についての大幅な法改正は一九〇七年の公布以来一一〇年ぶりとなる。この改正によって、強姦罪、準強姦罪は強制性交等罪、準強制性交等罪に変えられ、対象となる行為の幅が広がり男性の被害者も含まれるようになった。また、「監護者わいせつ罪」と「監護者性交等罪」が新設され、親などの「監護者」が支配的な立場を利用して一八歳未満の者に性的な行為を行った場合、暴行や脅迫がなくても処罰することができるようになった。そしてこれらは非親告罪とされ、告訴なしでも起訴できるようになった。

116
大野病院事件
福島県立大野病院産科医逮捕事件。二〇〇四年十二月に福島県双葉郡大熊町の福島県立大野病院で帝王切開手術を受けた産婦が死亡し、手術を執刀した同院産婦人科の医師が二〇〇六年二月に業務上過失致死と医師法違反の容疑で逮捕された。翌月には起訴されたが、二〇〇八年八月二十日、福島地方裁判所は医師を無罪とした。福島地方検察庁は控訴を断念し、無罪の判決は確定。休職となっていた医師は病院に復職した。

117
フランスの少子化対策
一九九五年に出生率がそれまでで最低の一・六五人となったフランスでは、さまざまな福祉制度、出産や育児に優遇する税制度を整備し、二〇〇六年には二・〇一人まで回復した。以降もほぼ同程度を維持している。

その政策による手当は、妊娠、出産に関わる費用、妊娠五カ月から生後三年までの乳幼児手当に始まって、子どもが成人するまで、それどころか、三人以上の子どもを養育すると年金支給額が一〇%増額と、老後にいたるまでをカバーしている。

仕事についても、妊娠するとその前後で計四カ月の有給休暇、二人以上の子どものいる親が希望したときには企業は三年間の育児休暇を与えることが義務づけられている。この休暇には給与はないが、国から手当が支給される。そして復職したときには、以前と同じポジション、同じ給与が保障されている。

家族手当は、収入に関係なく支給されるが、子どもひとりの家庭は対象にならず、二人目から支給され、三人目からはいっそう手厚くなる。子ども三人以上の家族は、国鉄、地下鉄の運賃、美術館やホテルの料金が割引されるなど、生活全体で優遇されるようになっている。

また片親手当があり、子どもひとりで月におよそ七万六〇〇〇円、ひとり増えるごとに一万九〇〇〇円ほど増額される。

他にも、子育て中の働き方の選択、自宅で幼児の世話をしてくれる認定保育ママの利用など、さまざまに手当が行われている。学費も、三歳以上になると公立の保育学校に一〇〇%入学でき、高校までは無償。大学も公立大学であれば登録手続き費などわずかな費用しかかからず、ほぼ無償に近い。

118 **小田原市の生保担当職員**

二〇一七年一月、小田原市の生活保護担当職員が「保護なめんな」とプリントしたジャンパーを着用して受給者世帯を訪問していたことが発覚し、批判された。そのジャンパーには、左胸に「HOGO NAMENNA（保護なめんな）」のローマ字、「悪」の字に×印を重ねたエンブレムがあり、背面には「SHAT（生活・保護・悪を撲滅する・チーム）TEAM HOGO」の文字、そして黄色で「私たちは正義だ 正義でなくてはならない だから私たちは小田原市のために果たさねば 給付を適正ならしめるために不正を発見し追跡し 罰するのだ 不正受給し 私たちを欺く者があれば 私たちはあえて言おう 彼らはカスだ」というような内容の英文が書かれていた。このジャンパーは二〇〇七年に生活保護の支給を打ち切られた男性がカッターナイフで担当職員を負傷させた事件をきっかけに、当時の係長が製作したもので、六四人が自費で購入し、このときには在職中の職員二八人が所持、着用していたという。小田原市では、「悪」のマークは不正受給の悪は許さないため、「なめんな」は市役所内部に向けて頑張っていると訴えるため、職員の自尊心を高揚させて疲労感や閉塞感を打破するための表現だったと釈明した。のちの調査で、マグカップや携帯ストラップなどのグッズも製作していたことが発覚した。

119 **片山さつき**

自民党参議院議員。SNS、テレビ、雑誌、講演、著書などを通じて生活保護受給者をおとしめ非難する発言を執拗に繰り返してきた。

120 **グループホーム**

病気や障害などで生活に困難を抱えた人たちか、専門スタッフの援助を受けつつ少人数でともに一般の住宅で生活する社会的介護の形態。

121 **作業所**

なんらかの困難を持つ障害者が日中に集まって活動する通所施設。特別支援学校（旧養護学校）を卒業したあとの障害者の働く場所として重要な役割を果たしている。

122 **こども食堂**

子どもや親子、また地域の人々に、無料あるいは安価で栄養のある食事や温かな団らんを提供する社会活動。二〇一〇年代に各地で有志の団体によって始められたのがマスコミで紹介されたことをきっかけに連絡を取り合い、二〇一五年にはこども食堂の間で食材や情報を連携するための「こども食堂ネットワーク」が発足。「こども食堂サミット」も開催された。二〇一六年からはこども食堂の啓発と地域ネットワークづくりを目指す全国ツアーも行われている。

123 **反貧困ネットワーク**

二〇〇七年に、「人間らしい生活と労働の保障を実現し、貧困問題を社会的・政治的に解決すること」を目的として、貧困問題に取り組む市民団体や労働組合、政治家、学者、法律家など、さまざまな団体や個人が貧困問題に幅広く取り組むために集まって設立されたネットワーク。元日弁連会長の弁護士、宇都宮健児が代表世話人を務める。

124 **ニンビズム**

NIMBY（Not In My Back Yard）、すなわち「我が家の裏じゃダメだよ」という考え。「その施設が必要なのはわかる。しかし近所に建てることは認めない」という地域エゴイズムのことである。

125 **「美しい国」**

二〇〇六年七月、安倍内閣官房長官は九月の自民党の総裁選挙への準備運動として『美しい国へ』（文藝春秋）という著書を出版し、九月に立候補したときには「美しい国、日本。」と題したパンフレットを自民党議員に配って、一般公開もした。総理就任後も、「美しい国」という言葉を自身の基本理念としてしばしば用い、「『美しい国づくり』プロジェクト」を提唱、内閣官房に「『美しい国づくり』推進室」を設置して、有識者を集めた「『美しい国づくり』企画会議」も設けた。翌年の参議院選に敗北してからは使わなくなっていたが、二〇一三年にふたたび総理となるや『美しい国へ』の完全版を出した。

126 **谷査恵子**

経済産業省から内閣府への出向職員として、二〇一三年一月から二〇一五年末まで安倍昭恵総理夫人つき秘書を務めた。二〇一七年三月二十三日に証人喚問が行われた森友学園の籠池泰典理事長が意見陳述でその名前を出したことから、森友学園問題のキーマンとして注目された。森友学園が評価額より八億円も安い価格で「安倍晋三記念小学院（瑞穂の国記念小学院）」予定地を取得した前年の二〇一五年十月、籠池理事長は国有地の定期借地契約の延長などの口添えを昭恵夫人に依頼するため夫人の携帯に電話するが、不在で留守電にメッセージを入れた。すると後日、谷秘書から「具体的に書面にして出していただけないでしょうか」との返事があり、籠池理事長は谷秘書宛に手紙を送った。その後、谷秘書からＦＡＸで希望に沿えない旨の返信があり、そこに「本件は昭恵夫人にもすでに報告させていただいております」と記されていた。これは昭恵夫人側から財務省に問い合わせをしたことの証拠に他ならない。野党やマスコミはこのＦＡＸの文言をもとに追及するが、菅官房長官は「国有財産に関する問い合わせに対する一般的な内容」であるとして問題がないと述べ、さらに「行政文書ではない」ことを閣議決定する。

谷秘書は、昭恵夫人つき秘書としての三年の任期を終えたあと、経済産業省の外局である中小企業庁の経営支援部経営支援課の連携推進専門官についていたが、籠池証言が出てからは姿が見られなくなり、八月六日付で在イタリア日本大使館一等書記官に配転された。ノンキャリアの官僚としてはきわめて異例の栄転だった。国会で答弁に立ちながらひたすらとぼけ抜いた財務省の佐川宣寿理財局長が国税庁長官に栄転したこととともに、口止めと報償をかねた人事だと誰もが思わざるを得なかった。

福山哲郎（ふくやま・てつろう）

一九六二年生まれ。立憲民主党初代幹事長。京都造形芸術大学客員教授（政治学）。同志社大学法学部卒業、京都大学大学院法学研究科修士課程修了。二〇一六年に参議院議員選挙京都選挙区で四度目の当選を果たす。参議院環境委員長、外交防衛委員長、民主党政調会長などを歴任、鳩山由紀夫内閣では外務副大臣、菅直人内閣では内閣官房副長官として外交・震災対応にあたる。気候変動問題とグリーン経済の実現をライフワークとする。立憲民主党設立二日後の十月五日、民進党を離党し、立憲民主党に入党。主な著書に、『２０１５年安保　国会の内と外で――民主主義をやり直す』（共著、岩波書店）、『原発危機――官邸からの証言』（ちくま新書）、『民主主義が一度もなかった国・日本』（共著、幻冬舎）、『私の「貧乏物語」――これからの希望をみつけるために』（共著、岩波書店）などがある。

斎藤環（さいとう・たまき）

一九六一年岩手県生まれ。医学博士。筑波大学医学医療系社会精神保健学教授。専門は思春期・青年期の精神病理学、病跡学、精神分析、精神療法。「ひきこもり」並びにフィンランド発祥のケアの手法／思想である「オープン・ダイアローグ」の啓蒙活動に精力的に取り組む。漫画・映画などのサブカルチャー愛好家としても知られる。主な著書に『戦闘美少女の精神分析』『ひきこもりはなぜ「治る」のか?――精神分析的アプローチ』（以上、ちくま文庫）、『アーティストは境界線上で踊る』（みすず書房）、『「社会的うつ病」の治し方――人間関係をどう見直すか』（新潮選書）、『世界が土曜の夜の夢なら――ヤンキーと精神分析』（角川文庫）、『承認をめぐる病』（日本評論社）、『人間にとって健康とは何か』（ＰＨＰ新書）、『オープンダイアローグとは何か』（医学書院）などがある。

構成　田中聡

フェイクの時代に隠されていること

2018年7月20日　第1刷発行

著者　福山哲郎　斎藤環

編集・発行人　穂原俊二

発行所　株式会社 太田出版
〒160-8571
東京都新宿区愛住町22 第三山田ビル4階
TEL 03-3359-6262　FAX 03-3359-0040
振替 00120-6-162166
ホームページ　http://www.ohtabooks.com

印刷・製本　シナノ

ISBN978-4-7783-1628-0 C0031